F8 系列空气分配阀

刘 凡 编著

中国铁道出版社

2018年·北 京

内 容 简 介

本书对 F8 系列空气分配阀的构造、原理、性能、试验、检修、运用、故障判断与处理等多方面、多角度进行了介绍。全书共分为七章，主要内容包括：F8 系列空气分配阀概况、构造、作用原理、性能、试验、检修及注意事项、运用、故障判断与处理等。

本书为主机厂制动系统的设计选型、铁路局车辆段检修运用培训、出口产品的售后服务以及大专院校的教学培训提供了参考依据，也可供相关人员学习参考。

图书在版编目（CIP）数据

F8 系列空气分配阀/刘凡编著．—北京：中国铁道出版社，2018.2

ISBN 978-7-113-24265-7

Ⅰ.①F… Ⅱ.①刘… Ⅲ.①高速客车—空气分配系统—分配阀 Ⅳ.①U271.910.35

中国版本图书馆 CIP 数据核字（2018）第 020030 号

书　　名：F8 系列空气分配阀
作　　者：刘　凡　编著

责任编辑：侯跃文　　**编辑部电话：**010-51873138　　**电子信箱：**tdpress@126.com
编辑助理：袁文东
封面设计：郑春鹏
责任校对：胡明锋
责任印制：陆　宁　高春晓

出版发行：中国铁道出版社（100054，北京市西城区右安门西街 8 号）
网　　址：http://www.tdpress.com
印　　刷：北京建宏印刷有限公司
版　　次：2018 年 2 月第 1 版　2018 年 2 月第 1 次印刷
开　　本：787 mm×1 092 mm　1/16　印张：10.5　字数：196 千
书　　号：ISBN 978-7-113-24265-7
定　　价：98.00 元

前言

F8 空气分配阀从研制至今已过去 30 多年了，该阀曾经在几次大提速中被部分铁路局点装，并深受欢迎，但由于种种原因用量逐渐减少。之后为解决西北风沙大，104 分配阀故障率居高不下的问题，乌鲁木齐铁路局和呼和浩特铁路局用 F8 空气分配阀改造替换 104 分配阀，并取得了良好的效果。随着多年的运用和检修对比，F8 空气分配阀以性能稳定、故障率低、检修难度低、检修周期长、环境适应性强、旅客乘坐舒适度高等优点被越来越多的用户所认可。

基于 F8 空气分配阀优良的基因，在对 F8 空气分配阀螺栓多、结构不尽人意部分进行改进的基础上，先后开发出了符合 UIC 标准的 F8G 空气分配阀、用于养路和冶金车辆的 F8Y 空气分配阀、快捷货车用和客/货两用的 F8H 空气控制阀以及轻量化铝合金阀体阀盖的 F8L 空气分配阀等系列产品，这些产品性能更加稳定可靠，结构更加合理，且更便于检修。其中 F8G、F8Y 空气分配阀用量和用户数量每年均呈上升趋势。

为了满足广大用户对 F8 系列产品了解和使用的需求，本书着重从结构、性能、原理、检修、试验及故障判断与处理等方面进行了介绍和总结，供广大读者参考，希望对主机厂制动系统的设计选型、铁路局车辆段检修运用培训、出口产品的售后服务以及大专院校的教学培训有所帮助，并能起到抛砖引玉的作用。

Preface

本书的部分插图得到刘焕鱼、王硕等同志的帮助，在此一并感谢。F8系列空气分配阀凝聚着许多技术人员和相关人员的辛勤劳动和心血，借此机会对他们表示衷心的感谢，同时也对支持、关心、帮助过F8系列空气分配阀的人们表示衷心的感谢。书中所涉及的标准、要求以及零部件参数等仅供参考，应以最新的标准要求和产品为准。

由于作者水平有限，书中难免会有差错，敬请读者批评指正。

刘　凡

2017年7月18日

天　津

序一

空气制动系统是列车运行的安全保障装备。中国铁路列车空气制动系统的研制走的是自主开发的道路。20世纪60年代研制的104型分配阀适应我国铁路旅客列车运行需求,延用至今。

104型分配阀采用二压力机构间接控制方式,运用过程中,旅客列车进站不能阶段缓解停车,影响司机操纵灵活性和旅客舒适性。保持了金属滑阀,维修时需研磨,造成困难。这两个问题一直长期存在。

为适应机车车辆现代化要求,借鉴发达国家分配阀发展趋势,我国80年代研制F8型客车分配阀。采用三压力机构为主、二压力机构为辅的两种压力混合作用机构,旅客列车进站时可实施阶段缓解停车,提高了司机操纵灵活性和旅客舒适性。采用膜板、O形圈及止阀等全橡胶密封结构。取消滑阀等金属研磨件,便于检修。其性能方面,紧急制动和常用制动及缓解波速均已达到世界先进水平。可喜的是F8型客车分配阀已批量装车运用,受到运用及检修部门的欢迎。

本书是研制人员和运用及检修人员多年来辛勤耕耘的优异成果,可做为基础教材。期望通过本书的出版发行有益于运用及检修人员的学而致用,有利于F8型客车分配阀的推广。期望研制人员和运用及检修人员总结经验,进一步提高制造及检修工艺水平,延长检修周期,使F8型客车分配阀全面达到世界领先水平。

资深制动专家 教授级高工 林纯

2017年10月于北京

序 二

有关轨道车辆制动方面的书籍除了教材用书，很少能看到，尤其是针对某种专项技术的专题书籍就更少了。前一段时间遇见本书作者，交流中得知他正在写一本轨道车辆用F8系列空气分配阀的专题书籍，我非常高兴，也非常期盼。近期他的书已成稿，我也就非常有幸地先读了一遍，觉得内容完整、透彻、深入，对从事轨道车辆制动系统设计、制造、运用维护和检修的技术人员具有实际的参考价值，有以下几个特点，希望与各位读者共享。

1. 内容完整丰富，叙述清晰透彻

该书先从F8系列分配阀特点写起，依次写了F8分配阀的构造、作用原理和性能；对F8分配阀适应新要求进行系列化过程及其系列产品性能介绍、系列产品试验、运用检修、故障判断和处理等方面的内容。内容完整丰富，叙述清晰透彻。

2. 体现了模块化、系列化的设计理念

该书以成熟运用的F8空气分配阀为基础，介绍了如何根据铁路运输需求变化，依次研制了“F8电控制动机”、“F8G、F8Y、F8L、F8H空气分配阀”情况，并介绍了为适应运用环境变化所做的适应性改进情况。

3. 将设计与运用维修融为一体，践行了RAMS设计方法，降低了产品全寿命周期的成本

设计产品充分考虑了如何保证可靠安全、方便运用、方便检修等方面的问题，产品的故障率较同类产品低，操作安全，特别是在长、大下坡道上的优势尤为明显，维护检修方便，整个产品的全寿命周期使用成本低。

Preface

4. 介绍了作者学习和掌握国际标准,使产品走出去的实践情况

作者自毕业参加工作以来,一直在天津中车机辆装备有限公司从事轨道车辆制动技术的研究,参加了国家“七五”及“八五”重点攻关项目——F8空气分配阀及F8电空制动机的研制,随后开展了系列化的研究工作,倾注了他的心血和汗水,积累了丰富的经验和教训,今天他把这些成果汇集成书供大家分享,在此我表示衷心的祝贺。

中车首席专家
中车四方所教授级高工　王风洲
2017年10月于青岛

目录

第一章　F8 系列空气分配阀概况 …………………………… 1

第一节　F8 系列空气分配阀的特点 …………………… 2

第二节　F8 系列空气分配阀的安装 …………………… 3

第二章　F8 空气分配阀的构造、作用原理及性能 ……… 5

第一节　F8 空气分配阀的构造 ……………………… 5

第二节　F8 空气分配阀的作用原理 ………………… 21

第三节　F8 空气分配阀的性能 ……………………… 27

第四节　F8 空气分配阀性能与 UIC 规程要求的比较 ………………………………………… 34

第三章　F8G、F8Y、F8L 空气分配阀的构造、作用原理及性能…… 39

第一节　F8G、F8Y、F8L 空气分配阀的构造 ……… 39

第二节　F8G、F8Y、F8L 空气分配阀的作用原理 … 49

第三节　F8G、F8Y、F8L 空气分配阀的性能 ……… 55

第四节　F8G 空气分配阀性能与 UIC 540-2006 规程要求的比较 ……………………………… 58

第四章　F8 系列空气分配阀的试验 …………………… 62

第一节　试验台的结构及机能检查 ………………… 62

第二节　试验台试验规范 …………………………… 70

第三节　单车试验器机能检查 ……………………… 77

第四节　单车试验器试验规范 ……………………… 78

Contents

第五章 F8 系列空气分配阀的检修及注意事项 ……… 81

第一节 检修的一般要求 ……………………………… 81

第二节 分配阀的检修及注意事项 ………………… 85

第六章 F8 系列空气分配阀的运用、故障判断与处理…… 116

第一节 F8 系列空气分配阀的运用 ……………… 116

第二节 F8 系列空气分配阀常见故障判断与处理 ……………………………………… 117

第七章 F8H 空气控制阀的研制简介 ………………… 128

附 图 ……………………………………………… 136

第一章　F8 系列空气分配阀概况

随着我国铁路运输事业的不断发展，对制动机的要求也在不断提高。结构采用柱塞替代滑阀、方便检修且检修周期长、使用成本低，满足列车扩编、操纵灵活、列车冲动小，适应复杂外界环境，性能稳定、故障率低、能提高运输效率和确保运行安全，并与国际接轨的空气分配阀愈来愈被所需要。

为此，天津中车机辆装备有限公司(原天津机车车辆机械工厂)与中车青岛四方车辆研究所有限公司(原青岛四方车辆研究所)共同研制了 F8 空气分配阀。由于 F8 空气分配阀的结构、性能、检修工艺等方面均较我国原有的空气分配阀有较大的改进和提高，投入运用以来，受到用户的普遍欢迎。随后，双方又研制了 F8 电空制动机。它是在不改变原 F8 空气分配阀结构和性能的基础上，增设了电控制动部分。

为解决因西北地区风沙大、气候寒冷且温差大的环境特点而造成分配阀故障率高的问题，利用 F8 空气分配阀无滑阀的结构优势，经对呼吸孔，进、排气口等部位的设计改进，经大批装车运用证明，故障率比 104 空气分配阀大大降低，完全能满足环境的使用要求。

F8 空气分配阀可以与国内任何型号的三通阀、分配阀混编使用。当以专列编组时，可以编组到 25 辆，而使用阶段缓解性能后，可使司机操纵更加方便、安全，特别是在长、大下坡道上的优势尤为明显。另外，F8 空气分配阀是根据我国国情，并吸收国外的先进经验而设计制造的，其结构与我国机车主型制动机之一——JZ-7 型机车制动机相近，许多零部件可与之互换使用。并可替代 JZ-7 型机车制动机中的 F7 分配阀用于非干线机车。

F8 空气分配阀是国内唯一将检修周期由 A1 修延长至 A2 修，且正在向延长至 A3 修努力的空气分配阀。该阀用于 22 和 25 型系列客车及国产动车组上，目前铁总与中车正在研制的 160 km/h 集中动力电动车组就采用了该阀。

随着我国铁路机车车辆走出国门的步伐逐渐加大，特别是出口到发展中国家的车辆数量逐年增加，而国外制动系统大部分都要求要符合 UIC(国际铁路联盟)标准的要求。F8 空气分配阀是目前国内最接近 UIC(国际铁路联盟)标准的分配阀，已随整车出口到伊朗、缅甸等国；天津中车机辆装备有限公司在 F8 空气分配阀的基础上，对其不合理及易发生故障的部分结构进行了改进和优化，并按 UIC 540-2006 标准设计制造，研制生产了符合 UIC 540-2006 标准的 F8G 空气分配阀经试验台单车试验，其性能指标均基本符合 UIC 540-2006 标准的要求，原则上可与符合 UIC 540-2006 标准的各型分配阀混编使用。国内部分出口车辆采用了 F8G 空气分配阀来代替克诺尔的 KE1 型分配阀，并已成功应用于斯里兰卡、加纳、尼日利亚、莫桑比克、刚果(金)等国家和中国台湾、中国香港地区的车辆上。

F8Y空气分配阀，源于对北京二七机车公司引进钢轨打磨车用克诺尔制动机进行国产化替代。采用优化后的F8G空气分配阀的结构，但性能满足国内车辆制动机的要求。主要用于钢轨打磨车、路基处理车等养路机械。该阀也可替代F8空气分配阀，试装在研制的速度等级为200 km/h的客车上。

F8L空气分配阀结构基本采用F8G、F8Y空气分配阀的结构，最主要的是将阀体、阀盖的材质由铸铁提升为铸造合金铝，重量减轻了一倍以上，且外观和防腐性更好。其性能与F8空气分配阀完全相同，可无条件互换，易损件绝大部分可通用；特别是阀的稳定性和可靠性更加突出。

F8H空气控制阀是在已经成熟运用的F8G、F8Y空气分配阀的基础上，通过进行优化和功能扩充设计，以满足快捷货车制动技术条件的要求开发设计的，具有客、货(快、普)转换功能；只要对其部分零部件稍加改变，即可成为符合UIC标准的客、货通用型分配阀。

为方便将现车的104空气分配阀改装为F8空气分配阀，特别研制了新型中间体，其吊装座安装尺寸以及制动管、副风缸管、工作风缸管及制动缸管与中间体的安装尺寸均与104分配阀中间体完全相同。

F8系列空气分配阀的安装方式，除中间体外，还有一种是“集成化”安装方式，其优点是可简化车下管路提高清洁度，方便安装，改善分配阀的使用环境，减少阀的故障率。

目前，F8系列空气分配阀共有五种型号，分别用于国内客车、快捷货车、动车组、工程养路车、非干线机车以及出口客车等，已基本形成系列产品满足铁路机车、车辆不同领域的需要，随着推广运用范围的增大，越来越得到用户的认可和欢迎。

第一节　F8系列空气分配阀的特点

一、原理上的特点

F8系列空气分配阀采用二—三压力机构作用原理，即主阀是三压力机构，制动管(为图示方便，下面插图及文章中部分内容将“制动管”称为“列车管”)、工作风缸、制动缸三压力平衡；辅助阀是二压力机构，制动管(列车管)和辅助室压力平衡。由于主阀是三压力机构，所以具有良好的阶段缓解作用。但在缓解时，需等待制动管(列车管)压力充到接近工作风缸压力时，制动缸压力才能降到零，所以缓解时间较长。这与二压力分配阀有较大差距。为解决这个问题，辅助阀设计成二压力机构，并且具有加速缓解作用。主阀与辅助阀的相互配合，使该分配阀既具有三压力分配阀的阶段制动、阶段缓解、自动补风等特点，又具有二压力分配阀的轻易缓解的特点。根据需要，该阀可转换为一次缓解位，可以与一次缓解的分配阀混编使用。

二、结构上的特点

F8 系列空气分配阀采用橡胶夹布膜板和柱塞止阀结构，取消传统的胀圈、滑阀结构，简化了检修工艺，抗风沙能力强，延长了使用周期(检修周期由 A1 修延长到 A2 修)，提高了作用的可靠性，故障率低。

三、性能上的特点

1. 具有良好的制动、缓解特性。适用于制动主管定压为 600 kPa 或 500 kPa 的制动系统。

2. 具有良好的阶段缓解特性，并有阶段缓解与一次缓解的转换作用，适用范围广，提高了列车操纵的灵活性。

3. 具有自动补风性能。当列车施行制动保压后，制动缸一旦泄漏，可以自动补风，使制动缸压力保持不衰减。

4. 制动缸最高压力可根据需要在一定范围(如 380～480 kPa)内调定。同时制动缸压力与制动缸活塞行程无关。

5. 具有较好的局部减压作用，制动波速快，制动一致性好，对于扩编旅客列车(20～25 辆编组)，减少列车冲动的效果尤为明显。

6. 具有较好的紧急制动性能，紧急制动时有效的附加放风作用可明显减少列车冲动并缩短制动距离。遇紧急情况，司机可通过操纵司机控制器将车辆分配阀由常用制动状态转为紧急制动状态。

7. 辅助阀为单独设置的二压力机构，紧急制动作用可靠，并且还具有能使三压力机构的主阀加速缓解的功能。

第二节　F8 系列空气分配阀的安装

F8 系列空气分配阀的安装方式分为中间体和集装板两种，其中 F8 电空制动机也为集装板安装方式。

分配阀作为车辆制动的控制部件，其车下管路系统布置如图 1-1、图 1-2 所示。其副风缸容积可根据选定的制动缸容积进行计算，确定所需。制动系统可根据需要配置附属装置，如空重车调整装置等。为防止风缸及管路内杂物进入阀内，管路上应增设管路滤尘装置，这对减少分配阀的故障，延长使用周期非常有利。副风缸和制动缸管需使用 3/4 英寸管，而工作风缸管需使用 1/2 英寸管，且长度最好控制在 1.2 m 以内。

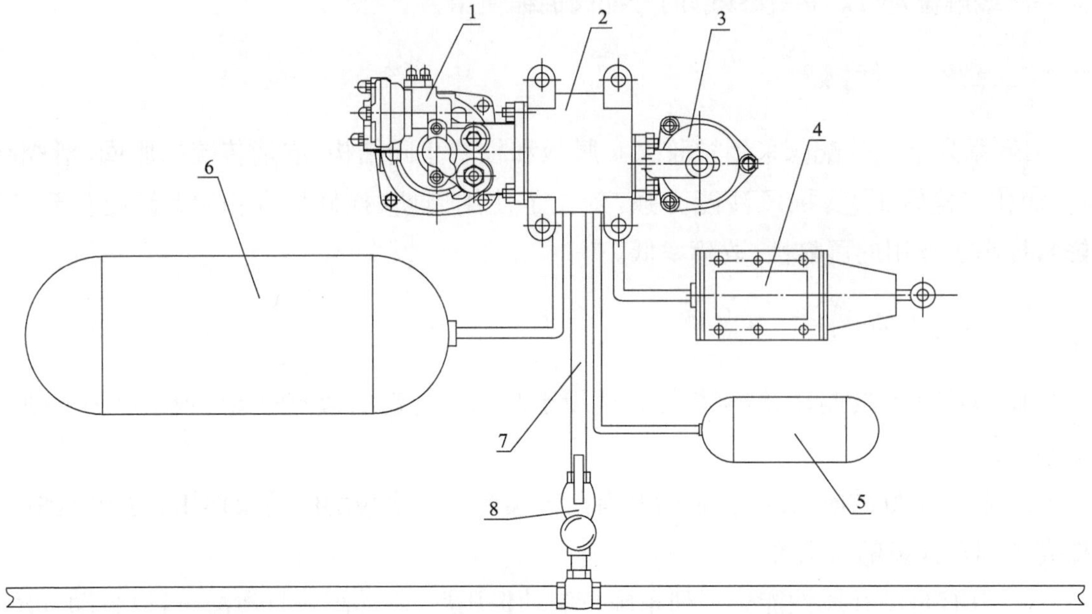

图 1-1 F8 系列空气分配阀(中间体安装方式)车下管路安装

1—主阀；2—中间体；3—辅助阀；4—制动缸；5—工作风缸；6—副风缸；7—制动支管；8—组合集尘器

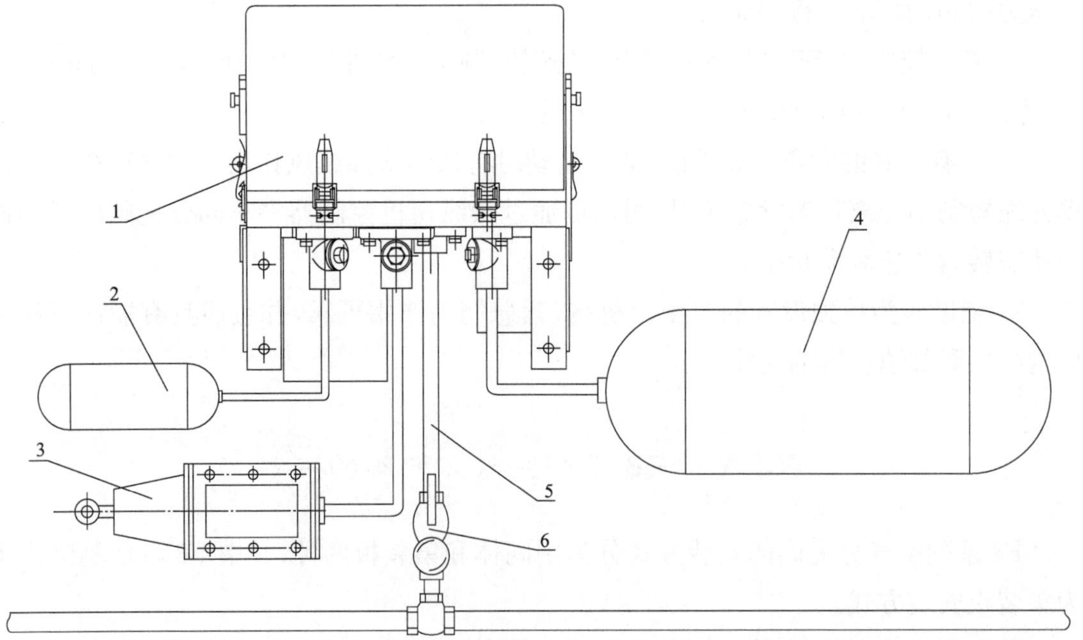

图 1-2 F8 系列空气分配阀(集装板安装方式)车下管路安装

1—空气制动单元(内装主阀、辅助阀)；2—工作风缸；3—制动缸；4—副风缸；5—制动支管；6—组合集尘器

第二章　F8 空气分配阀的构造、作用原理及性能

第一节　F8 空气分配阀的构造

F8 空气分配阀(以下简称 F8 阀)主要由主阀、辅助阀和集装板或中间体(管座)三部分组成,如图 2-1 所示。

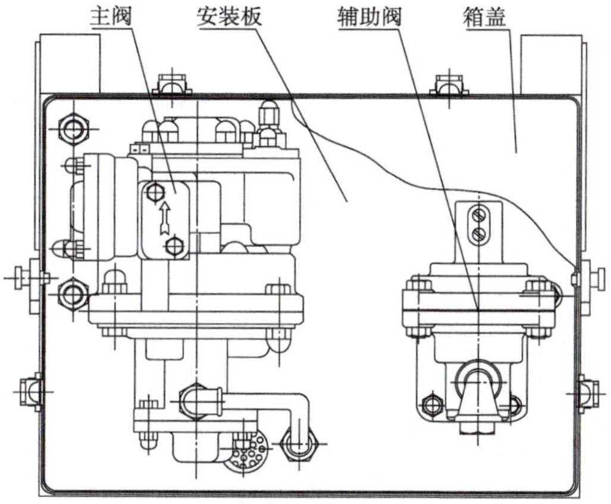

(a) 集装板安装方式

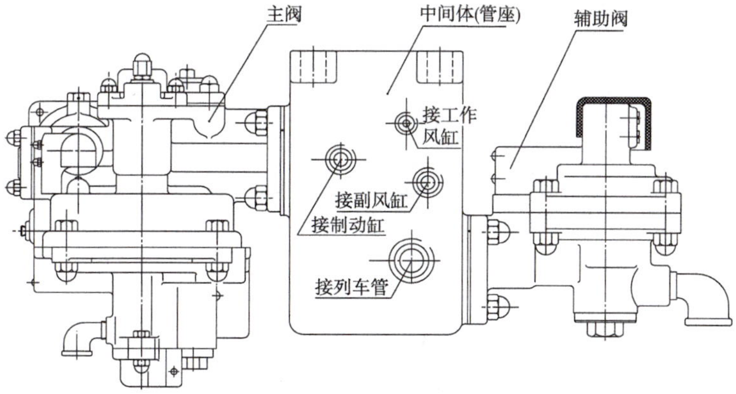

(b) 中间体（管座）安装方式

图 2-1　F8 空气分配阀组成

一、主　　阀

主阀控制分配阀的充气、缓解、制动、保压等作用,是分配阀中最主要的部分。它是由主控部、充气阀、限压阀、副风缸充气止回阀、局减阀、主阀体及主阀下体等组成,

如图 2-2～图 2-6 所示。

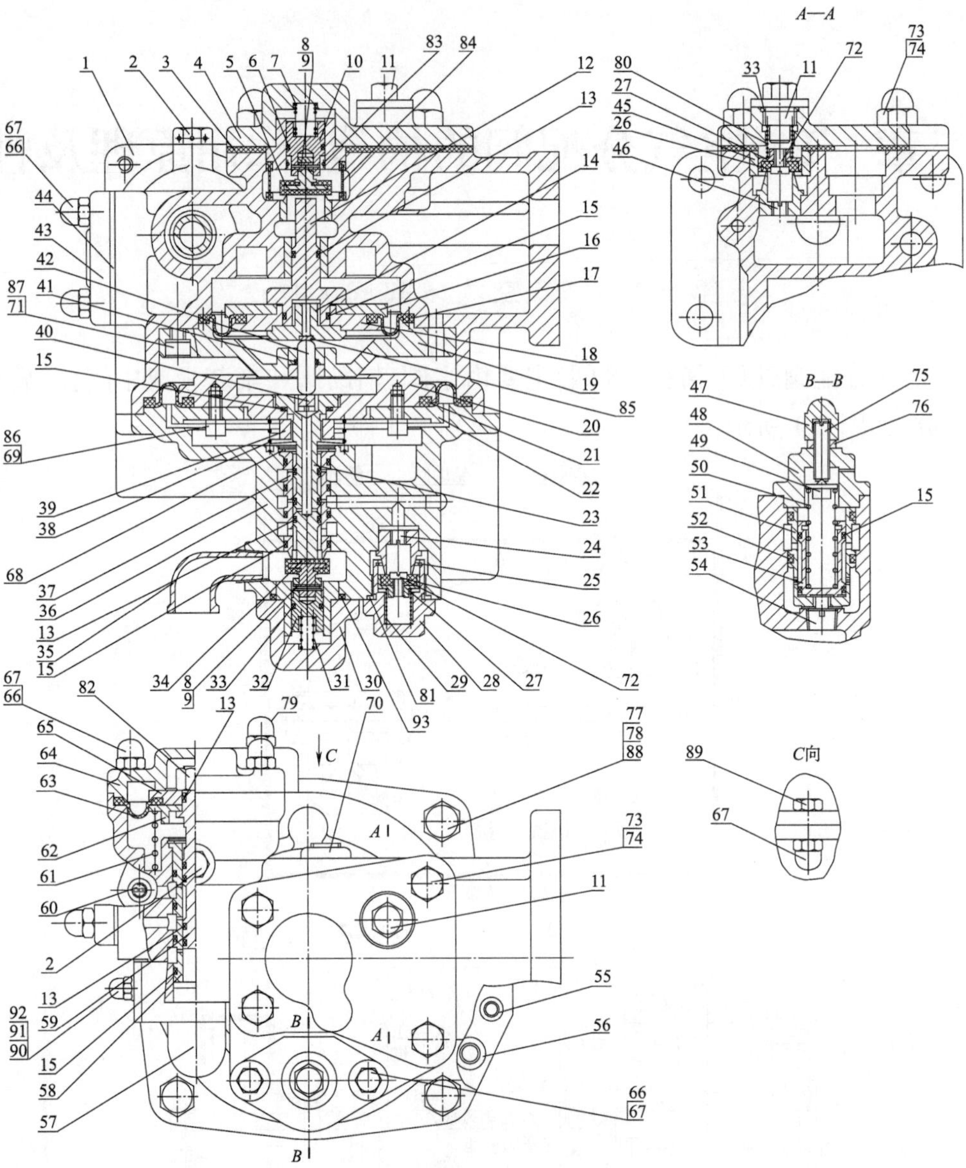

图 2-2　F8 空气分配阀主阀

1—主阀体组成；2—排气堵；3—主阀上盖垫；4—主阀上盖组成；5—平衡阀；6—O 形圈 20×2.25；7—平衡阀弹簧；8—销 ϕ1×14；9—固定销；10—导杆(平衡阀)；11—螺堵；12—主阀杆；13—O 形圈 14×2.25；14—压帽；15—O 形圈 24×2.25；16—压板；17—小膜板(ϕ109)；18—小活塞(小鞲鞴)；19—中体组成；20—主活塞(大鞲鞴)；21—大膜板(ϕ166)；22—压板；23—缓解柱塞；24—缩堵(Ⅰ)；25—弹簧挡圈；26—止回阀胶垫；27—止回阀；28—螺盖；29—止回阀弹簧；30—缓解阀盖组成；31—保压弹簧；32—导杆(缓解阀)；33—O 形圈 16×2.25；34—缓解阀组成；35—排风弯头；36—主阀下体组成；37—局减阀套；38—制动弹簧；39—螺母；40—硬芯；41—O 形圈 12×1.75；42—顶杆；43—转换盖板；44—转换阀垫；45—止回阀套；46—缩堵(Ⅱ)；47—螺母；48—限压阀盖；49—弹簧托；50—限压阀弹簧；51—限压阀套；52—O 形圈 34×3.4；53—限压阀；54—大缩堵；55—胶垫；56—大胶垫；57—防尘排气罩组装；58—充气阀套；59—充气柱塞；60—缩孔堵 M8；61—充气阀弹簧；62—压板；63—充气阀膜板(ϕ84)；64—充气阀盖；65—膜板托；66—螺柱 M8×20；67—螺母 M8；68—挡圈 28；69—螺钉 M6×14；70—缩堵 R1/4；71—螺钉 M8×16；72—螺钉 M5×8；73—螺柱 M10×20；74—螺母 M10；75—螺钉 M8×30；76—螺母 M8；77—螺栓 M12×45；78—螺母 M12；79—螺柱 M8×30；80—止回阀弹簧；81—O 形圈 26.5×2.65；82—螺母 M12；83—销 ϕ1×34；84—滤尘网；85—顶块；86—弹簧垫圈 6；87—弹簧垫圈 8；88—弹簧垫圈 12；89—螺栓 M8×30；90—螺母 M6；91—螺柱 M6×16；92—平垫圈；93—O 形圈 32.5×2.65

F8 阀(防风沙型)主阀主要对排气堵和排风弯头进行了防风沙改进,如图 2-3 所示。

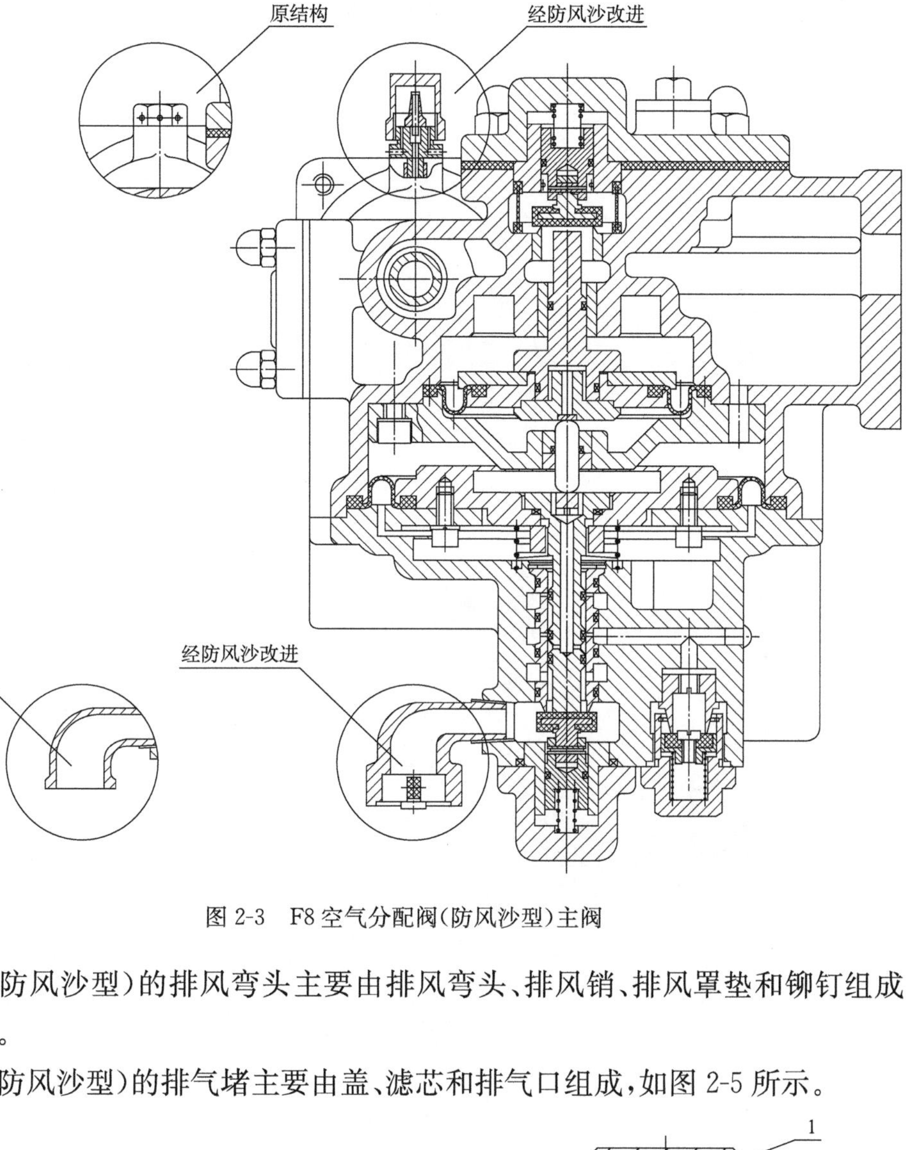

图 2-3　F8 空气分配阀(防风沙型)主阀

F8 阀(防风沙型)的排风弯头主要由排风弯头、排风销、排风罩垫和铆钉组成,如图 2-4 所示。

F8 阀(防风沙型)的排气堵主要由盖、滤芯和排气口组成,如图 2-5 所示。

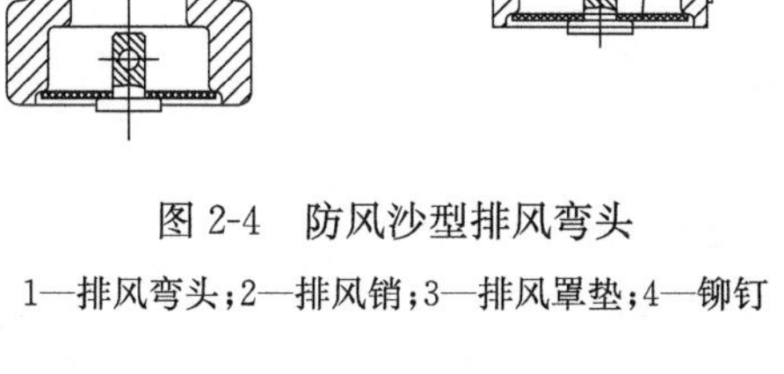

图 2-4　防风沙型排风弯头

1—排风弯头;2—排风销;3—排风罩垫;4—铆钉

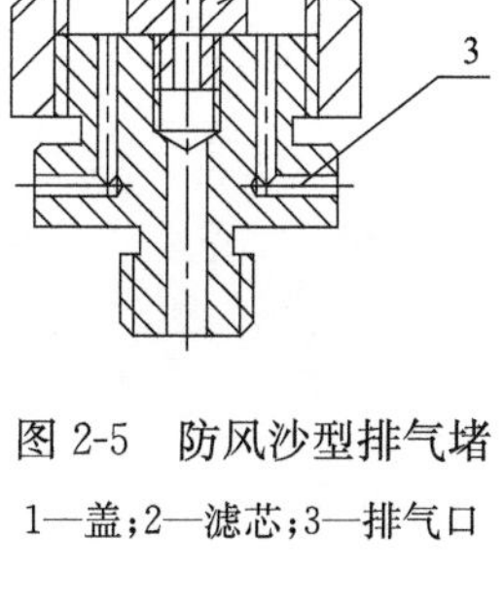

图 2-5　防风沙型排气堵

1—盖;2—滤芯;3—排气口

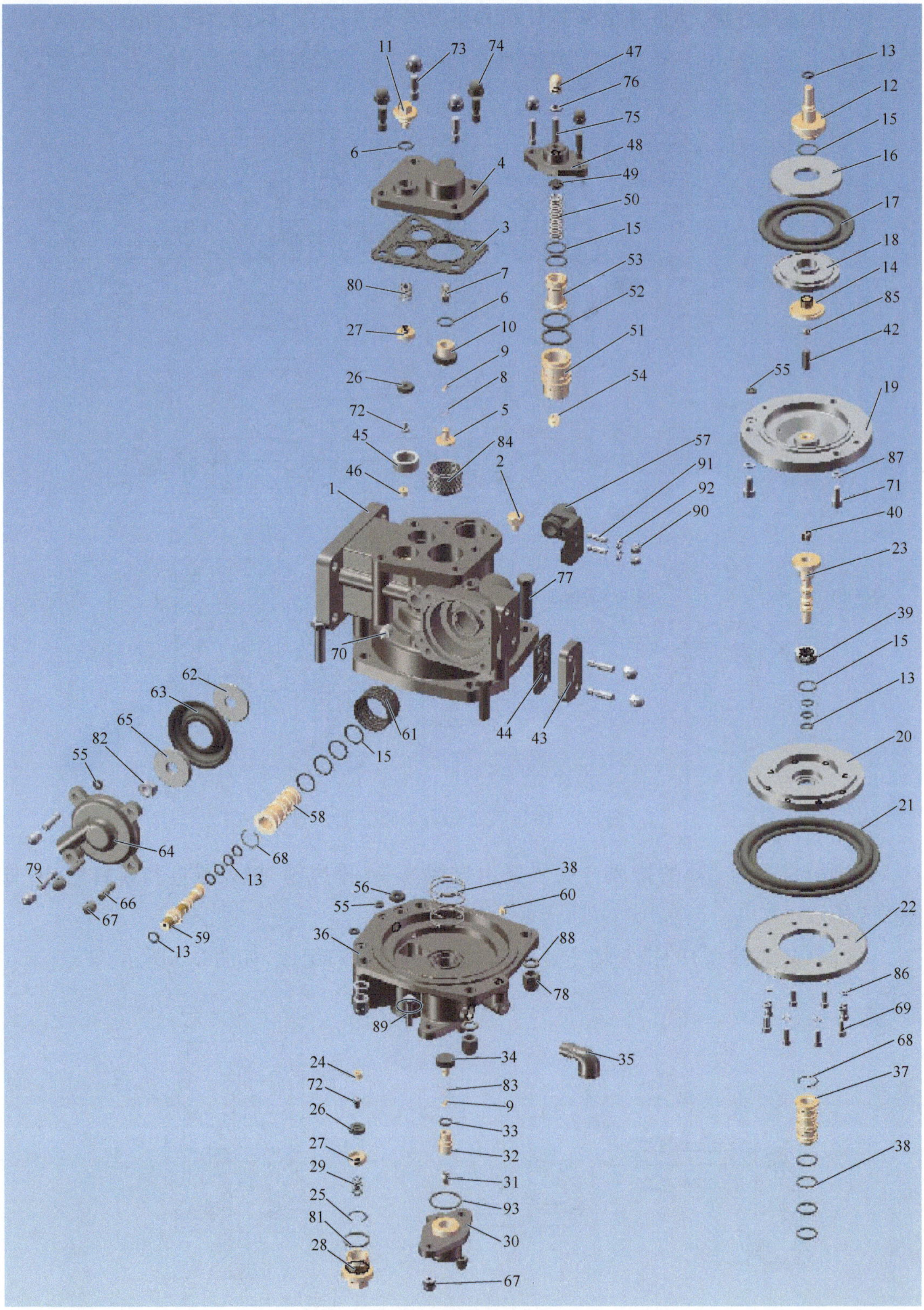

图 2-6　F8 空气分配阀主阀实物分解

注:图注同图 2-2。

(一)主 控 部

主控部由平衡阀(5)、平衡阀弹簧(7)、导杆(10)、主阀杆(12)、小活塞(18)、中体组成(19)、顶杆(42)、主活塞(20)、缓解柱塞(23)、制动弹簧(38)、缩孔堵(60)、局减阀套(37)、缓解阀组成(34)、导杆(32)、保压弹簧(31)、缓解阀盖组成(30)及各种 O 形圈、胶垫等组成。

主阀是三压力平衡机构,主活塞(20)上、下两侧分别是制动管压力($P_{列}$)和工作风缸压力($P_{工}$),小活塞(18)上方是制动缸压力($P_{制}$),下方通大气。通过三压力(即 $P_{制}$、$P_{列}$与 $P_{工}$)的平衡与否,来实现分配阀的制动、保压、缓解这三个基本作用位置。

三压力图示如图 2-7 所示 $P_{制}$、$P_{列}$和 $P_{工}$。

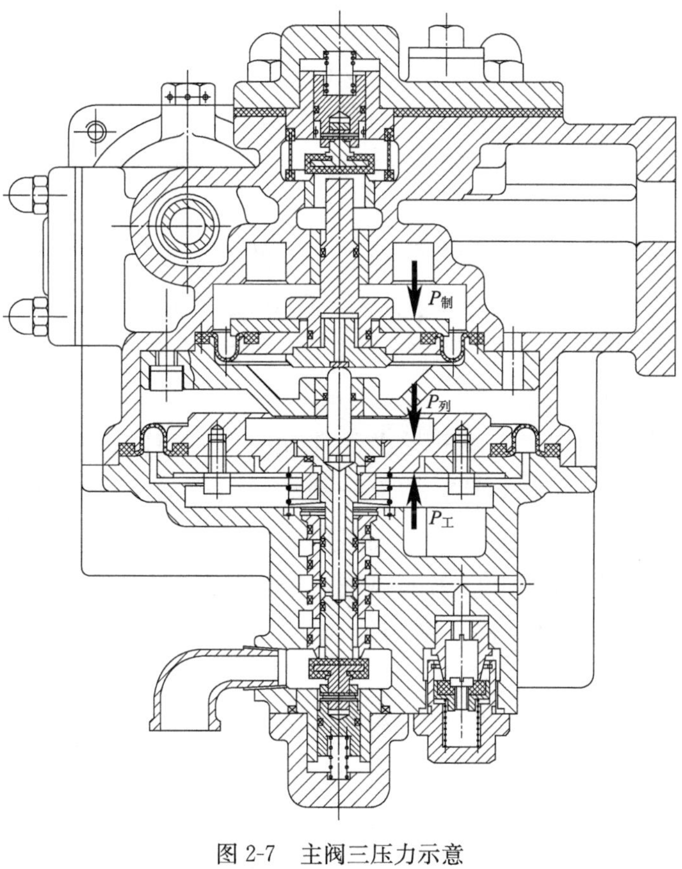

图 2-7　主阀三压力示意

制动缸压力 $P_{制}$作用于主阀小活塞的上方,此力向下,小活塞下方通大气,不参与平衡;制动管压力 $P_{列}$作用于主阀主活塞的上方,此力向下;工作风缸压力 $P_{工}$作用于主阀主活塞的下方,此力向上。

当 $P_{制}+P_{列}<P_{工}$时,分配阀发生局部减压和制动作用;

当 $P_{制}+P_{列}>P_{工}$时,分配阀发生缓解作用(可以是一次缓解,也可以是阶段缓解);

当 $P_{制}+P_{列}=P_{工}$时,分配阀发生保压作用(包括制动保压与缓解保压)。

下面具体的介绍 F8 空气分配阀主阀各个作用的发生过程：

1. 制动作用

当制动管减压后，主活塞(20)两侧的工作风缸和制动管的压力形成一定的压差(即 $P_{制}+P_{列}<P_{工}$)，在工作风缸空气压力作用下，主活塞(20)向上移动，通过顶杆(42)带动小活塞(18)及主阀杆(12)向上移动，打开平衡阀(5)，使副风缸的压力空气通过打开的平衡阀进入制动缸。

2. 保压作用

(1)制动保压：制动管停止减压后，制动缸压力上升到与工作风缸作用于主活塞(20)的向上的力和制动管及制动缸向下的力三者平衡(即 $P_{制}+P_{列}=P_{工}$)时，在平衡阀弹簧(7)的作用下，平衡阀下移，关闭阀口，停止了副风缸向制动缸的充气，使制动缸压力保持一定值，主阀即处于制动保压状态。

(2)缓解保压：当制动管停止增压，制动缸压力空气通过打开的缓解阀口排风到三者压力平衡($P_{制}+P_{列}=P_{工}$)时，在保压弹簧(31)作用下，缓解阀(34)上移，关闭缓解阀口，制动缸压力停止下降，使制动缸压力保持一定值，主阀即处于缓解保压位状态。

3. 缓解作用

当制动管压力增加时，制动管和制动缸向下的力大于工作风缸作用在主活塞(20)的向上的力(即：$P_{制}+P_{列}>P_{工}$)时，主活塞(20)带动缓解柱塞(23)向下移动，打开缓解阀(34)，使制动缸压力空气通过打开的缓解阀排向大气，主阀即处于缓解状态。

4. 制动管局部减压作用

在制动管减压，主活塞(20)刚开始向上移动时，缓解柱塞(23)随之向上移动，打开了制动管与局减阀套(37)间的通路，使部分制动管的压力空气通过缓解柱塞(23)上的中心孔、局减阀套(37)顶开止回阀(27)，通过主阀下体(36)和主阀体(1)内部通路，一路经充气阀套(58)尾部孔排向大气，另一路进入中间体的局减室，使制动管发生局部减压作用，从而促进主阀迅速动作，进入制动位，同时也起到了促进列车制动波传递的作用。

5. 一次缓解和阶段缓解的转换

通过调转转换盖板(43)的位置，可实现一次缓解或阶段缓解的作用。当与无阶段缓解作用的制动机混编使用时，转换盖板(43)需放置在"一次位"(盖板上铸造箭头指向上)，施行缓解时，工作风缸压力空气经局减阀套(37)、转换盖板(43)上的沟槽直接进入制动管(即工作风缸与制动管连通)达到一次缓解的目的。由于缓解时工作风缸压力空气直接迅速进入制动管，既提高了制动管的再充气速度，又加速了主阀的缓解作用，这对于较长编组列车的后部车辆加速缓解是很有意义的。当与有阶段缓解作用的分配阀混编或特殊需要时，转换盖板(43)需放置在"阶段位"(盖板上的铸造箭头朝下)，这时施行缓解时，只要制动缸压力高于 40 kPa，制动管与工作风缸通路就仍被充气柱塞(59)切断，而转换盖板(43)上的槽也被切断，此时工作风缸压力空气不能流入制动管(即工作风缸与制动管不通)，从而实现缓解保压和阶段缓解作用。

(二)充 气 阀

充气阀主要由充气阀盖(64)、膜板托(65)、充气阀膜板(63)、压板(62)、充气柱塞(59)、充气阀弹簧(61)、充气阀套(58)、防尘排气罩组装(57)、O 形圈和胶垫等组成。

充气阀由两个作用位置:上端位(缓解位)和下端位(作用位)。由于充气阀弹簧的弹力作用,充气阀平常处于上端位。当膜板上方空气压力大于 20 kPa 左右时,活塞才被压下到下端位。

下面具体的介绍充气阀的作用:

1. 当 F8 阀在缓解位,充气阀膜板(63)上方制动缸的空气压力低于 20 kPa 时(充气阀在上端位),制动管压力空气经充气阀套(58)、充气柱塞(59)向工作风缸充气。同时通过充气阀套(58)尾部孔将局减室压力空气排向大气。

2. 当 F8 阀在局减位,制动管部分压力空气经充气阀套(58)尾部排向大气。

3. 当 F8 阀在制动位,充气阀膜板(63)上方制动缸的空气压力高于 20 kPa 时(充气阀在下端部),制动缸压力空气推动充气阀膜板(63)压缩充气阀弹簧(61),移动充气柱塞(59),切断局减通大气通路,同时切断制动管与工作风缸间连接通路,以保证主阀的正常作用。

4. 当 F8 阀在缓解、保压位时,与转换盖板(43)配合,切断工作风缸压力空气向制动管逆流,以实现阶段缓解。

(三)限 压 阀

限压阀主要由限压阀盖(48)、限压阀套(51)、限压阀(53)、限压阀弹簧(50)、弹簧托(49)、大缩堵(54)、调整螺钉(75)、紧固螺母(76)和 O 形圈等组成。

限压阀的作用:限制常用制动和紧急制动时制动缸的最高压力,其限压值可根据需要通过松、紧调整螺钉(75)调定,调整后由紧固螺母(76)锁紧。

(四)副风缸充气止回阀

副风缸充气止回阀主要由止回阀套(45)、缩堵(46)、螺堵(11)、止回阀(27)、止回阀胶垫(26)及止回阀弹簧(29)等组成。

副风缸充气止回阀的作用:

1. 制动管通过它向副风缸充气,并限制充气速度,使前后车辆充气保持一致。

2. 当制动管压力下降时,防止副风缸压力空气向制动管逆流,保证主阀的正常工作。

(五)局 减 阀

局减阀主要由止回阀胶垫(26)、止回阀(27)、止回阀弹簧(29)、螺盖(28)、缩堵(24)和弹簧挡圈(25)等组成。其中部分零件与副风缸充气止回阀通用。

局减阀的作用:

1. F8 阀在局减位时,制动管压力空气经此阀向大气及局减排气。

2. 再制动时，能防止局减室的压力空气向制动管逆流。

（六）主阀体及主阀下体

主阀体及主阀下体由铸铁铸造而成，内部设有主控部、充气阀、限压阀、副风缸充气止回阀、局减阀等零部件的空腔以及压力空气流通的各铸造及加工气路。主阀安装面各气路如图 2-8 所示。

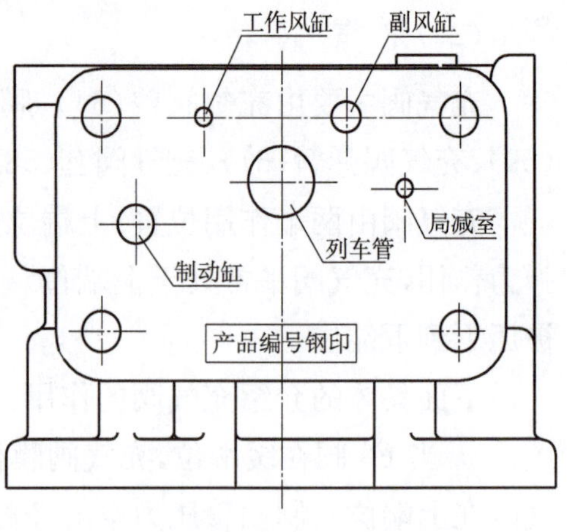

图 2-8 主阀安装面各气路示意

二、辅 助 阀

辅助阀主要由辅助阀体(1)、辅助阀上盖(7)、辅助阀活塞(5)、辅助阀杆(8)、辅助阀膜板(3)、活塞压板(4)、辅助阀套(11)、放风阀(15)、螺盖(18)、放风阀弹簧(17)、常用排风堵(12)、紧急排风堵(13)、滤尘网(23)以及各种O形圈、胶垫组成，如图 2-9、图 2-10 所示。

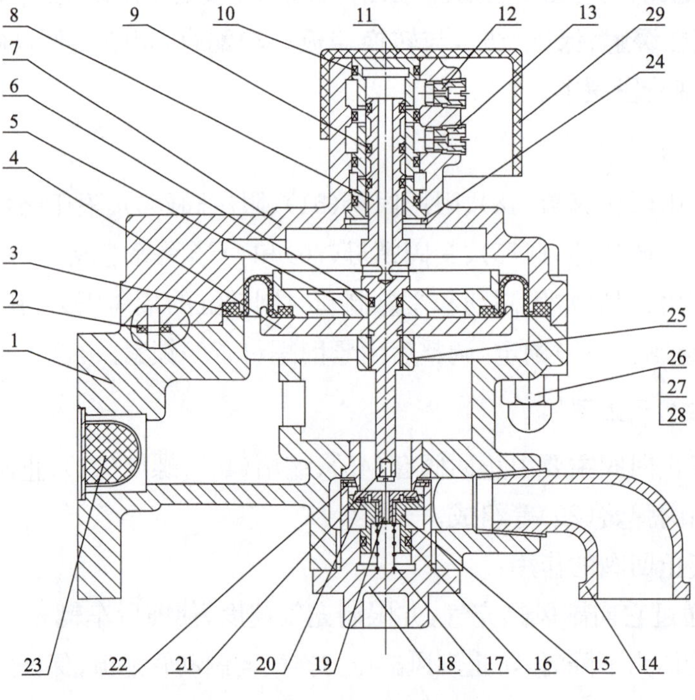

图 2-9 F8空气分配阀辅助阀

1—辅助阀体组成；2—胶垫；3—辅助阀膜板；4—活塞压板；5—辅助阀活塞；6—O形圈 12×1.75；7—辅助阀上盖；8—辅助阀杆；9—O形圈 14×2.25；10—O形圈 24×2.25；11—辅助阀套；12—常用排风堵；13—紧急排风堵；14—放风弯头；15—放风阀；16—O形圈 18×2.25；17—放风阀弹簧；18—螺盖；19—放风阀胶垫螺帽；20—放风阀胶垫；21—触头；22—弹簧挡圈；23—滤尘网；24—挡圈 28；25—螺母 M12；26—螺栓 M12×50；27—螺母 M12；28—弹簧垫圈；29—防护罩

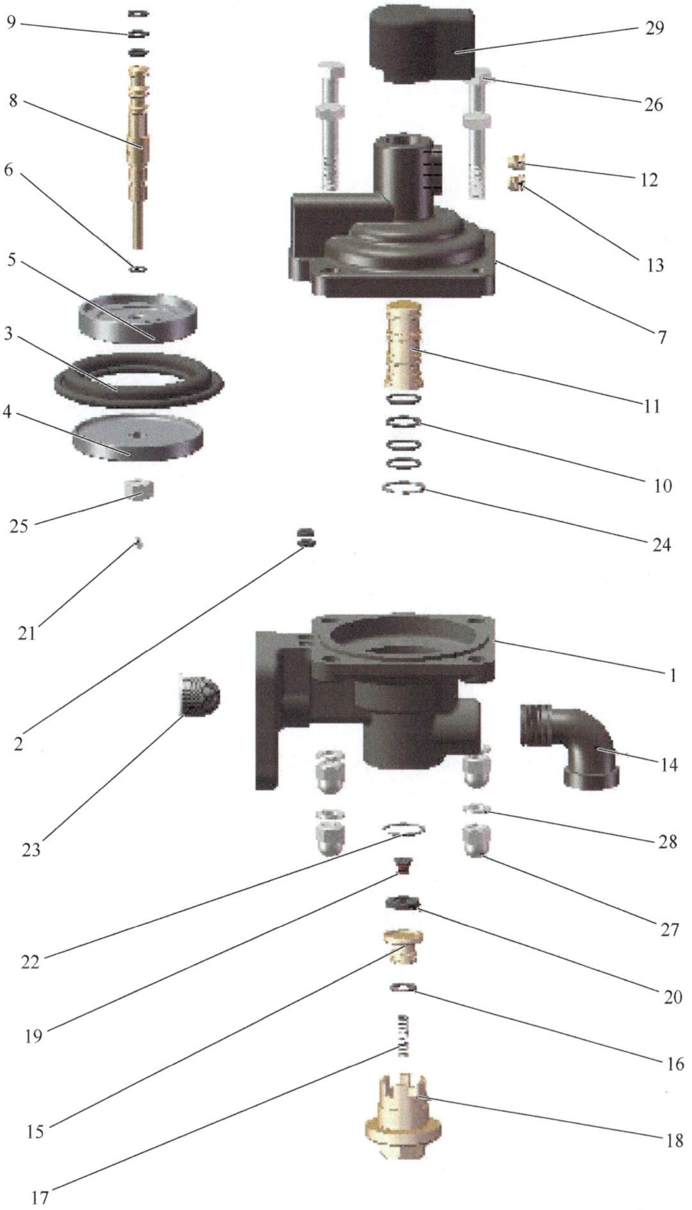

图 2-10　F8 空气分配阀辅助阀实物分解

注:图注同图 2-9。

辅助阀是二压力平衡机构。辅助阀活塞(5)上方为辅助室压力空气,从主阀来的工作风缸压力空气经辅助阀体组成(1)及辅助阀上盖(7)的内部气路,并通过辅助阀套(11)下排孔充入辅助阀膜板(3)上方,然后经辅助阀上盖(7)和辅助阀体(1)内部气路向中间体的辅助室充气。膜板(3)下方为制动管压力空气。即膜板(3)上方的辅助室空气压力与膜板(3)下方的制动管空气压力相平衡。

F8 阀(防风沙型)辅助阀主要对放风弯头进行了防风沙改进,如图 2-11 所示。

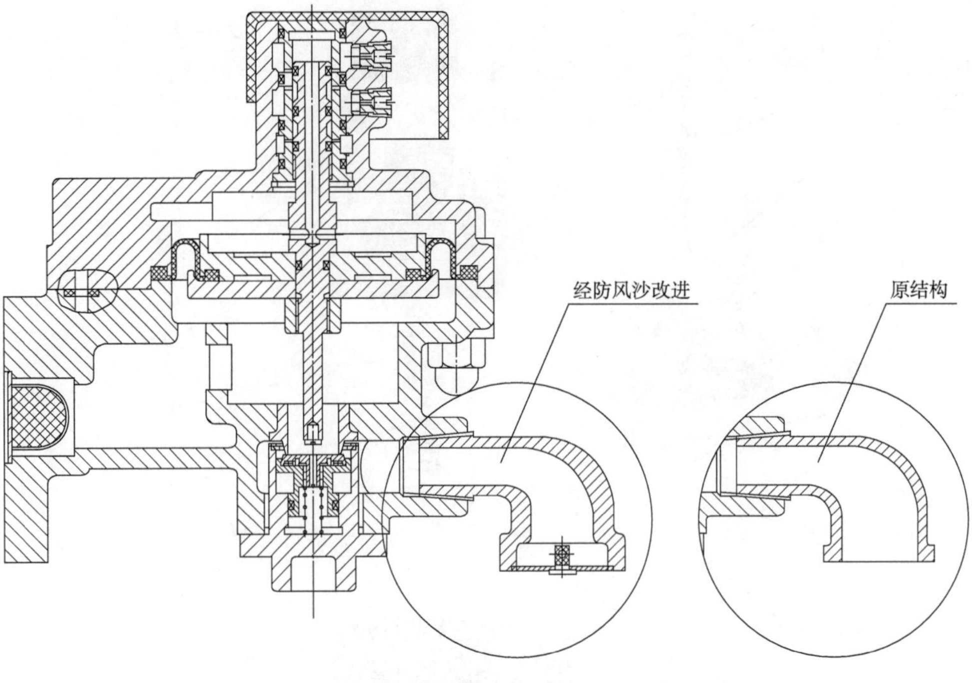

图 2-11　F8 空气分配阀(防风沙型)辅助阀

F8 阀(防风沙型)辅助阀放风弯头主要由排风弯头、排风销、排风罩垫和铆钉组成,如图 2-12 所示。

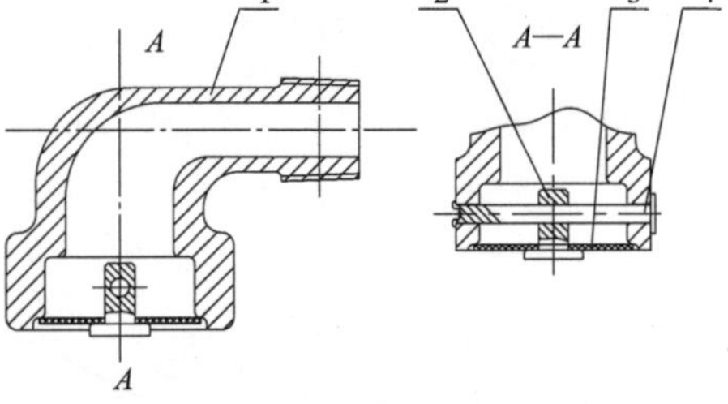

图 2-12　防风沙型放风弯头

1—排风弯头;2—排风销;3—排风罩垫;4—铆钉

辅助阀的作用:

1. 常用制动位:由于制动管减压[膜板(3)下方制动管压力下降]使得辅助阀活塞(5)下移。但辅助阀杆(8)仅下移到与放风阀接触而打不开放风阀。此时辅助室压力空气经辅助阀杆(8)中心孔、辅助阀套(11)的上排孔和常用排风堵(12)排入大气。由于排风堵的限制,使辅助室压力空气的排风速度与制动管的减压速度相一致,辅助阀活塞(5)两侧压力基本平衡,因此辅助阀活塞(5)及阀杆(8)不能继续下移打开放风阀(15),而保证了辅助阀常用制动的安定性。

2. 保压位:制动管停止减压后,辅助阀活塞(5)两侧压力达到平衡,辅助阀活塞(5)及辅助阀杆(8)稍稍上移,切断了辅助室排大气的通路,辅助阀处于保压状态。需要说明的是,制动管停止减压后,常用排风堵在几十秒内出现轻微排风是正常的。另外,保压后制动管的漏泄也可导致常用排风堵不停地轻微排风。

3. 缓解位:制动管增压[膜板(3)下方制动管压力上升],使得辅助阀活塞(5)及辅助阀杆(8)上移,到达缓解位,打开了工作风缸与辅助室的通路。由于制动位时辅助室的压力空气部分排入大气,而工作风缸压力基本保持不变,故工作风缸压力高于辅助室压力，因此工作风缸压力空气再次经辅助阀套(11)的下排孔充入辅助阀膜板(3)上方及辅助室，这样就使得工作风缸压力迅速下降，从而加速主阀的缓解，起到加速缓解作用。

4. 紧急制动位：当制动管以紧急排风速度排气时，辅助室的压力空气来不及从常用排风堵(12)排出(即常用排风堵的排风速度低于制动管排风速度)，辅助阀膜板(3)两侧形成压差，使得辅助阀活塞(5)及辅助阀杆(8)迅速下移并打开放风阀(15)，使制动管压力空气通过打开的放风阀(15)迅速排入大气，起到紧急放风作用。此时，常用排风堵(12)和紧急排风堵(13)同时打开，共同将辅助室内的压力空气排入大气。当制动管的风排完，而且辅助室的风压排到小于放风阀弹簧力时，放风阀关闭，同时辅助阀活塞(5)与辅助阀杆(8)上移，切断了紧急排风堵与辅助室的通路。需要说明的是，制动管施行紧急排风后的10～15 s内，由于辅助室压力未降到设定值，紧急放风阀未关闭，此时向制动管充风是没有意义的。辅助阀安装面各气路如图2-13所示。

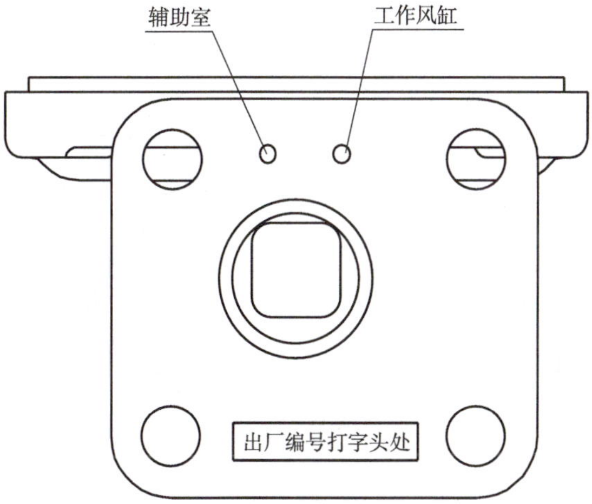

图2-13 辅助阀安装面各气路

三、中 间 体

F8阀中间体由铸铁铸成，用来安装主阀与辅助阀，并起到连通制动缸管、副风缸、制动缸、工作风缸及主阀、辅助阀的各个气路的作用，如图2-14所示。

主阀和辅助阀分别安装于中间体的两侧，另一侧留有连接车下管路的锥管螺纹孔，分别连接制动管(1英寸)、副风缸(3/4英寸)、制动缸(3/4英寸)和工作风缸(1/2英寸)。整套分配阀用4个M20的螺栓和螺母(通过中间体)吊装在车辆底架上。

如图2-14所示，中间体(1)内还装有防尘垫(2)、滤尘器(3)、螺盖(4)、制动缸限制堵(5)、螺堵(6)和螺栓、螺母等零件。

注：1英寸=25.4毫米。

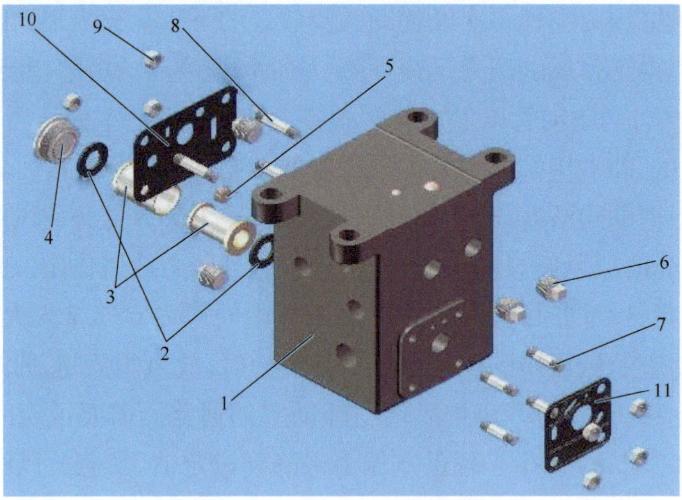

(a)

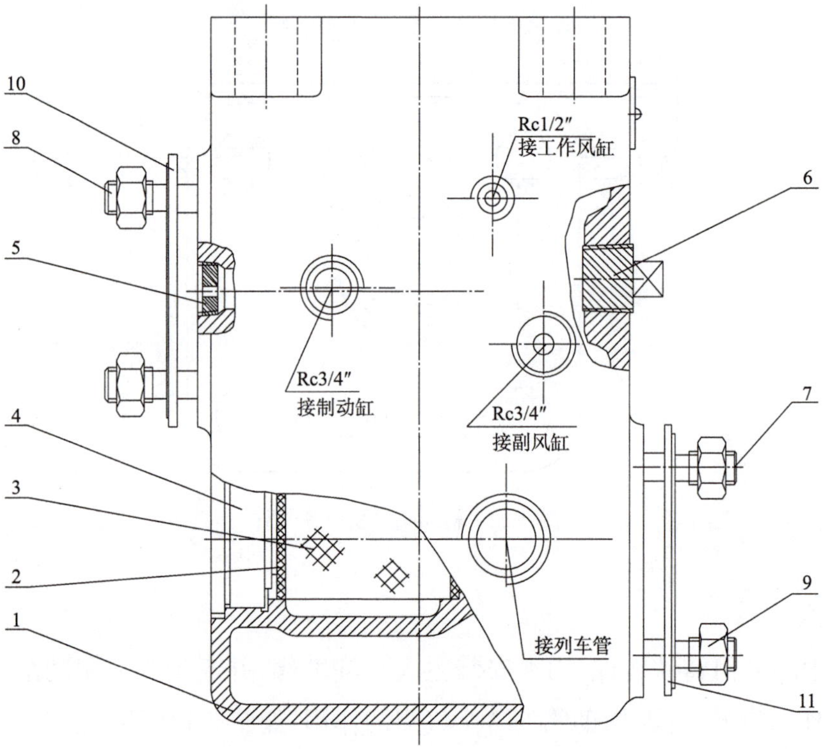

(b)

图 2-14　F8 系列空气分配阀中间体

1—中间体；2—防尘垫；3—滤尘器；4—螺盖；5—制动缸限制堵；6—螺堵 R3/4；7—螺柱 M12×30；8—螺柱 M12×35；9—螺母 M12；10—主阀垫；11—辅助阀垫

中间体有两个气室，一个 0.8 L 的局减室，一个 3 L 的辅助室，其他还有一些内部气路。在制动管的内部气路上加装一个圆柱形双套防尘网的滤尘器(3)可过滤进入主阀内的压力空气。滤尘器(3)用螺盖(4)固定在中间体内，当清洗或更换滤尘器时只要松开螺盖(4),便可取出滤尘器(3)。

中间体的主阀安装面上设置一个制动缸限制堵(5),主要为空重车调整阀等附属装置配套所设。当不使用上述装置时,必须将此堵拆除,否则会影响制动缸的升压时间,影响正常使用。

四、新型中间体

F8 阀新型中间体也由铸铁铸成,与原中间体一样,也是用来安装主阀与辅助阀,并起到连通制动管、副风缸、制动缸、工作风缸及主阀、辅助阀的各个气路的作用,如图 2-15 所示。

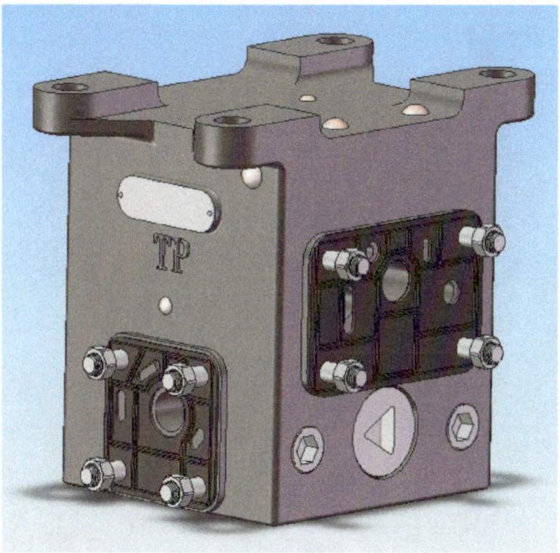

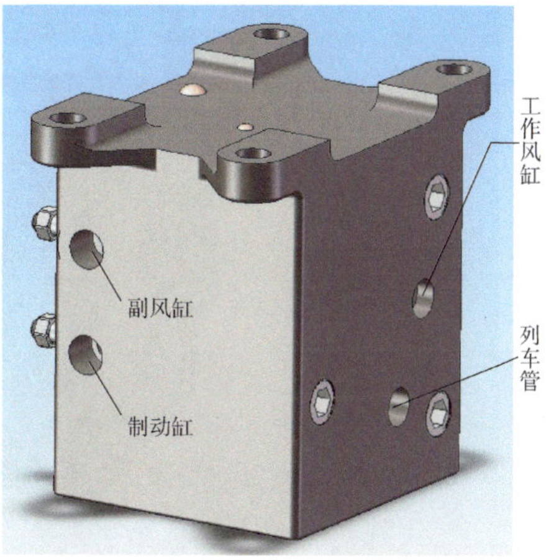

图 2-15　新型中间体

新型中间体与 F8 阀中间体不同,但与 104 空气分配阀相同,主阀和辅助阀分别安装于中间体的两个相邻面,另外两个相邻面分别有连接制动管(1 英寸)、工作风缸管(3/4 英寸)以及副风缸管(3/4 英寸)和制动缸管(3/4 英寸)的锥管螺纹孔,其锥管螺纹孔的位置、尺寸均与 104 空气分配阀完全相同。整套分配阀用 4 个 M20 的螺栓和螺母,通过中间体吊装在车辆底架上,其 4 个吊装孔的位置、尺寸也均与 104 阀完全相同。

与 F8 阀中间体一样,新型中间体上同样装有防尘垫、滤尘器、螺盖、制动缸限制堵、螺堵和螺栓、螺母等零件,与原中间体不同的是滤尘器采用粉末冶金材料,且长度比原中间体的滤尘器略长,滤尘器分解与清理与原中间体相同。

新型中间体有两个气室和一些内部气路,一个 0.8L 的局减室,一个 3L 的辅助室。

新型中间体的主阀安装面上同样设置了制动缸限制堵,其作用及使用注意事项同原中间体。

新型中间体的长、宽尺寸比原中间体略大,高略小;与 104 阀中间体相比,长、宽尺寸基本相同，但高要小得多。

将104阀改造为F8阀时，只需将制动管等四根管路从104阀中间体上拆下，再将中间体从车底中间体吊座上拆下，然后将新型中间体直接吊装在车底原中间体吊座上，再将原拆下的四根管路原样接上即可完成。

五、空气制动单元

空气制动单元由集成安装板组成及箱盖(防尘罩)组成构成，如图2-16、图2-17所示，其作用与中间体一样，用来安装主阀与辅助阀，并起到连通制动管、副风缸、制动缸、工作风缸及主阀、辅助阀的各个气路的作用。并通过吊柱吊装在车辆底架上。

(a)

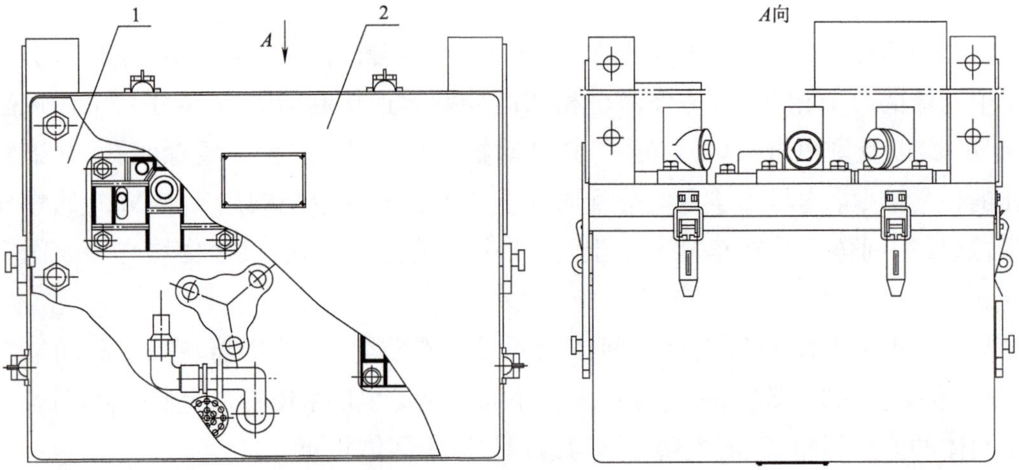

(b)

图2-16 F8系列空气分配阀空气制动单元

1—集成安装板组成；2—箱盖(防尘罩)组成

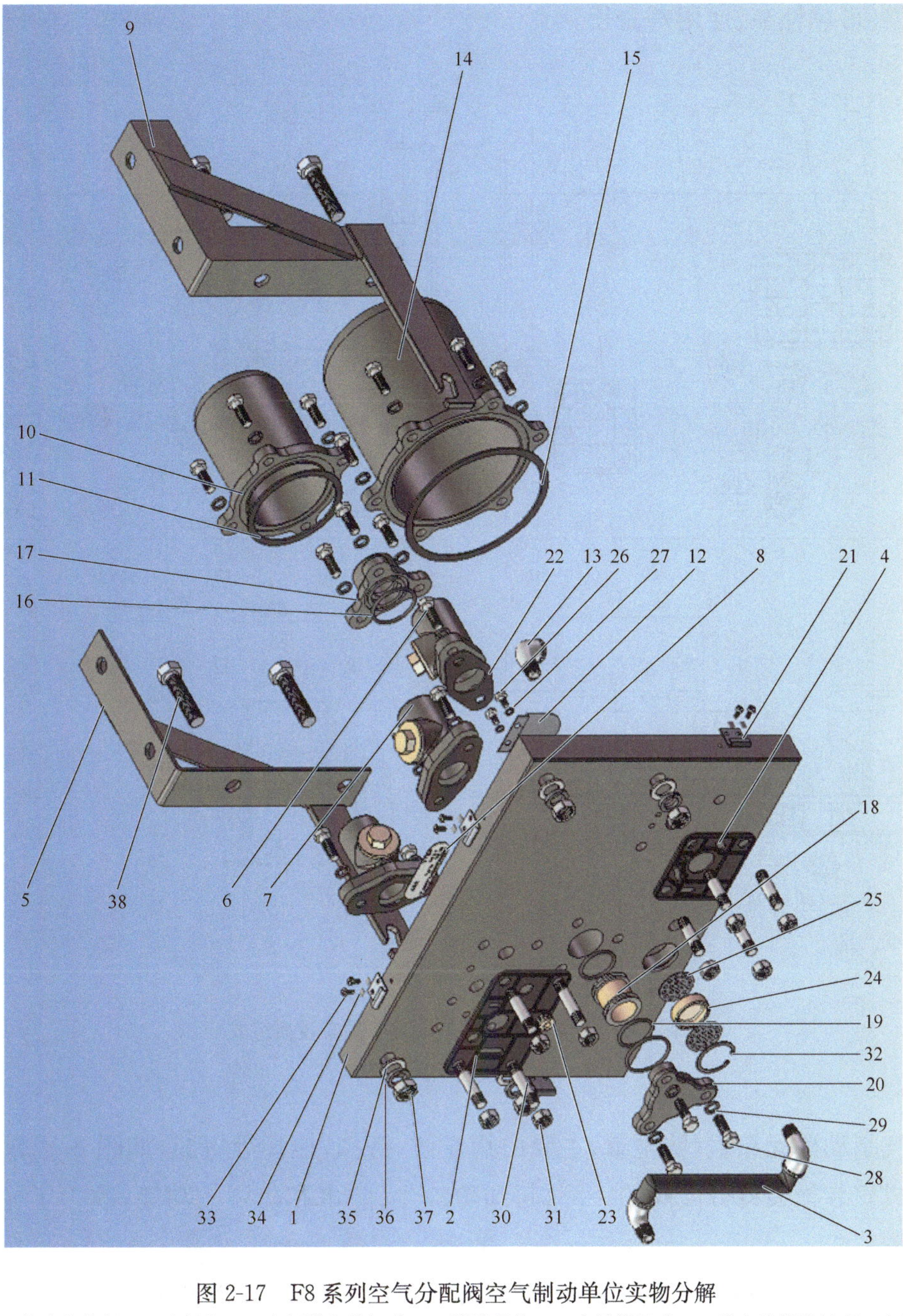

图 2-17　F8 系列空气分配阀空气制动单位实物分解

1—集成安装板；2—主阀垫；3—主阀排气管组成；4—辅助阀垫；5—右吊柱组成；6—滤尘连接法兰（Rc1/2）；7—滤尘连接法兰（Rc3/4）；8—铭牌；9—左吊柱组成；10—局减室；11—局减室胶垫；12—挡板；13—排风罩组成 3/8；14—辅助室；15—辅助室胶垫；16—O 形圈 50×3.3；17—制动管连接法兰；18—滤器；19—O 形圈 40×3.4；20—滤器端盖；21—扣舌；22—胶垫；23—缩堵 ϕ3.0；24—滤塞；25—滤网；26—开槽盘头螺钉 M6×12；27—弹簧垫圈 6；28—六角头螺栓 M10×30；29—弹簧垫圈 10；30—双头螺柱 AM12×35；31—1 型六角螺母 M12；32—孔用弹性挡圈 40；33—开槽盘头螺钉 M4×10；34—弹簧垫圈 4；35—小垫圈 16；36—弹簧垫圈 16；37—1 型六角螺母 M16；38—六角头螺栓 M16×65

集成安装板组成主要由集成安装板、局减室风缸（0.8 L）、辅助室风缸（3 L）、连接法兰、滤尘器、吊柱等组成，如图 2-18 所示。其中集成安装板由铝合金板经钎焊而成，工艺成熟、可靠性高、使用寿命长。

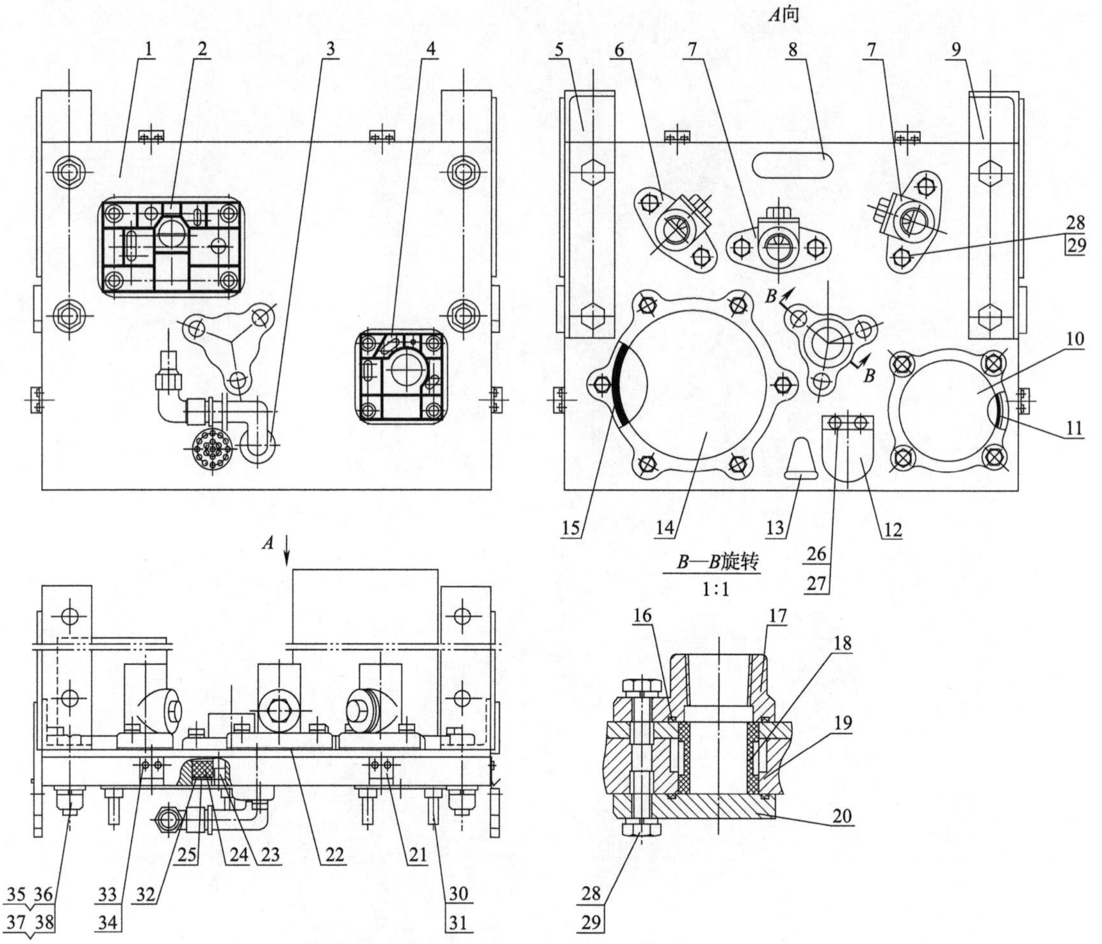

图 2-18　F8 系列空气分配阀集成安装板组成

注：图注同图 2-17。

空气制动单元箱盖(防尘罩)主要由箱盖体、搭扣、挂耳等组成,如图 2-19 所示。安装在集成安装板装有分配阀的一侧,起到防沙尘、防水和防盗的功能,改善了分配阀的使用环境。

主阀和辅助阀安装于集成安装板的一侧,另一侧装有连接车下管路的滤尘连接法兰,分别连接制动管(1 英寸)、副风缸(3/4 英寸)、制动缸(3/4 英寸)和工作风缸(1/2 英寸)。除制动管有专用的滤器,清理或更换只需打开滤尘器端盖,其他均在连接法兰内设有滤尘网,清理或更换滤网时无须拆卸管路,只需将其螺盖打开即可。

主阀安装面上设置一制动缸限制堵,主要为空重车调整阀等附属装置配套所设。当不使用上述装置时,必须将此堵拆除,否则会影响制动缸的升压时间,影响正常使用。

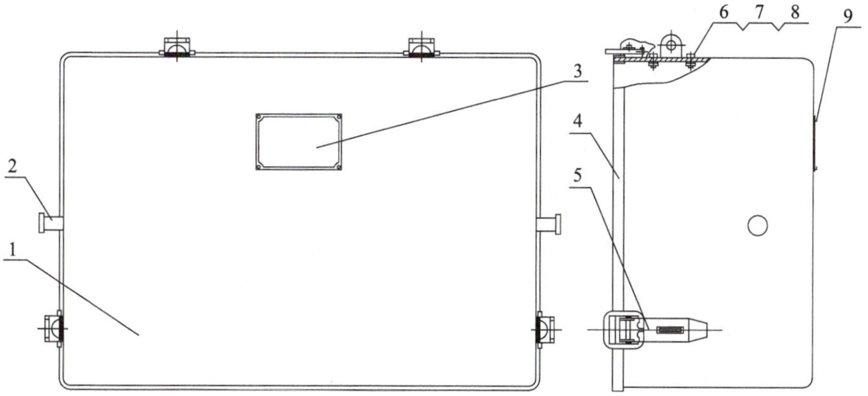

图 2-19 F8 系列空气分配阀空气制动单元箱盖(防尘罩)组成

1—箱盖;2—挂耳;3—铭牌;4—U 形密封胶条;5—搭扣组成;6—六角螺母;7—开槽盘头螺钉;8—弹簧垫圈;9—铆钉

第二节 F8 空气分配阀的作用原理

F8 空气分配阀共有六个作用位置,即初充气或充气缓解位、局部减压位、常用制动位、制动保压位、阶段缓解保压位和紧急制动位。

一、初 充 气

当车辆分配阀的各风缸及风管内均无压力空气,由机车制动机或单车试验器通过车辆分配阀向上述风缸风管充气,就是“初充气”,如附图 1 所示。

初充气时,压力空气经制动主管、支管、支管截断塞门和远心集尘器进入中间体,然后一路经滤尘器、主阀安装面孔 a1 进入主阀;另一路经辅助阀安装面孔 a1′、滤尘网进入辅助阀活塞下方 a2′,同时进入放风阀下方 a3′(该阀为无差压阀)。辅助阀活塞上移,辅助阀处于初充气位。

进入主阀内的压力空气,经通路 a2:(1)一路到达副风缸充气止回阀下部,通过缩孔堵Ⅱ①打开副风缸充气止回阀,由阀体通路 b1 及中间体通路 b 向副风缸充风,同时到达副风缸充气止回阀上方和平衡阀上方周围空间 b2(为制动时向制动缸充风做准备)。需要指出的是,由于副风缸充气止回阀弹簧力及阀重力的作用,实际上副风缸压力在制动管 600 kPa 时,只能充到 560 kPa 以上,而制动管 500 kPa 时,只能充到 460 kPa 以上。(2)另一路到达主活塞上方。此时推动主活塞下移,压缩其下方的制动弹簧,直到主活塞压板外缘碰到下阀体,此时主阀处于初充气位。另外主活塞上方制动管压力空气在进入缓解柱塞中心孔 a4(为局减做准备)的同时经主阀体内部通路 a5→充气阀套中间一排孔→充气柱塞沟槽 a6 和转换盖板槽 a7(一次缓解位)→主阀体内部

注:①该缩堵的作用是控制列车前、后部车辆副风缸充风的一致性。缩孔过大会造成前后车辆副风缸充风时间相差过大,而缩孔过小,会使副风缸充风时间延长。

通路 a8→工作风缸限制堵②→主阀下体内部通路 a9→局减阀套上排孔→缓解柱塞沟槽→主活塞下方 c1→下阀体及主阀体内部通路 c2→中间体内部通路 c3、c 向工作风缸充风，工作风缸压力可充至定压(制动管定压)。并同时通过中间体内部通路 c4→辅助阀体及上盖 c5→辅助阀套下排孔→辅助阀杆沟槽到达辅助阀活塞上方 f1，然后又分为两路，一路经辅助阀上盖及阀杆内部通路 f2→中间体内部通路 f3 向中间体内的辅助室(3 L)充风，充到定压。另一路经辅助阀杆中心孔到达辅助阀杆顶部 f4(为制动位常用排风堵排辅助室的风做准备)。

制动缸和局减室在初充气时无压力空气，因此只是通路沟通而并不排气，其余均与充气缓解位相同。其初充气位和充气缓解位过程如图 2-20 所示。

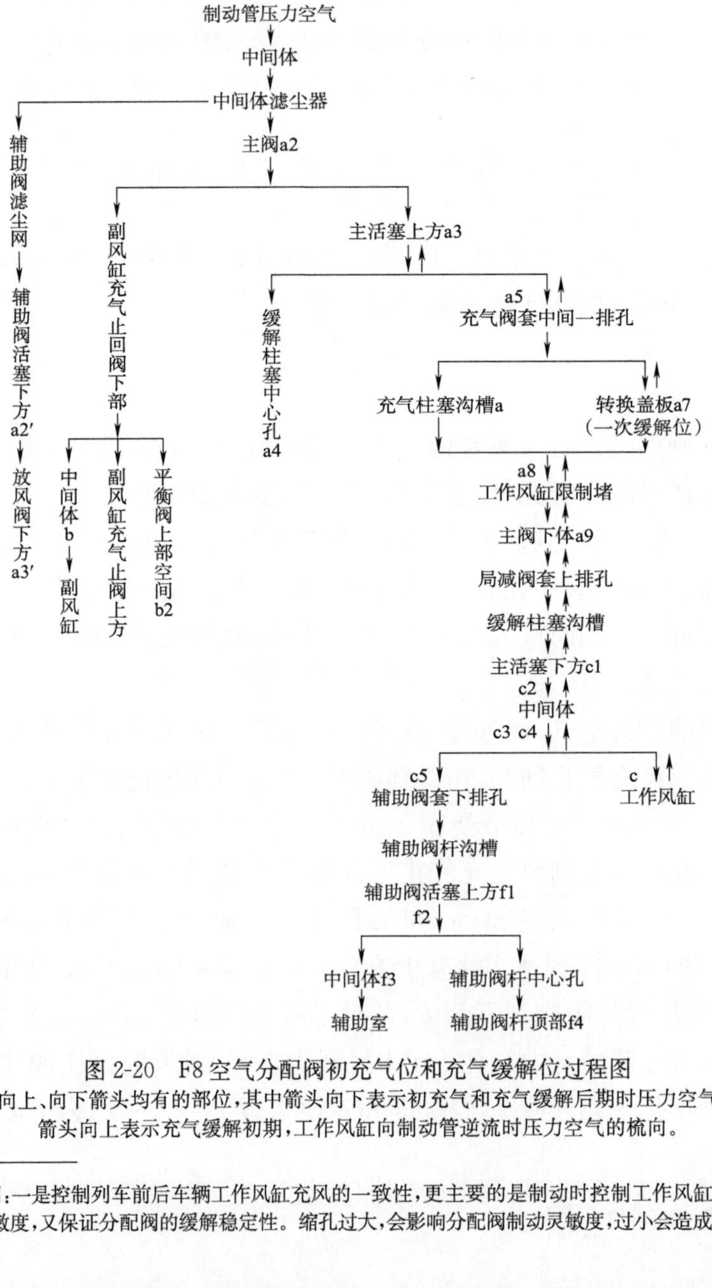

图 2-20 F8 空气分配阀初充气位和充气缓解位过程图

注：图中向上、向下箭头均有的部位，其中箭头向下表示初充气和充气缓解后期时压力空气的流向；箭头向上表示充气缓解初期，工作风缸向制动管逆流时压力空气的梳向。

注：②该堵的作用：一是控制列车前后车辆工作风缸充风的一致性，更主要的是制动时控制工作风缸向制动管的逆流量，既提高分配阀的制动灵敏度，又保证分配阀的缓解稳定性。缩孔过大，会影响分配阀制动灵敏度，过小会造成分配阀缓解稳定性差。

二、局部减压位及稳定性

1. 局部减压位

局部减压位工作原理如附图 2 所示。当制动管减压，主活塞上方 a3 压力下降($P_{列}$↓)，使得主活塞下方 c1 工作风缸压力空气经缓解柱塞沟槽→局减阀套上排孔→主阀、下体通路 a9→工作风缸限制堵→主阀体内部通路 a8→充气阀阀套上排孔→充气柱塞沟槽及转换盖板沟槽 a7(一次缓解位)→主阀体内部通路 a5→主活塞上方 a3，向制动管逆流，但由于受工作风缸限制堵的限制，工作风缸压力空气逆流量小于制动管的减压量，随之主活塞两侧形成一定的压差，即 $P_{列}<P_{工}$，$P_{制}=0$，同时在制动弹簧力的作用下，主活塞与缓解柱塞向上移动，先切断工作风缸向制动管逆流通路，工作风缸压力停止下降。然后关闭缓解阀，切断制动缸与大气的通路，同时缓解柱塞中心孔与局减阀套中间一排孔连通，使主活塞上方 a3 制动管的压力空气→缓解柱塞中心孔 a4→局减阀套中间一排孔→主阀下体 e5→局减阀缩孔堵Ⅰ③→打开局减止回阀，一部分到达局减止回阀下方，另一部分经主阀下体通路 e4→主阀体通路 e2，一路经中间体通路 e1 到局减室(0.8 L)，最后局减室压力与保压后制动管压力相等，如制动管继续减压，即局减阀上部压力下降，局减阀下方(局减室)压力高于上方压力，局减止回阀被关闭，局减室内压力保持不变。同时，另一路经主阀体通路 e2→充气阀套下排孔 e3→充气阀尾部排气罩→向大气排风(局减)。

2. 稳定性

稳定性是指在缓解状态下不发生自然制动的性能。

在充气缓解位，当制动管缓慢减压(轻微漏泄)($P_{列}$↓)的速度小于制动管最小减压速度，工作风缸的压力空气经工作风缸限制堵向制动管逆流，当逆流量与制动管减压量相同时，主活塞上下不能形成足够的压差值，主活塞仍处在缓解位不动，保证了分配阀缓解状态的稳定性。

三、常用制动位及安定性

1. 常用制动位

常用制动位工作原理如附图 3 所示。由于局减的作用造成主活塞上方制动管的空气压力急剧下降($P_{列}$↓↓)，主活塞在局减位并没有停下，而是继续向上移动，并通过中体顶杆带动小活塞上移，打开平衡阀，使主阀到达常用制动位。此时副风缸压力空气经中间体→主阀体内部通路 b1→平衡阀上部空间 b2，通过打开的平衡阀→主阀杆四周→

注：③该缩堵控制分配阀的局减速度，缩孔过大会造成分配阀的不安定，过小则使制动波速偏低，造成车辆间的冲动过大。

主阀体内部通路 d8，然后，一路到达平衡阀导杆上部 d9(该阀为无差压阀)；另一路经限压阀套上排孔→限压阀沟槽→限压阀套下排孔到达限压阀下部 d7，在通过大缩堵④向小活塞上部 d10 进风的同时，由主阀体通路 d11→充气阀盖到达充气阀活塞一侧 d12，当制动缸压力升到规定值(20 kPa 左右)时，压缩充气阀弹簧，使充气阀活塞及充气阀杆移动，切断了局减排大气的通路及充气阀的制动管与工作风缸充气(或逆流)通路。充气阀呈制动状态，同时限压阀下部压力空气 d7→主阀体 d6，然后，一路经中间体通路 d1 向制动缸充风，另一路经阀体通路 d2→主阀下体 d3→局减阀套下排孔→缓解柱塞杆周围及缓解阀垫上方(为缓解做准备)的同时，也经缓解阀盖通路 d4 到达缓解阀导杆下方 d5(该阀也为无差压阀)。

需要指出的是，由于主阀是三压力平衡机构，即 $P_{制}+P_{列}=P_{工}$，因此在制动位时，$P_{工}$可看作一定值(不变值)，当 $P_{列}$下降时，$P_{制}$就上升(两者有一定的比例关系)，所以制动缸压力空气作用于小活塞的向下的力 $P_{制}$只受制动管压力 $P_{列}$的影响，而与制动缸活塞行程无关。

在制动时(包括常用和紧急制动)，由于制动管压力低于副风缸压力，因此副风缸充气止回阀被关闭。

制动管减压引起分配阀局减后，辅助阀活塞下方 a2′制动管压力下降，而辅助阀活塞上方 f1 辅助室的压力没有变化，使辅助阀活塞上下形成压差，辅助阀活塞与辅助阀杆一起下移，先切断了工作风缸与辅助室的通路(c5 和 f1)，然后打开了辅助室与常用排风堵⑤间的通路，即：辅助室压力空气→中间体 f3→辅助阀体及上盖通路 f2→辅助阀活塞上方 f1→辅助阀杆中心孔→辅助阀杆顶部 f4→辅助阀套上排孔，经过常用排风堵排入大气。

2. 安定性

安定性是指在常用制动时不发生紧急制动作用的性能。

当制动管减压速度没有达到紧急制动所要求的减压速度时，辅助室压力空气经过常用排风堵排入大气，使辅助阀活塞上下压差不能继续增加，放风阀在其弹簧力的作用下不会被打开，保证了分配阀常用制动的安定性。

四、制动保压位及分配阀的自动补风作用

施行常用制动后，当制动缸压力达到需要值后，制动管停止减压，这时，分配阀处于制动保压位，从而使制动缸压力也保持一定。

注：④该堵为小活塞上方(包括充气活塞上方)容积与制动缸容积匹配堵，缩孔过大造成制动缸升压不连续，过小则易造成分配阀的自然缓解。

⑤该堵控制分配阀的常用制动安定性和紧急制动灵敏度；缩孔过大，会使分配阀紧急灵敏度下降，过小则会引起分配阀的常用制动不安定。

1. 制动保压位

制动保压位工作原理如附图 4 所示。制动管停止减压后，副风缸的压力空气继续进入制动缸及小活塞上方，当小活塞上方压力 $P_{制}$ 与大活塞上方压力 $P_{列}$ 之和与主活塞下方压力 $P_{工}$ 相等时（三压力平衡），在平衡阀弹簧力的作用下，小活塞通过中体顶杆与大活塞一起向下移动，直到关闭平衡阀为止，此时副风缸与制动缸的通路被切断，副风缸停止向制动缸供风，主阀处于制动保压位。

制动管停止减压后，辅助室的压力空气继续通过常用排风堵排入大气，当排到辅助阀活塞上方的压力稍小于其下方的压力时，辅助阀活塞与辅助阀杆同时上移，切断了辅助室排大气的通路，辅助室也处在制动保压位。此时辅助室的压力与保压后的制动管压力相同，但低于工作风缸的压力（$P_{辅}<P_{工}$），为缓解初期工作风缸压力空气向辅助室充气，降低工作风缸的压力（使 $P_{工}\downarrow$），为加速缓解作用做准备。

2. 自动补风作用

分配阀处于保压位后，主阀三压力机构也处在平衡状态，即 $P_{制}+P_{列}=P_{工}$，如果制动缸出现漏泄等原因，使制动缸压力下降，同时引起主阀小活塞上方压力下降，三压力平衡被破坏，机构向上的力大于向下的力，使主活塞带动小活塞及主阀杆上移，重新将平衡阀打开，副风缸的压力空气通过打开的平衡阀沿制动位时的通路到达制动缸和小活塞上方，当制动缸压力补充到平衡值后，主活塞和小活塞同时下移，平衡阀重新关闭，主阀再次处于保压位。

五、制动保压后充气（一次或阶段）缓解位

1. 一次缓解

主阀转换盖板置于一次缓解位（箭头向上），工作原理如附图 1 所示。

制动保压后施行缓解，制动管充风，辅助阀活塞上下压力失去平衡，辅助阀活塞下方的压力（$P_{列}$）高于上方的压力（$P_{辅}$），辅助阀活塞上移，打开工作风缸与辅助室的通路，辅助阀处于充气缓解位。由于制动时辅助室压力空气经过常用排风堵部分排入大气，辅助室压力低于工作风缸压力，因此工作风缸向辅助室充气，即工作风缸压力空气和主阀主活塞下方压力空气 c1→中间体 c4→辅助阀体与上盖通路 c5→辅助阀套下排孔→辅助阀杆沟槽→辅助阀活塞上方 f1→辅助阀体及上盖通路 f2→中间体 f3→辅助室，使工作风缸压力降低（加速缓解作用）。

由于制动管增压，主活塞上方压力上升（$P_{列}\uparrow$），三压力平衡状态被打破，$P_{制}+P_{列}>P_{工}$，即向下的力（制动管和制动缸分别作用在主活塞和小活塞上的合力）大于向上的力（工作风缸作用在主活塞下方的力），主活塞和小活塞同时下移，在切断局减室制动管通路的同时，打开了工作风缸与制动管间的逆流通路，即主活塞下方（工作风缸的压力空

气)c1,经缓解柱塞沟槽→局减阀套上排孔→主阀下体内部通路 a9→工作风缸限制堵→主阀体内部通路 a8→充气阀套上排孔→转换盖板沟槽 a7→主阀体内部通路 a5 逆流至主活塞上方 a3。由于工作风缸压力空气流入制动管,使工作风缸压力继续下降,制动管压力不断上升,即使制动管停止增压,主阀三压力也不会平衡,主活塞和小活塞继续下移并打开缓解阀,达到一次缓解的目的。当工作风缸的压力与制动管压力平衡后,如果制动管仍继续增压,主阀和辅助阀通路和初充气时相同。

制动缸的压力空气经中间体 d1→主阀体内部通路 d2→主阀下体 d3→局减阀套下排孔→缓解柱塞四周 d4→打开的缓解阀排入大气。同时充气阀活塞上方 d12 和小活塞上方 d10 的压力空气经大缩孔堵→d7→主阀气路 d6→d2→d3→缓解阀排入大气(缓解阀导杆下方 d5 压力空气也通过打开的缓解阀排入大气),分配阀处于缓解位。

由于充气阀活塞上方 d12 的压力空气排入大气,充气阀活塞在充气阀弹簧的作用下,移到充气缓解位,重新连通了充气阀套上的充气通路,同时打开了局减室排大气的通路,使局减室及局减阀下部的压力空气经阀体通路和充气阀套最下一排孔排入大气。

2. 阶段缓解

当与具有阶段缓解的机车、车辆编组时,或有阶段缓解需要时,将主阀转换盖板置于阶段缓解位(箭头向下),工作原理如附图 5 所示。

制动保压后施行阶段缓解,制动管增压,主阀动作过程与一次缓解相同,只是由于转换盖板上制动管与工作风缸的通路被切断,因此当制动缸压力下降到规定值前(20 kPa 左右),充气阀仍处于制动位,充气阀上工作风缸与制动管的通路也被切断。工作风缸压力空气就不能向制动管逆流,只是在缓解初期,由于辅助阀的加速缓解作用,使工作风缸压力稍有下降(这点与纯三压力分配阀不同,制动管不需充到定压,即可缓解)后便保持不变,工作风缸压力成为一定值(低于定压值)。根据 $P_{制}+P_{列}=P_{工}$,而 $P_{工}$为定值,因此当制动管压力上升($P_{列}\uparrow$),制动缸压力必然会下降($P_{制}\downarrow$)以保证三压力的平衡,若制动管停止增压,当制动缸及小活塞上方压力下降(经缓解阀排入大气)到一定值后,主阀三压力机构向上的力稍稍大于向下的力时,主活塞带动小活塞向上移动,关闭缓解阀(制动缸停止排气)后停止上移,主阀处于缓解保压位。

辅助阀阶段缓解过程与一次缓解位相同,当制动管停止增压后,工作风缸压力空气向辅助室充风到辅助室压力与制动管压力相同时,在辅助阀膜板拱力的作用下,辅助阀活塞下移,切断工作风缸与辅助室的通路,辅助阀处于缓解保压位。

制动管再次增压,然后保压,主阀和辅助阀重复上述动作。随着制动管数次增压及保压,制动缸压力也数次下降(缓解)及保压,实现了分配阀的阶段缓解作用。

当制动缸压力下降(缓解)到规定值时(20 kPa 左右),充气阀活塞在充气阀弹簧的作用下移动,打开了制动管与工作风缸的通路,使工作风缸充风,同时也打开了局减室与大气的通路，使局减室的压力空气经充气阀套尾部排入大气。

六、紧急制动位

列车运行中，如遇紧急情况需立即停车时，分配阀应处于紧急制动状态，将制动管的压力空气急速排入大气，使列车迅速停车，工作原理如附图 6 所示。

紧急制动时，主阀的动作过程与常用制动相同，只是由于制动管减压速度比常用制动时快，因此动作比常用制动时迅速；另外，由于紧急制动时制动管压力空气全部排入大气，使 $P_{制}+P_{列}<P_{工}$（$P_{列}=0$），三压力机构向上的力远远大于向下的力，使主活塞和小活塞上移到极限位，平衡阀被完全打开，副风缸的压力空气迅速进入制动缸，使制动缸压力迅速上升到规定值。限压阀在其下部制动缸空气压力的作用下，压缩限压阀弹簧，使限压阀上移，切断副风缸到制动缸的通路，制动缸压力停止上升。制动缸最高压力可根据需要（调节限压阀调整螺钉）而定。另外在紧急制动位时，由于动作迅速，工作风缸的逆流量及局减量（局部减压力）均比常用制动位时小。

辅助阀开始工作的动作过程与常用制动位时相同，只是由于制动管减压速度很快，受常用排风堵的限制，辅助阀活塞上方辅助室的压力空气不能迅速排入大气（与制动管相平衡），因此辅助阀活塞上下形成较大的压差，使辅助阀活塞继续下移，打开放风阀，使制动管压力空气迅速排入大气，实现制动管紧急放风的作用。由于辅助阀活塞下移，辅助阀杆也打开了紧急排风堵的通路，辅助室的压力空气经过常用和紧急两个排风堵同时排入大气，辅助室压力空气由开始排出到基本排尽的时间掌握在 15 s 左右，这是为了避免断钩事故而设的。另外需要说明的是，只要制动管压力不低于 400 kPa，无论分配阀正处于什么位置（初充气除外）均可随时施行紧急制动，这为运输的安全提供了可靠的保障。

第三节　F8 空气分配阀的性能

为使 F8 空气分配阀在性能上较国内的客车制动机更为优越，达到较为先进的水平，结构上更为合理，因此对 F8 阀进行了多次研究改进，完成了大量的室内试验研究工作，取得了较好结果。室内试验工作分单车试验、专列试验、混编试验、低温试验、装车运行试验和运用考验。

一、单车试验性能

1. 充气

制动管定压 600 kPa，各风缸充至各压力值时的时间见表 2-1。

表 2-1 各风缸充至各压力值的时间 单位：s

部位 \ 压力(kPa)	100	200	300	400	500	580
制动管	1	1.5	1.8	2	2.5	3.8
工作风缸	4.5	7	9.5	12.5	16.5	25
辅助室	5	7.5	10	13	17	26

2. 单车性能

单车性能见表 2-2。

表 2-2 单车性能

操作	制动管减压量(kPa)	制动							缓解		
		制动管实际减压量(kPa)	制动管排风时间(s)	制动缸开始升压时间(s)	制动缸活塞杆推到底时间(s)	制动缸升至最高压力时间(s)	局减室升至最高压力时间(s)	制动缸最高压力值(kPa)	制动缸开始降压时间(s)	制动缸活塞杆开始返回时间(s)	工作风缸逆流量(kPa)
四位减压，二位缓解	70	55	3.2	2.4	4.3	6	1.7	110	4.1	10.5	25
五位减压，一位缓解	170	190	9.4	0.4	2	8.5	1.4	420	0.6	17.8	40
六位减压	紧急	/	3.5	0.1	2	10	0.6	430	/	/	/

注：制动管定压 600 kPa。

单车试验性能曲线如图 2-21～图 2-26 所示。

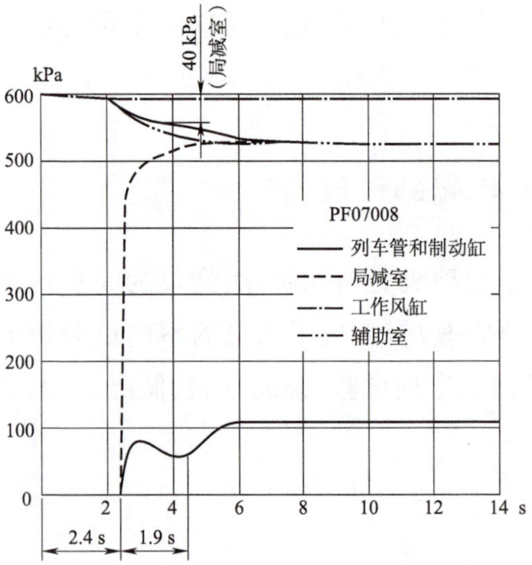

图 2-21 单车四位制动(减压 55 kPa)

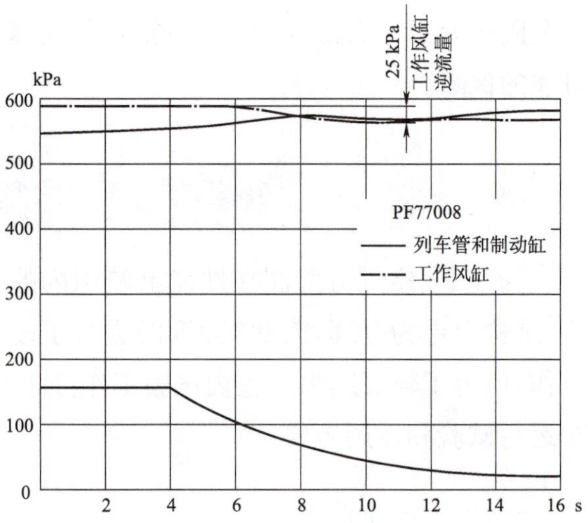

图 2-22 单车二位缓解

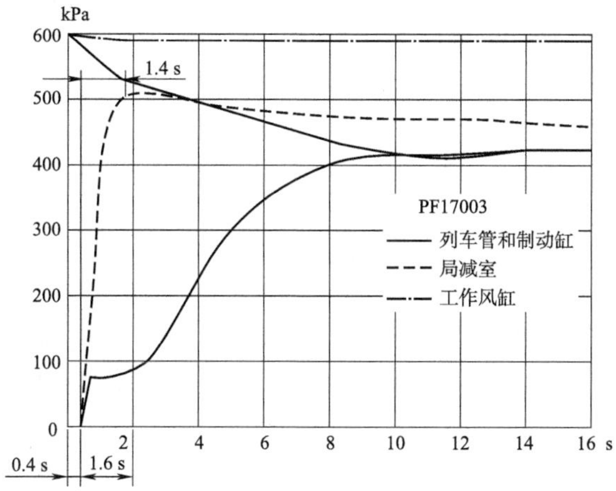

图 2-23　单车五位制动

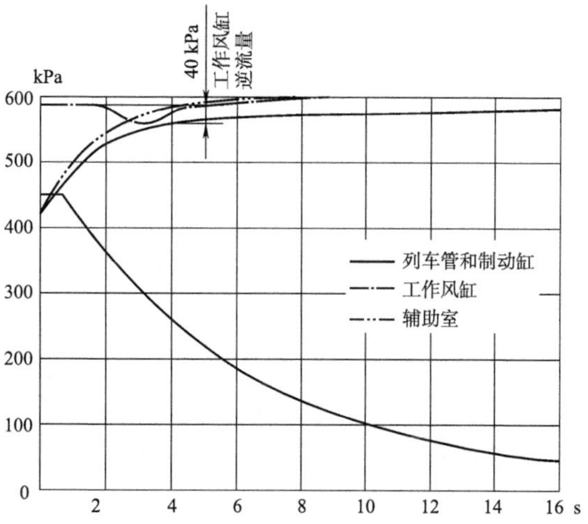

图 2-24　单车一位缓解

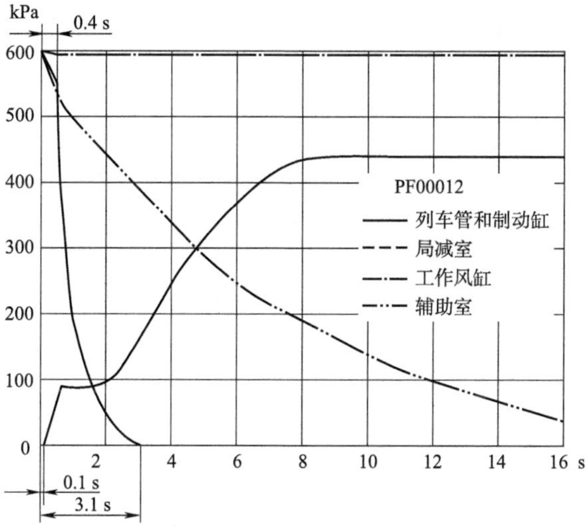

图 2-25　单车六位紧急制动

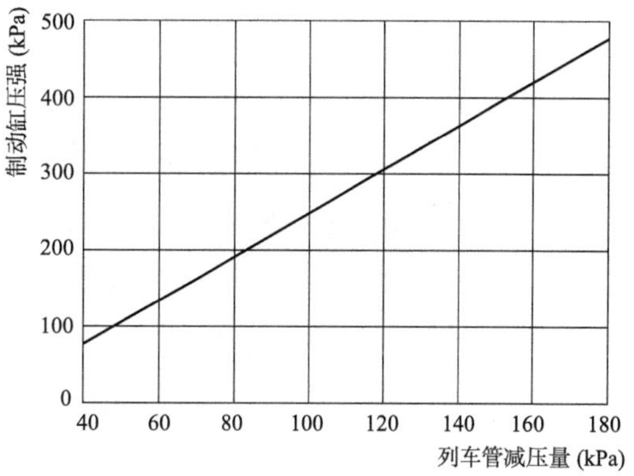

图 2-26　制动缸压力与制动管减压量的关系

(1)常用制动的灵敏度和缓解状态的稳定性

单车四位制动管减压 20 kPa 以前，即可发生制动作用，F8 阀制动缸开始升压的时间为 2.4 s 左右。经过大量试验证明，一般在制动管排风速度高于 1.8 kPa/s 时，均可在主活塞上下逐步形成一定压差，发生制动作用；而排风速度低于 1.5 kPa/s 时，F8 阀是不会发生制动动作的。这样既保证了制动管在正常漏泄情况下不会发生自然制动，又保证了单车感度试验达到要求；也就是说既保证有较好的制动灵敏度，又满足了缓解稳定性的要求。

(2)常用制动的局减作用

F8 阀局减通路直接设计在主活塞及其下方的缓解柱塞上，局减作用强烈(局减时间约为 1.4～1.7 s，局减量约为 40 kPa），在发生局减作用时，制动管的减压速度明显加快。据测试，制动管的减压速度约增加了 3～4 倍，在列车中已足以使后一辆车的制动机接着发生制动作用，加快了制动波的传递速度。

（3）常用制动时的制动缸升压特性

局减作用改善了制动缸初期升压特性，制动初期，制动缸活塞伸出的时间明显地缩短了。

（4）常用制动时的制动缸压力值

常用制动时，制动缸压力值与制动管减压量的关系如图 2-26 所示，当使用过量减压时，制动缸压力值可继续上升，直至限压阀的限压值，即与紧急制动相同的压力值，这是目前国内三通阀、分配阀不具备的特性。由于常用制动时，制动缸压力可升至紧急压力值（升压时间略慢于紧急制动），这样，即使在危机情况下仍可保证列车安全。

（5）常用制动后的缓解

常用全制动后的缓解时间一般在 10～20 s，较原 5～7 s 延长了一倍多，主要是考虑减少列车前后车辆缓解时的制动力差值，从而有利于减少缓解时的列车冲动。

（6）缓解时工作风缸的逆流量

常用制动后缓解（一次缓解位），工作风缸压力空气可向制动管和辅助室逆流。试验测得，在相同条件下，使用一位缓解（快充）时工作风缸逆流量较小，而使用二位缓解（慢充），工作风缸逆流量可增加一倍。在列车中，由于后部车辆制动管充风速度慢，工作风缸逆流量大，而前部车辆制动管充风快，工作风缸逆流量受到一定抑制，因此该性能对后部车辆的加速缓解作用尤为明显。另一方面，由于工作风缸压力空气流入制动管，又提高了制动管充风速度，有利于缓解，提高了前后车辆缓解的一致性。

（7）连续重复使用制动—缓解的能力

在单车试验时，连续使用常用制动—缓解—常用制动—缓解可达 20 次以上。在副风缸压力衰减情况下（因副风缸压力不能得到迅速补充），制动缸仍可从制动管获得压力空气的补充，维持制动缸压力在 340 kPa 以上。无疑，这对长大下坡道地区的安全运行是十分重要的。

（8）常用制动的安定性和紧急制动的灵敏度

常用制动和紧急制动区分制动管极限排风速度约为 53～59 kPa/s，大量试验证明，在常用制动时不会发生意外紧急制动，又有较好的紧急制动灵敏度。较好地选择和区分制动管减压速度对设计具有优良性能的分配阀非常重要。

二、专列静止试验

原青岛四方车辆研究所曾于 1987 年在室内客车综合制动试验台上对 F8 阀进行过

15、20、25 辆编组的静止试验，试验台主要参数与 22 型客车相同。机车制动机为 ET-6 或 JZ-7。之后，在 2016 年又在中车四方车辆研究所有限公司改造过的室内客车综合制动试验台上对 F8 阀进行过 9、20、25 辆编组的静止试验，试验台主要参数与 25 型客车相同，机车制动机为 JZ-7，主要试验结果见表 2-3、表 2-4。

表 2-3　1987 年在室内客车综合制动试验台试验的结果

列车编组(辆)	紧急制动波速(m/s)	常用制动波速(m/s)	缓解波速(m/s)
15	220～230	200～210	/
20	219～238(219～238)	218～238(202～238)	114～187.5(114～175)
25	234～252(234～252)	218～252(218～234)	136～172(136～150)

注：括号内数值为 ET-6 机车制动机操纵。

表 2-4　2016 年在室内客车综合制动试验台试验的结果

列车编组(辆)	紧急制动波速(m/s)	常用制动波速(m/s)	缓解波速(m/s)
9	271.4～284.5	281	271～281(154～167)
20	253.5～257.3(249.9～256)	253.5～257.3(236.4～261)	201～203(194～201)
25	254.3(248.5～251.3)	254.3～257.3(254.3)	180.7～185.3(170)

注：括号内数值为局减限制堵孔径由原 2.5 mm 变为 2.0 mm 的数值。

(一)制动波速

制动波速的计算是车辆的制动管总长(不含机车的制动管长度)除以从第 1 辆车至最后 1 辆车制动作用传递的时间。

2016 年试验的波速数值要明显高于 1987 年试验的波速数值，究其主要原因一是客车综合制动试验台参数略有差别(如制动管长度)；二是 F8 阀的生产设备和工艺的提升(由普通机床提升为加工中心)，以及结构的优化、质量控制的提高。从 2016 年在室内客车综合制动试验台试验的结果可见，即使局减限制堵孔径由 2.5 mm 缩小为 2.0 mm，其波速也不比原(1987 年)F8 阀试验的波速数值低。

(二)常用制动性能

(1)局减作用

局减作用在列车试验中取得了明显的效果。由于局减作用时产生的空气波被相互叠加，愈接近列车后部，局减产生的效果愈明显，使制动波速迅速传递。列车编组越长，效果越突出。从表 2-3、表 2-4 中局减限制堵孔径的变化就可看出，随着孔径的变小(相当于局减量减小)，制动波速也相应变慢。同时，局减作用改变了制动缸初期升压特性，使制动缸出闸更为迅速。

(2)制动缸升至最高压力的时间

常用制动时由于制动管减压量不同，其制动缸升至最高压力的时间也不同。在专列试验中，特别是制动管减压量在 100 kPa 以内时，末车制动缸升至最高压力的时间明显缩短，此时机车制动阀排风量明显减少；而大减压量较为接近。这对提高制动调速和制动停车操纵的灵活性，特别对坡道地区的运行将更为有利。

(3)消除自然制动的能力

列车运行中由于制动管过充而引起自然制动现象是时有发生的，如不能及时消除，易造成带闸运行而擦伤轮对。大量试验证明，F8 阀一般在使用快充和运转位交叉充风两次，即可消除列车的自然制动现象，其消除自然制动的能力更强、更迅速。

(4)常用制动时首、尾车制动缸压差

要想减少列车制动时车辆间的冲撞，就必须减少车辆制动力的差值，提高列车中各车辆制动力的一致性。对空气制动机来说应该减少各车辆间的制动缸压力差值。在15 辆编组的 F8 阀专列试验中，其常用全制动首、尾车最大制动缸压差值仅为原 GL3 及 104 阀的 1/2～1/3。

(5)常用制动后的缓解

列车试验中 F8 阀从开始缓解到制动缸压力降为 40 kPa 的时间约为 10～20 s，缓解时间较原 GL3 及 104 阀要长。而且加速缓解的作用使列车尾部车辆较前部车辆缓解时间约可缩短 1～4 s，这样可有效地减少列车前后部车辆在缓解过程中制动缸压差，减少缓解时的冲撞。

F8 空气分配阀改善了阶段缓解性能，而且作用稳定。在 15、20 和 25 辆编组的列车中，阶段缓解过程中均未发生过再制动现象。在常用全制动后，均可缓解 5 次以上，而且使用阶段缓解作用后，列车首尾制动缸压差减少了约 10%。建议运用部门更多地使用阶段缓解这一性能。

(三)紧急制动性能

紧急制动时制动缸升至最高压力的时间为 8～10 s，时间较原 GL3 及 104 阀延长了一倍多，且升压过程相对较平缓，减少了前、后车辆制动力的差值，减小了列车冲撞。制动缸压力上升的时间延长虽可减小列车的冲撞，但带来的问题是制动距离也将延长。而 F8 阀的制动波速高，可将延长的制动距离补回来。

常用制动减压 100 kPa，制动缸压力达 250 kPa 后再施行紧急制动，仍可保证全列车起紧急制动作用，且紧急波速达到正常状态要求。

在列车中任意关门两辆车，全列车的紧急制动作用仍能有保证。无论机车制动阀是在运转位或在保压位，在列车尾部(或列车中任何一辆)拉紧急制动阀，均可保证全列车起紧急制动作用。

通过 F8 阀专列室内试验研究证明：F8 阀在常用制动、缓解及紧急制动等方面均有较全面的改进。提高了常用和紧急制动波速，改善了制动缸升压特性和缓解特性，增加了阶段缓解性能，明显地减少了因列车前后车辆制动缸的压差而产生的纵向冲动，性能上较国内现有的客车制动机更为优越，达到了国外较为先进的水平。

三、室内混编静止试验

新旧制动机的更新换代和新制动机的大量推广都需要一个过渡的时间，在这期间内必然有新旧制动机的混编使用和逐步替代的过程，这是新型制动机能否推广应用的关键之一。对 F8 阀来说，既要有优越的性能，又要求能与国内其他客车制动机连挂混编。解决好这个问题，就为它的大量推广应用创造了必要条件。

为检验 F8 阀与国内其他客车制动机的混编性能，在室内试验中曾对 13 种不同混编列车做了较详细的测试，主要是与 GL3 和 104 阀的混编，包括在列车前、中、后不同部位的混编。

大量室内试验证明：F8 阀在一般编组（20 辆以内）情况下，完全可以与国内其他制动机无条件混编，从未发生过意外情况，可以保证 GL3 或 104 阀的正常作用；F8 阀的优越性在于对其他的分配阀还有一定的促进作用，而不会引起自然制动或意外紧急制动等发生。20 辆以上的编组，虽然不会引起误动作，但为了减少列车冲动，应限制编入旧阀的数量，一般情况下为 1～2 辆，旧阀最好编挂在列车中部，以免产生过大的列车冲撞，确保列车的安全运行。

四、列车运行试验

（一）专列运行试验

为了进一步检验 F8 阀，先后进行了三次较大规模的专列运行试验，主要结果见表 2-5。

表 2-5　专列运行试验结果

试验时间	编组辆数	列车总重(t)	制动初速(km/h)	紧急制动距离(m)	尾车冲击加速度(g)	列车最大冲击力(N)	缓冲器最大压缩值(mm)
1984.10	20	/	100.4	801.1	0.6	/	/
1989.8	25	1 243.4	97.6	658.6	0.95 *	450 *	43 *
1994.3	12	753	160	1 388	0.37	/	/

注：* 为初速 40～60 km/h 紧急制动时测定的列车中的最大值，约在列车的 2/3 处。

试验证明，F8 阀可以满足列车速度在 100 km/h 时紧急制动距离不超过 800 m，160 km/h 时紧急制动距离不超过 1 400 m 的要求，其纵向冲击力、冲击加速度均有明显改善。

（二）混编运行试验

1983 年 8 月，在“青岛—烟台”的 506/7、508/5 次列车上改装 F8 空气分配阀并投入运用考验，该列车编组 13 辆，其中一辆为 P2 阀。至 1983 年 8 月底共改装 6 辆，而且全部集中在列车的前半部或后半部（掉头运行时），是混编列车中冲动较为严重的编组方式。1983 年 10 月完成两次制动过程中车辆间相对位移的测试（见表 2-6），由于试验条件（载客运营）限制，其他制动参数未进行测试。

表 2-6　制动过程中车辆间相对位移测试结果

运行区间	F8 阀在列车中位置	制动时最大相对位移（mm）			缓解时最大相对位移（mm）		
		第 6～7 辆 GL3 与 GL3	第 7～8 辆 GL3 与 F8	第 8～9 辆 F8 与 F8	第 6～7 辆 GL3 与 GL3	第 7～8 辆 GL3 与 F8	第 8～9 辆 F8 与 F8
蓝村至烟台	前部	37.5	39.3	35	18.1	17.6	16.9
烟台至蓝村	后部	64	7.2	5.8	23.1	20.9	14.2

影响列车冲动的因素较多，而且比较复杂。车辆间相对位移的测定，从一个侧面反映了列车冲动的大概情况，在混编列车中装有 F8 阀的车辆间，无论是制动或缓解，无论是在列车前部或后部，相对冲撞较小；F8 阀在列车前部时，F8 与 GL3 阀间（第 7 辆与第 8 辆间）制动时的相对冲撞较大，缓解时的相对冲撞则以 GL3 与 GL3 阀之间（第 6 辆与第 7 辆间）为大；F8 阀在列车后部时，GL3 与 GL3 阀之间（第 6 辆与第 7 辆间）制动和缓解时的相对冲撞都比较大。

在青岛—烟台的列车上，由于采取逐步改装的方法（不影响正常运营），每次装车 1～2 辆，因此 F8 阀与原有阀的混编运行是经过了一个由少渐多的过程，在一年多的时间内，处于较复杂的使用状态中，曾先后与 P2 阀、L3 阀、GL3 阀、104 阀、K 型制动机混编连挂过，新旧阀作用均正常，未发生过任何问题。因此，F8 阀在正常编组情况下，完全可以混编使用，即使在编组最不利的情况下，也未发生较大冲动，而且还使列车间的相互冲撞有了明显改善。

大量的室内试验研究、专列和混编试验都说明：F8 阀性能的提高，以及与原有其他分配阀无条件混编使用，均可满足目前和今后一段时期内对分配阀的要求。

另外 F8 阀有较多的橡胶件，通过了 −50 ℃、48 h 条件下的低温性能试验和疲劳寿命试验，橡胶件均可在 1 个 A2 修内使用。

第四节　F8 空气分配阀性能与 UIC 规程要求的比较

按照国际铁路联盟 UIC 规程的 UIC 540-2006“制动机—旅客列车、货物列车空气制动机”中的“国际联运用旅客列车和货物列车空气制动机应遵循的条件”要求，F8 空气分配阀性能上基本上可分为四种情况：一是基本上符合 UIC 540-2006 要求的条款；二是基本上不符合 UIC 540-2006 要求的条款；三是还需进行试验以证实是否符合 UIC 540-2006 要求的条款；四是由于 UIC 540-2006 要求与我国试验情况不同，无法或无条件进行直接对比的条款。

一、性能上基本符合 UIC 540-2006 要求的条款

1. UIC 540-2006 要求的 1.1 条：制动机应为自动式，仅用内径为 25 mm 或 32 mm 的单管系统（制动管）便能为制动机的工作提供足够的压缩空气。

2. UIC 540-2006 要求的 1.3 条：空气制动机运转状态的额定压力为 500 kPa（5 bar），但是，这种运转状态的压力的减少或增加不超过 100 kPa（1 bar）时，不妨碍制动机的作用性能。

3. UIC 540-2006 要求的 1.5 条：当空气制动机达到额定工作压力时，制动机应处于充气缓解位。

制动主管减压可施行制动，增压可得到缓解。制动机完全缓解可产生于制动主管压力达到运转状态的数值之前。

只要制动缸压力大于或等于 30 kPa（0.3 bar），制动机就不应回到充气缓解位。当制动主管压力比额定压力低 15 kPa（0.15 bar）时，制动机应回到充气缓解位，直至制动机完全缓解。

4. UIC 540-2006 要求的 1.6 条：制动机应能通过制动主管的快速排气进行紧急制动；同样，可通过制动主管的缓慢排气进行阶段制动，直至全制动和无阶段的全制动。

缓解时，制动机也可通过中断制动主管的充气实施阶段缓解（阶段可调性）。

5. UIC 540-2006 要求的 1.7 条：为了从运转状态的额定压力开始实施全制动，制动主管应减压（150±10）kPa[（1.5±0.1）bar]。

制动缸的最大压力应为（380±10）kPa[（3.8±0.1）bar]，不受制动缸活塞行程的影响。当制动系统中装有一个能使制动缸最大压力变化的装置时，此规定适用于该装置的控制压力。

6. UIC 540-2006 要求的 1.8 条：车辆制动装置的充气时间应该是：即使是长大列车，副风缸的充气时间和尾部车辆的制动缸缓解时间不应相互干扰。制动主管压力的快速变化不应引起邻近车辆制动机的意外制动。

7. UIC 540-2006 要求的 1.10.1 条：制动主管压力缓慢降低时，制动机的稳定性应是：从运转状态的额定压力起，在 1 min 内减压 30 kPa（0.3 bar），制动机不起制动作用。

8. UIC 540-2006 要求的 1.11 条：制动机应装有一个可改变制动力的装置（分为一个或几个重车制动工况，制动力随载重成正比例的、多级的自动变化）。

9. UIC 540-2006 要求的 1.12.1 条:制动机应能适应铁路干线上所有坡度的要求,允许列车以尽量接近于规定的速度安全运行。

10. UIC 540-2006 要求的 1.12.2 条:制动机的制动力应具有不衰竭性,即在列车停车静止时,不管怎样操作司机制动阀,总是可以实行紧急制动,车辆制动缸中所得到的最大平衡压力至少是在同一列车上从运转状态的额定压力开始施行紧急制动时所得压力的 85%。

但这种操作不能长时间采用遮断列车主管供风的中立位,且任何时候也不得使制动缸压力低于 30 kPa(0.3 bar)。

11. UIC 540-2006 要求的 1.13.1 条:制动机工作时,制动缸压力应总是能适应制动主管压力的变化。在开始制动后,制动主管中压力变化 10 kPa(0.1 bar)时,制动缸压力应通过分配阀发生相应的变化。

对于与制动主管同样压力的制动缸来说,制动和缓解时其压力波动不超过 10 kPa(0.1 bar)。

12. UIC 540-2006 要求的 1.13.2 条:关于制动缸压力,在实行制动的全过程中,制动机应保持其压力,即:只要副风缸压力允许,制动缸和制动缸管的漏泄应能自动地得到补偿。

13. UIC 540-2006 要求的 1.14 条:操纵制动机时,尤其是当列车实行紧急制动时,不应产生有害的纵向冲动。

14. UIC 540-2006 要求的 1.15 条:制动机的设计应能作为“货物”列车用、“旅客”列车用或“客/货”车两用制动机使用。用作客、货两用制动机时,应安装转换装置,使其在旅客列车和货物列车上都能使用。

说明:F8 分配阀是“旅客”列车用,符合该条款。

15. UIC 540-2006 要求的 1.17 条:施行制动时,不管何种制动位,也不管列车长度与编组如何,列车尾部的制动主管的减压量至多为 30 kPa(0.3 bar),制动波应传递到列车的最后一辆车,而且(希望)在尾部车辆的制动主管中,由分配阀加速器产生的初始减压不应超过 40 kPa(0.4 bar)。

16. UIC 540-2006 要求的 1.18 条:单车从运转状态的额定压力开始施行制动时(紧急或常用),制动缸压力应为:客车,不管载重如何,使制动缸压力连续增至最大值。

紧急制动时制动缸的充气时间应为 3～5 s,这项测量是从制动缸开始进气到制动缸压力达到其最大值的 95%为止。但装有空重车装置的情况除外,其制动缸充气时间允许为 3～6 s。

17. UIC 540-2006 要求的 1.19.2 条:全制动后在单车上应能以至少 600 kPa(6 bar)的压力施行高压过充缓解,并在制动主管中保持不少于 10 s(客车),而在制动机各种容积中，不得产生影响制动机后来的作用性能的过充。在不同制动能力下不存在过载，过载可能防碍制动的连续性。

18. UIC 540-2006 要求的 1.20 条：在全列车全制动以后施行缓解时，在所产生的过充不影响制动机后来的作用性能的条件下，从司机制动阀操纵缓解开始到最后一辆车的制动缸压力降到 40 kPa(0.4 bar)的时间不得超过下列规定的时间。

客车：编组或为 15 辆带转向架的、制动主管内径为 25 mm 的客车，其制动主管内径为 32 mm 的 400 m 长的列车为 25 s。

在全制动以前进行过几次阶段制动和阶段缓解，制动缸压力达到全制动压力的 1/3 左右的时间，同样也符合上述规定。

19. UIC 540-2006 要求的 1.21 条：在制动机缓解后，应该能用 600 kPa(6 bar)的压力至少瞬间充气 2 s，取消瞬间过充 1 s 内，压力从 600 kPa(6 bar)降到 500 kPa(5 bar)，接着又回到运转状态的额定压力，此时制动机不应发生任何的制动作用。

在消除过充后 30 s 内，列车中不应发生任何制动作用。

20. UIC 540-2006 要求的 1.22 条：制动机应装有一个可用于手缓解的装置。

对 F8 分配阀来讲，从工作风缸管接一个排气阀，称为手动缓解阀，可相当于此装置的功用。

二、性能上基本不符合 UIC 540-2006 要求的条款

1. UIC 540-2006 要求的 1.10.2 条：在制动主管减压时，制动机的灵敏度是：从运转状态的额定压力起，在 6 s 内减压 60 kPa(0.6 bar)，制动机需在 1.2 s 内起制动作用。

F8 分配阀的制动灵敏度与此项要求略有差距。

2. UIC 540-2006 要求的 1.16 条：对任何列车编组来说，从运转状态的额定压力施行紧急制动时，制动波速至少为 250 m/s。

这种规定适合等于或大于 500 m 的长大列车，其中至少 50％的车辆具有制动作用。

以前生产 F8 阀的紧急制动波速不低于 240 m/s，与要求略有差距。但最新试验结果表明，目前生产的 F8 阀紧急制动波速大于 250 m/s，应视为符合此条要求。

3. UIC 540-2006 要求的 1.19.1 条：全制动后，当单车制动机施行连续全缓解时，制动缸压力应逐渐降低。

将司机制动阀手柄置于运转位，从制动缸开始排气到制动缸压力降到 40 kPa (0.4 bar)为止，制动缸的排气时间是：客车 15～20 s。

F8 分配阀快于此缓解时间，约 5～8 s 左右。

三、还需进行试验以证实是否符合 UIC 要求的条款

UIC 540-2006 要求的 1.9 条：在不超过 50％的车辆上安装完整的制动装置，而在其余车辆上只装制动主管时，应保证制动机起作用。

制动机被关闭的车辆，可在列车内分成一个或几个车组，每个车组的长度不应超过 80 m 左右。

四、由于 UIC 540-2006 要求与我国试验情况不同，无法或无条件进行直接对比的条款

1. UIC 540-2006 要求的 1.2 条：新型空气制动机应能毫不困难地同已用于国际联运的制动机混编使用。

2. UIC 540-2006 要求的 1.4 条：当用符合 UIC 541-03 规定要求的司机制动阀进行操作时，空气制动机应符合所有的条件。

综上所述，F8 阀符合 UIC 540-2006“国际联运用旅客列车和货物列车空气制动机应遵循的条件”中客车部分的大多数条款要求，除第三、四部分无法验证和直接对比外，只需对 F8 阀略加改进、调整，就可以满足 UIC 540-2006 的要求。下一章介绍的 F8G 空气分配阀就是在 F8 阀基础上，按照 UIC 540-2006 相关要求，经过改进后的 F8 系列空气分配阀中的基本符合 UIC 540-2006 要求的产品。

第三章　F8G、F8Y、F8L 空气分配阀的构造、作用原理及性能

第一节　F8G、F8Y、F8L 空气分配阀的构造

F8G、F8Y、F8L 空气分配阀主要由主阀、辅助阀和中间体(管座)或集装板三部分组成,如图 3-1、图 3-2 所示。这三个型号的辅助阀结构、性能完全一致,可互换使用;而主阀外观基本相同,只是由于性能不同,其部分零部件有稍许差异。

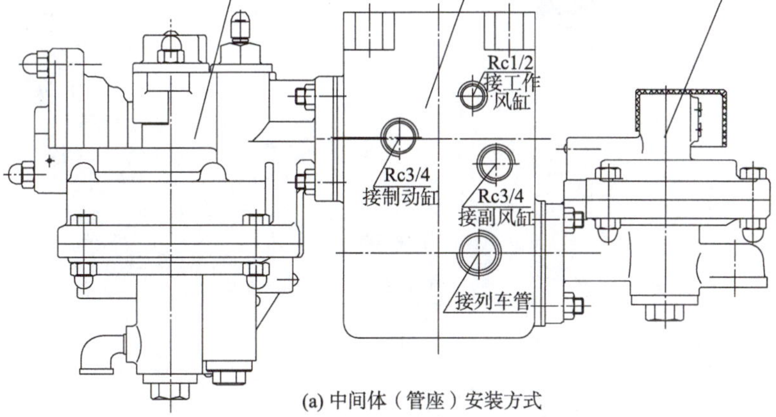

(a) 中间体（管座）安装方式

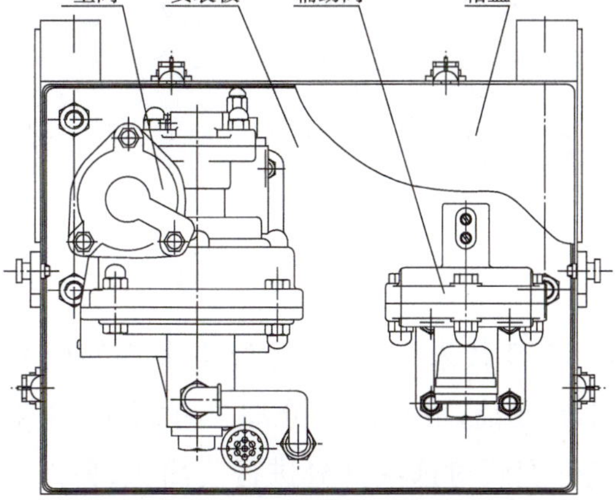

(b) 集成安装方式

图 3-1　F8G、F8Y 空气分配阀组成

(a) 中间体（管座）安装方式

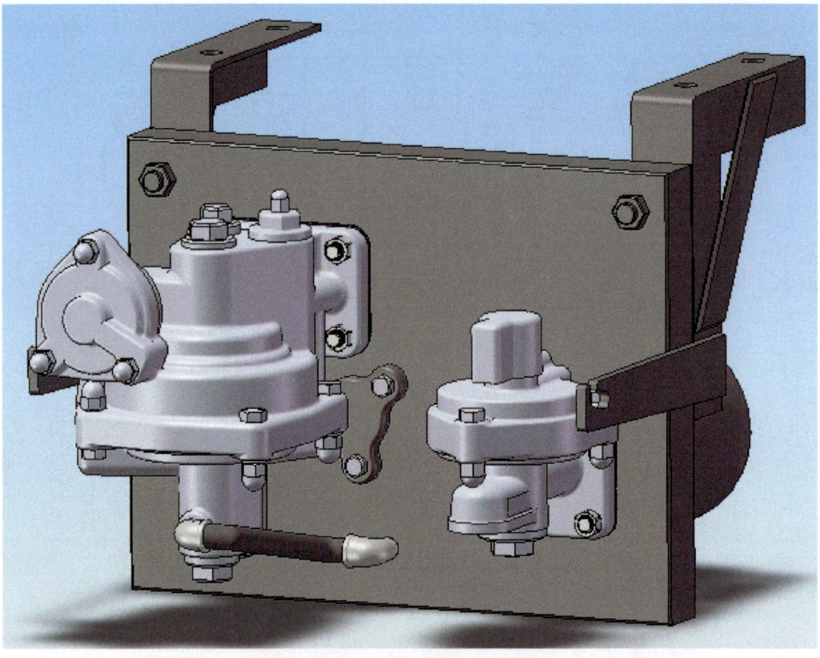

(b) 集成安装方式

图 3-2　F8L 空气分配阀组成

F8 阀最初是 20 世纪 70 年代末设计的，经过十多年的研究、改进、试验最终定型，其内部有些部件已经简化或取消，可阀体部分却没有简化（如工作风缸充气止回阀部、辅助阀下体等），F8G 空气分配阀对这些部分进行了简化；另外用户反映 F8 空气分配阀螺栓、螺柱数量多而且细，检修不便。F8G 空气分配阀螺栓、螺柱数量由原 F8 空气分配阀的 20 个减到 12 个，减少 40%，更方便制造和检修；还有主阀体内局减排大气通路原是一条 S 形铸造气路，清沙不易清理干净，直接影响清洁度，对此将此通路由铸造改为钻孔；同时将小膜板下大气通路也进行了改进，完全避免了小膜板下进水的弊病。为了满足 UIC 标准的要求，同时将与产品性能有关的零件（如缩堵等）尺寸进行了设计改进。

F8G 空气分配阀与 F8 空气分配阀相比，不但对涉及性能的一些零部件及结构进行了设计改进，而且对 F8 阀结构上不合理的缺陷也作了改进，使 F8G 空气分配阀在结构上比 F8 阀更加完善、合理。除阀体和个别修改的零件外，其膜板等绝大部分橡胶件均与 F8 阀通用。

为适应海洋潮湿气候，对 F8G 空气分配阀进行了特殊防腐蚀处理。

（1）铸铁件进行达克罗处理。

（2）所用标准件为不锈钢材质或表面镀铬处理。

（3）所用橡胶件进行防霉处理。

（4）阀内限制堵 $\phi1.5$ 以下为不锈钢材质。

（5）外露铜件根据需要可选择进行电镀处理。

（6）阀内所用弹簧进行化学镀处理，或使用不锈钢弹簧。

F8Y 空气分配阀结构完全采用了 F8G 空气分配阀的结构，只是由于性能上的差异，有个别零件有所差异。除铸铁件进行达克罗处理外，其余未像 F8G 空气分配阀进行特殊防腐处理。

F8L 空气分配阀主阀的结构绝大部分采用了 F8G、F8Y 空气分配阀的结构，主阀在平衡阀部分的结构进一步进行了优化，又减少了两颗螺栓；阀体、阀盖采用铝合金铸造，整阀质量减轻一倍以上，其内部零部件，包括易损件绝大部分与 F8、F8G 和 F8Y 空气分配阀通用，可互换使用。另外，配套使用的中间体（管座）或集装板也完全借用 F8 阀。

一、主　阀

主阀控制分配阀的充气、缓解、制动、保压等作用，是分配阀中最主要部分。它是由主控部、充气阀、限压阀、副风缸充气止回阀、局减阀及主阀体、主阀下体等组成，F8G、F8Y 空气分配阀主阀结构如图 3-3 所示，F8L 空气分配阀主阀结构如图 3-4 所示。

F8G、F8Y 空气分配阀与 F8 阀缓解阀的主要不同是：由铃铛结构改为成熟可靠的止阀结构，如图 3-5 所示；将平衡阀与副风缸充气止回阀从上盖中分开，如图 3-3 所示；通大气的通路出口改到充气膜板大气侧，因此将防尘排气罩简化；将上盖 4 颗安装螺栓减少为 2 颗，并取消了限压阀盖及缓解阀盖各 2 颗安装螺栓，改为螺纹连接；将充气阀盖与阀体连接的 4 颗螺栓均改为 3 颗，且由 M8 增粗至 M10；加上简化了紧固防尘排气罩的 2 颗螺栓，F8G、F8Y 空气分配阀主阀比 F8 空气分配阀主阀体、盖间的连接螺栓由

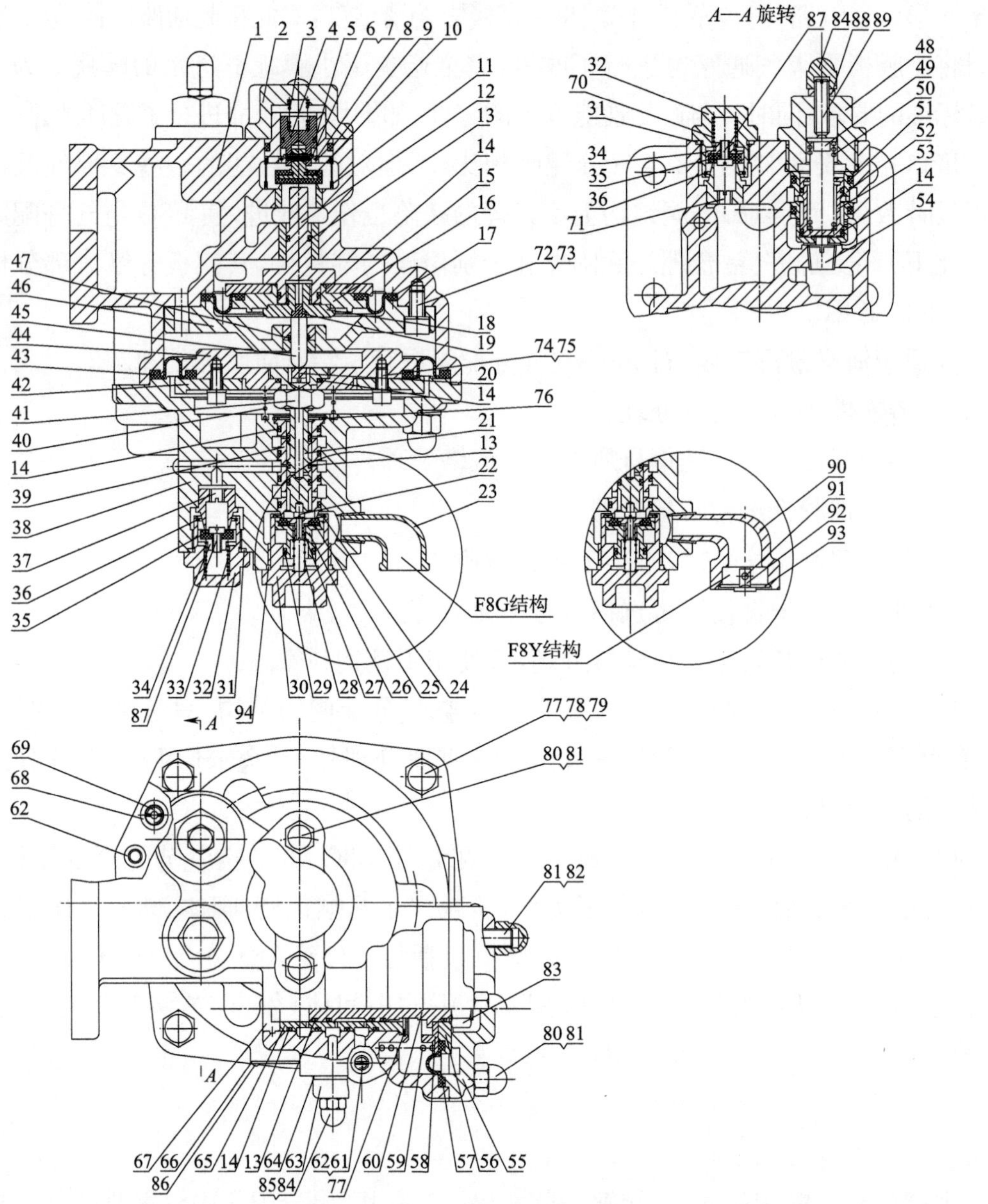

图 3-3　F8G、F8Y 空气分配阀主阀

1—主阀体；2—主阀上盖；3—平衡阀弹簧；4—导杆；5—O 形圈 20×2.25；6—销；7—固定销；8—销 ϕ1×34；9—O 形圈 38×3.4；10—平衡阀；11—滤尘网；12—主阀杆；13—O 形圈 14×2.25；14—O 形圈 24×2.25；15—压板；16—小活塞；17—小膜板(ϕ109)；18—压帽；19—顶块；20—硬芯；21—缓解柱塞；22—触头；23—放风弯头；24—挡圈；25—缓解阀胶垫；26—缓解阀；27—缓解阀胶垫螺帽；28—保压弹簧；29—O 形圈 18×2.25；30—缓解阀盖；31—O 形圈 26.5×2.65；32—螺盖；33—局减止回阀弹簧；34—止回阀；35—止回阀胶垫；36—挡圈；37—缩堵(局减)；38—主阀下体组成；39—局减阀套；40—制动弹簧；41—螺母；42—压板；43—大膜板(ϕ166)；44—主活塞；45—顶杆；46—中体组成；47—O 形圈 12×1.75；48—限压阀盖；49—弹簧托；50—限压阀弹簧；51—O 形圈 34×3.4；52—限压阀套；53—限压阀；54—大缩堵；55—充气阀盖；56—膜板托；57—充气阀膜板(ϕ84)；58—压板；59—充气阀弹簧；60—充气柱塞；61—缩堵(R1/8)；62—胶垫；63—转换盖板；64—转换阀垫；65—充气阀套；66—铭牌；67—排气罩；68—大胶垫；69—缩堵；70—副风缸充气止回阀弹簧；71—缩堵(副充)；72—螺钉 M8×16；73—弹簧垫圈 8；74—螺钉 M8×14；75—弹簧垫圈 6；76—挡圈 28；77—螺栓 M12×40；78—弹簧垫圈 12；79—螺母 M12；80—螺柱 M10×25 螺母；81—螺母 M10；82—螺柱 M10×35；83—螺母 M8；84—螺母 M8；85—螺柱 M8×20；86—铭牌铆钉；87—螺钉 M5×8；88—螺母 M8；89—螺钉 M8×30(或 35)；90—排风弯头；91—铆钉 3×36；92—排风销；93—排风罩垫；94—O 形圈 32.5×2.65A

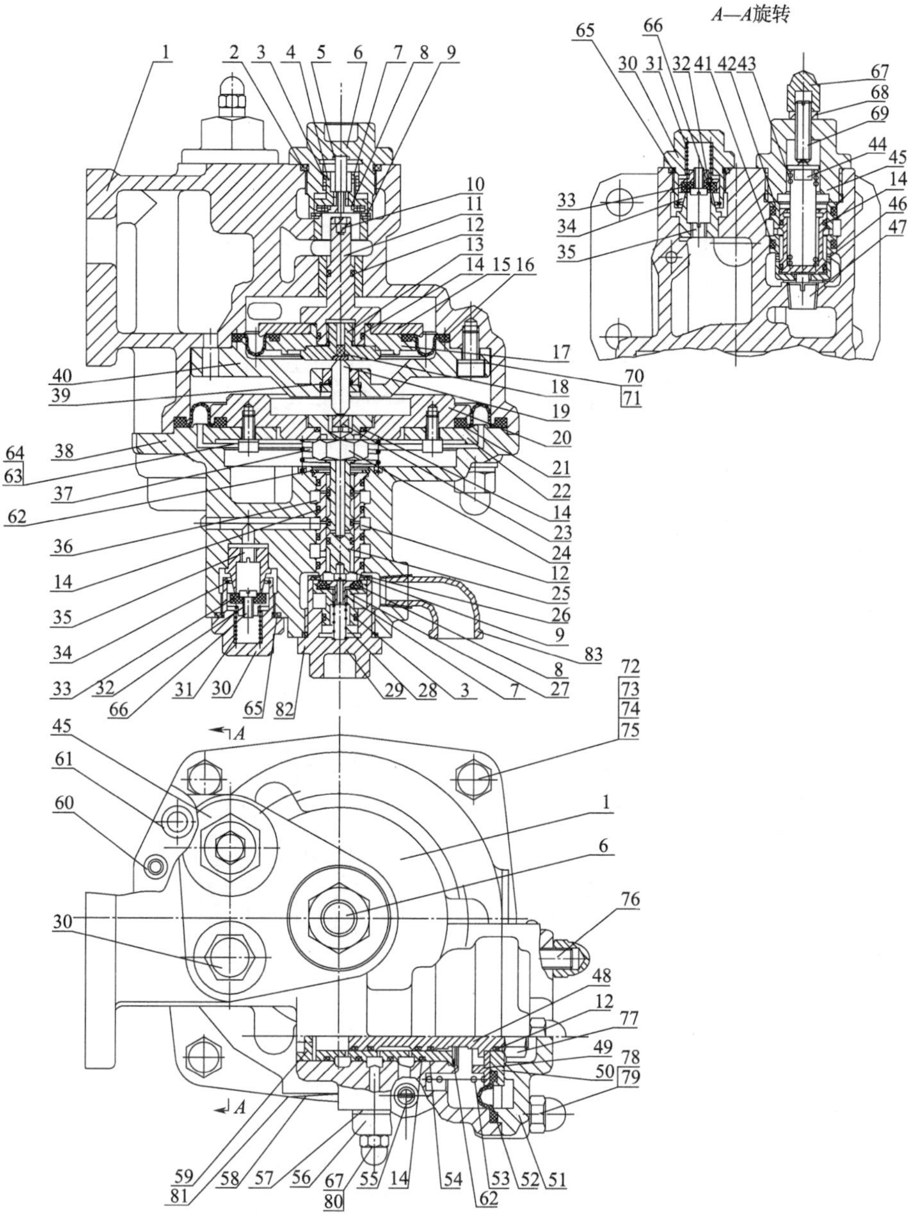

图 3-4　F8L 空气分配阀主阀

1—主阀体组成；2—O 形圈 40×3.4；3—O 形圈 18×2.25；4—平衡阀；5—平衡阀弹簧；6—平衡阀盖；7—胶垫螺帽；8—胶垫；9—弹簧挡圈；10—触头(大)；11—主阀杆；12—O 形圈 14×2.25；13—压帽；14—O 形圈 24×2.25；15—压板；16—小膜板 ϕ109；17—小活塞；18—顶块；19—顶杆；20—大活塞；21—大膜板 ϕ166；22—压板；23—硬芯；24—螺母；25—缓解柱塞；26—触头(大)；27—缓解阀；28—保压弹簧；29—缓解阀盖；30—螺盖；31—止回阀弹簧；32—止回阀；33—止回阀胶垫；34—弹簧挡圈；35—缩堵(Ⅰ)；36—局减阀套；37—制动弹簧；38—主阀下体组成；39—O 形圈 12×1.75；40—中体组成；41—O 形圈 34×3.4；42—限压阀套；43—限压阀弹簧；44—弹簧托；45—限压阀盖；46—限压阀；47—大缩堵；48—充气柱塞；49—压板；50—膜板托；51—充气阀盖；52—充气阀膜板 ϕ84；53—充气阀弹簧；54—充气阀套；55—缩堵 R1/8；56—转换盖板；57—转换阀垫；58—铭牌；59—排气罩；60—胶垫；61—大胶垫；62—挡圈 28；63—内六角圆柱头螺钉 M6×14；64—弹簧垫圈 6；65—O 形圈 26.5×2.65；66—十字槽盘头螺钉 M5×8；67—螺母 M8；68—螺母 M8；69—开槽凹端紧定螺钉 M8×30；70—内六角圆柱头螺钉 M8×16；71—弹簧垫圈 8；72—螺母 M12；73—螺栓 M12×45；74—平垫圈 12；75—弹簧垫圈 12；76—双头螺柱 AM10×35；77—螺母 M12；78—螺母 M10；79—双头螺柱 AM10×25；80—双头螺柱 AM8×20；81—标牌铆钉 2×4；82—O 形圈 32.5×2.65A；83—放风弯头

原来的 20 颗减少为 11 颗，方便拆装并增加了阀体的寿命。除阀体阀盖外，其大部分零部件均可与 F8 阀互换使用。

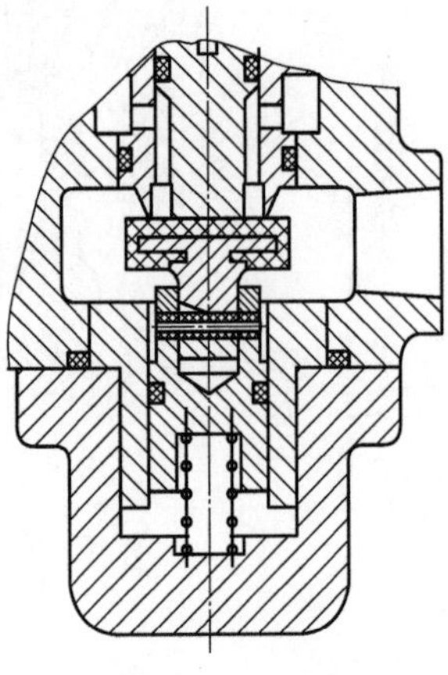

(a) F8空气分配阀缓解阀

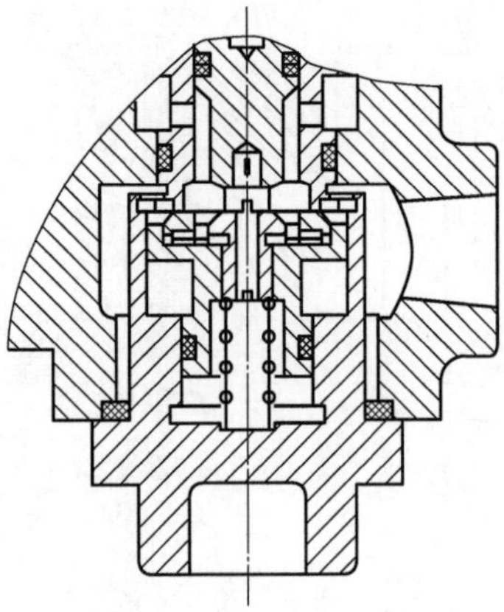

(b) F8G、F8Y、F8L空气分配阀缓解阀

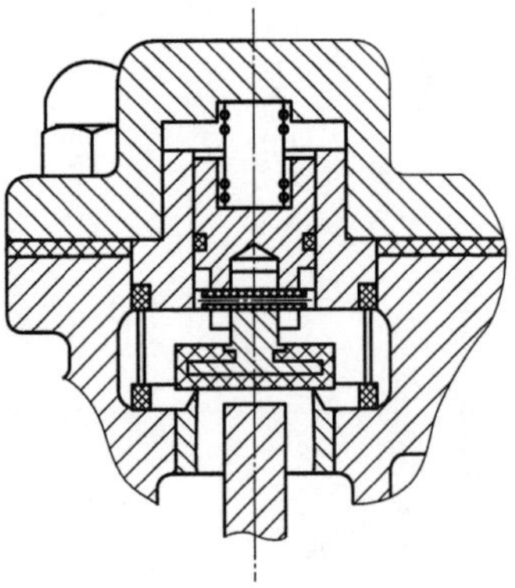

(c) F8空气分配阀平衡阀

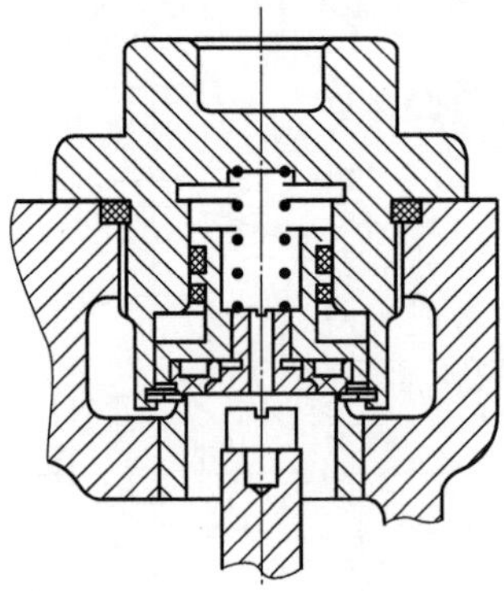

(d) F8L空气分配阀平衡阀

图 3-5　F8G、F8Y、F8L 与 F8 空气分配阀缓解阀、平衡阀结构对比

F8G 与 F8Y 空气分配阀在结构上的主要区别：(1)F8Y 空气分配阀缓解排风弯头采用了“防风沙型 F8 阀”的排风弯头；(2)主阀下体上的工作风缸缩堵和缓解缩堵孔径两者不同；(3)限压阀的限制压力根据各自的需要确定。

F8L 与 F8、F8G、F8Y 空气分配阀在结构上的主要区别是主阀平衡阀部分，将平衡阀由铃铛结构改为成熟可靠的止阀结构，如图 3-5 所示，提高了产品的可靠性。主阀上盖用螺盖替代后，又减少了 F8G、F8Y 上盖的两颗螺栓，更加方便拆装。另外，F8L 空气分配阀的体、盖材质为铝合金。

(一)主 控 部

主控部由平衡阀、平衡阀弹簧、主阀杆、小活塞、中体组成、顶杆、大活塞、缓解柱塞、制动弹簧、缩孔堵、局减阀套、缓解阀组成、保压弹簧及各种 O 形圈、胶垫等组成。

主阀是三压力平衡机构，大活塞上下两侧分别是制动管和工作风缸压力空气，小活塞上方是制动缸压力，下方通大气。通过三压力（即 $P_{制}$、$P_{列}$ 与 $P_{工}$）的平衡与否，来实现分配阀的制动、保压、缓解这三个基本作用位置。

当 $P_{制}+P_{列}< P_{工}$ 时，分配阀发生局部减压和制动作用；

当 $P_{制}+P_{列}>P_{工}$ 时，分配阀发生缓解作用（可以是一次缓解，也可以是阶段缓解）；

当 $P_{制}+P_{列}=P_{工}$ 时，分配阀发生保压作用（包括制动保压与缓解保压）。

下面更具体地介绍一下 F8G、F8Y、F8L 空气分配阀主阀各个作用的发生过程：

1. 制动作用

当制动管施行减压后，大活塞两侧的工作风缸和制动管的压力形成一定的压差（即 $P_{制}+P_{列}<P_{工}$），在工作风缸空气压力作用下，大活塞向上移动，通过顶杆带动小活塞及主阀杆向上移动，打开平衡阀，使副风缸的压力空气通过打开的平衡阀进入制动缸。

2. 保压作用

(1)制动保压：制动管停止减压后，制动缸压力上升到工作风缸作用于大活塞的向上的力和制动管及制动缸的向下的力三者平衡（即 $P_{制}+P_{列}=P_{工}$）时，在平衡阀弹簧的作用下，平衡阀下移，关闭阀口，停止了副风缸向制动缸的充气，使制动缸压力保持一定值，主阀即处于制动保压状态。

(2)缓解保压：当制动管停止增压，制动缸压力空气通过打开的缓解阀口排到三者压力平衡（即 $P_{制}+P_{列}=P_{工}$）时，在保压弹簧作用下，缓解阀上移，关闭阀口，制动缸压力停止下降，使制动缸压力保持一定值，主阀即处于缓解保压位状态。

(3)缓解作用：当制动管压力增加时，制动管和制动缸向下的力大于工作风缸作用在大活塞向上的力（即：$P_{制}+P_{列}>P_{工}$）时，大活塞带动缓解柱塞向下移动，打开缓解阀，使制动缸压力空气通过打开的缓解阀排向大气，主阀即处于缓解状态。

(4)制动管局部减压作用：在制动管减压，大活塞刚开始向上移动时，缓解柱塞随之向上移动，打开了制动管与局减阀套间的联络通路，使部分制动管的压力空气缓解柱塞上的中心孔、局减阀套、顶开止回阀，通过主阀下体和主阀体内部通路，一路经充气阀套尾部孔排向大气，另一路进入安装板的局减室，使制动管发生局部减压作用，从而促进主阀迅速动作，进入制动位，同时也起到了促进制动波传递的作用。

(5)一次缓解和阶段缓解的转换：通过调转转换盖板的位置，可实现一次缓解或阶段缓解的作用。当与无阶段缓解作用的分配阀混编使用时，转换盖板需放置在“一次位”（盖板上铸造箭头向上），施行缓解时，工作风缸压力空气经局减阀套、转换盖板上的沟槽直接进入制动管（即工作风缸与制动管连通）达到一次缓解的目的。由于缓解时工作风缸压力空气直接迅速进入制动管，既提高了制动管的再充气速度，又加速了主阀的缓解作用，这对于较长编组列车的后部车辆加速缓解是很有意义的。当与有阶段缓解作用的分配阀混编或特殊需要时，转换盖板需放置在“阶段位“（盖板上的铸造箭头朝下），这时施行缓解时，只要制动缸压力高于 40 kPa，制动管与工作风缸通路就仍被充气柱塞切断，由于转换盖板上的槽也被切断，此时工作风缸压力空气不能流入制动管（即工作风缸与制动管不通），从而实现阶段缓解作用。

（二）充 气 阀

充气阀主要由充气阀盖、膜板托、充气阀膜板、压板、充气柱塞、充气阀弹簧、充气阀套、排气罩及 O 形圈、胶垫组成。

充气阀有两个作用位置：上端位（缓解位）和下端位（作用位）。由于充气阀弹簧的弹力作用，充气阀平常处于上端位。当膜板上方空气压力大于 20 kPa 左右时，活塞才被压下到下端位。

下面更具体地介绍充气阀的作用：

1. 当阀处于缓解位，充气阀膜板上方制动缸的空气压力低于 20 kPa 时（充气阀在上端位），制动管压力空气经充气阀套、充气柱塞向工作风缸充气。同时通过充气阀套尾部孔将局减室压力空气排向大气。

2. 当阀处于局减位，制动管部分压力空气经充气阀套尾部排向大气。

3. 当阀处于制动位，充气阀膜板上方制动缸的空气压力高于 20 kPa 时（充气阀在下端部），制动缸压力空气推动充气阀膜板压缩充气阀弹簧，移动充气柱塞，切断局减通大气通路，同时切断制动管与工作风缸间通路，以保证主阀的正常作用。

4. 当阀处于缓解保压位时，与转换盖板配合，切断工作风缸压力空气向制动管逆流，以实现阶段缓解。

（三）限 压 阀

限压阀主要由限压阀盖、限压阀套、限压阀、限压弹簧、弹簧托、大缩堵、调整螺钉、紧固螺母和 O 形圈等组成。

限压阀的作用：限制紧急制动时制动缸的最高压力，其限压值可根据需要通过松、紧调整螺钉调定，调整后由紧固螺母锁紧。

（四）副风缸充气止回阀

副风缸充气止回阀主要由止回阀盖、缩堵、止回阀、止回阀胶垫及止回阀弹簧组成。

副风缸充气止回阀的作用：

1. 制动管通过它向副风缸充气，并限制充气速度，使前后车辆充气保持一致。

2. 当制动管压力下降时，防止副风缸压力空气向制动管逆流，保证主阀的正常工作。

（五）局 减 阀

局减阀主要由止回阀胶垫、止回阀、止回阀胶垫、螺盖、缩堵及弹簧挡圈等组成。其中部分零件与副风缸充气止回阀通用。

局减阀的作用：

（1）当阀处于局减位时，制动管压力空气经此阀向大气及局减排气。

（2）再制动时，能防止局减室的压力空气向制动管逆流。

二、辅 助 阀

辅助阀与 F8 阀辅助阀主要不同是：压缩了阀体中间空间，使阀的总高减少；阀体与上盖连接螺栓由 4 颗改为 3 颗；由于阀体的压缩，辅助阀杆下部分也相应缩短，将放风弯头改为与阀体铸造为一体。除阀体阀盖外，大部分零部件均可与 F8 阀互换使用。

除 F8Y 与 F8G、F8L 阀放风口不同，增加了防风沙部件外，F8G、F8Y、F8L 阀的辅助阀结构完全相同，主要由辅助阀体组成、辅助阀上盖、常用排风堵、紧急排风堵、辅助阀活塞、辅助阀杆、辅助阀套、放风阀组成、滤尘网、防尘罩以及各种 O 形圈、胶垫组成，如图 3-6 所示。

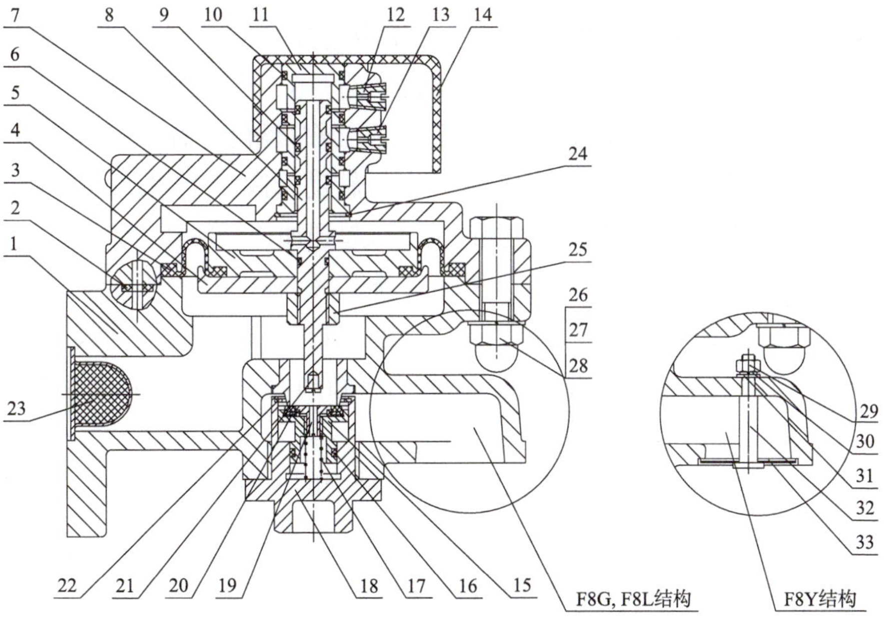

图 3-6　F8G、F8Y、F8L 空气分配阀辅助阀

1—辅助阀体组成；2—胶垫；3—辅助阀膜板；4—活塞压板；5—辅助阀活塞；6—O 形圈 12×1.75；7—辅助阀上盖；8—辅助阀杆；9—O 形圈 14×2.25；10—O 形圈 24×2.25；11—辅助阀套；12—常用排风堵；13—紧急排风堵；14—防尘罩；15—放风阀；16—O 形圈 18×2.25；17—放风阀弹簧；18—螺盖；19—放风阀胶垫螺帽；20—放风阀胶垫；21—触头；22—弹簧挡圈；23—滤尘网；24—挡圈 28；25—螺母 M12；26—螺栓 M12×45；27—螺母 M12；28—平垫圈；29—螺母 5；30—弹簧垫圈 5；31—垫圈 5；32—排风口销；33—排风口胶垫

辅助阀是二压力平衡机构。辅助阀活塞上方为辅助室压力空气:从主阀来的工作风缸压力空气经辅助阀体组成及辅助阀上盖内部气路,并通过辅助阀套下排孔充入辅助阀膜板上方,然后经辅助阀上盖和辅助阀体内部气路向安装板的辅助室充气。膜板下方为制动管压力空气。即膜板上方的辅助室空气压力与膜板下方的制动管空气压力相平衡。

辅助阀的作用:

1. 常用制动位:由于制动管减压(膜板下方制动管压力下降)使得辅助阀活塞下移。但辅助阀杆(8)仅下移到与放风阀接触而打不开放风阀。此时辅助室压力空气经辅助阀杆中心孔、辅助阀套(11)的上排孔和常用排风堵排入大气。由于排风堵的限制,使辅助室压力空气的排风速度与制动管的减压速度相一致,辅助阀活塞两侧压力基本平衡,因此辅助阀活塞及阀杆不能继续下移打开放风阀,而保证了辅助阀常用制动的安定性。

2. 保压位:制动管停止减压后,辅助阀活塞两侧压力达到平衡,辅助阀活塞及辅助阀杆稍稍上移,切断了辅助室排大气的通路,辅助阀处于保压状态。需要说明的是,制动管停止减压后,常用排风堵在几十秒内出现轻微排风是正常的。另外,保压后制动管的漏泄也可导致常用排风堵不停地轻微排风。

3. 缓解位:制动管增压(膜板下方制动管压力上升),使得辅助阀活塞及辅助阀杆上移,到达缓解位,打开了工作风缸与辅助室的通路。由于制动位时辅助室的压力空气部分排入大气,而工作风缸压力基本保持不变,故工作风缸压力高于辅助室压力,因此工作风缸压力空气再次经辅助阀套的下排孔充入辅助阀膜板上方及辅助室,这样就使得工作风缸压力迅速下降,从而加速主阀的缓解,起到加速缓解作用。

4. 紧急制动位:当制动管以紧急排风速度排气时,辅助室的压力空气来不及从常用排风堵排出(即常用排风堵的排风速度低于制动管排风速度),辅助阀膜板两侧形成压差,使得辅助阀活塞及辅助阀杆迅速下移并打开放风阀,使制动管压力空气通过打开的放风阀迅速排入大气,起到紧急放风作用。此时,常用排风堵和紧急排风堵同时打开,共同将辅助室内的压力空气排入大气。当制动管的风排完,而且辅助室的风压排到小于放风阀弹簧力时,放风阀关闭,同时辅助阀活塞与辅助阀杆上移,切断了紧急排风堵与辅助室的通路。需要说明的是,制动管施行紧急排风后的 10～15 s 内,由于辅助室压力未降到设定值,紧急放风阀未关闭,此时向制动管充风是没有意义的。

三、中间体、集成安装板

同第二章第一节中间体、安装板部分。

第二节　F8G、F8Y、F8L 空气分配阀的作用原理

F8G、F8Y、F8L 空气分配阀同 F8 空气分配阀一样，共有六个作用位置，即初充气位(充气缓解位)、局部减压位、常用制动位、制动保压位、制动保压后充气(一次或阶段)缓解位和紧急制动位。

同 F8 空气分配阀一样，F8G、F8Y、F8L 空气分配阀有两种安装方式，由于前面已介绍中间体安装方式的原理，因此下面介绍安装板安装方式的原理，以 F8G 为例。F8L 原理图如附图 13 所示。

一、初 充 气

当车辆分配阀的各风缸及风管内均无压力空气，由机车制动机或单车试验器通过车辆分配阀向上述风缸风管充气，就是“初充气”，如附图 7 所示。

初充气时，压力空气经列车主管、支管、截断塞门和远心集尘器进入安装板，然后一路经滤尘器、主阀安装面孔 a1 进入主阀；另一路经辅助阀安装面孔 a1′、滤尘网进入辅助阀活塞下方 a2′，同时进入放风阀下方 a3′(该阀为无差压阀)。辅助阀活塞上移，辅助阀处于初充气位。

进入主阀内的压力空气，经通路 a2：

(1)一路到达副风缸充气止回阀下部，通过缩孔堵①打开副风缸充气止回阀，由阀体通路 b1 及安装板通路 b 向副风缸充风，同时到达副风缸充气止回阀上方和平衡阀上方周围空间 b2(为制动时向制动缸充风做准备)。需要指出的是，由于副风缸充气止回阀弹簧力及阀重力的作用，实际上副风缸压力低于制动管定压约 20～40 kPa。(2)另一路到达主活塞上方 a3。此时推动主活塞下移，压缩其下方的制动弹簧，直到主活塞压板外缘碰到下阀体，此时主阀处于初充气位。另外主活塞上方制动管压力空气在进入缓解柱塞中心孔 a4(为局减做准备)的同时经主阀体内部通路 a5→充气阀套中间一排孔→充气柱塞沟槽 a6 和转换盖板槽 a7(一次缓解位)→主阀体内部通路 a8→工作风缸限制堵②→主阀下体内部通路 a9→局减阀套上排孔→缓解柱塞沟槽→主活塞下方 c1→下阀体及主阀体内部通路 c2→安装板内部通路 c3、c 向工作风缸充风，工作风缸压力可充至定压(制动管定压)。并同时通过安装板内部通路 c4→辅助阀体及上盖 c5→辅助阀套下排孔→辅助阀杆沟槽到达辅助阀活塞上方 f1，然后又分为两路，一路经辅助阀上盖及阀杆内部通路 f2→安装板内部通路 f3 向安装板内的辅助室(3 L)充风，充到定压。另一路经辅助阀杆中心孔到达辅助阀杆顶部 f4(为制动位常用排风堵排辅助室的风做准备)。

制动缸和局减室在初充气时无压力空气，因此只是通路沟通而并不排气，其余均与

充气缓解位相同。其初充气位和充气缓解位过程如图 3-7 所示。

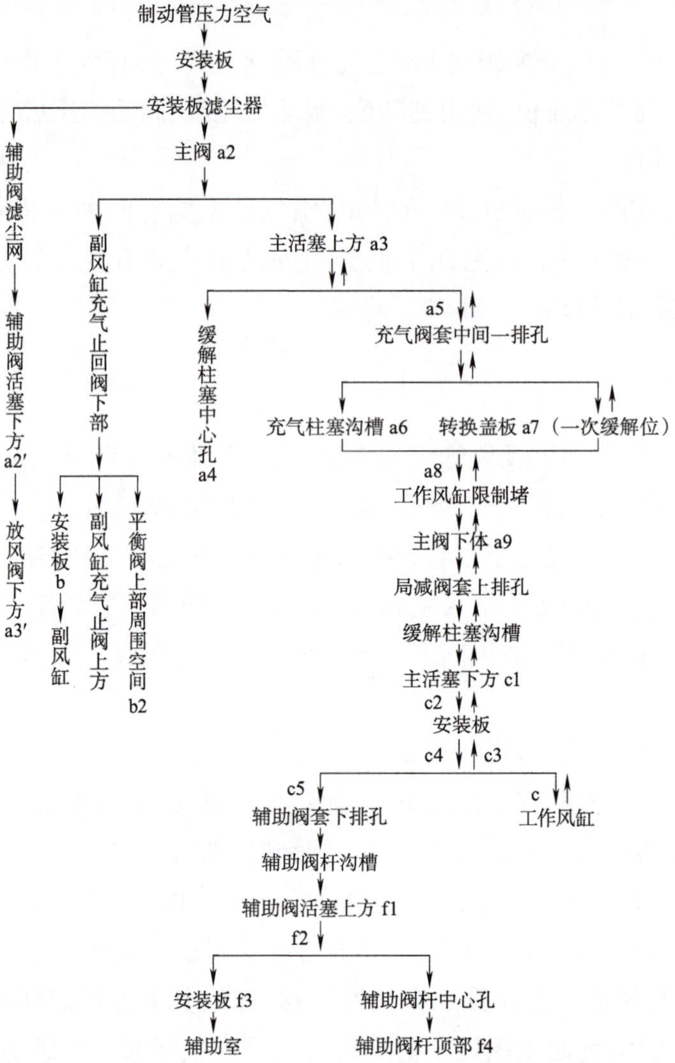

图 3-7　F8G、F8Y、F8L 空气分配阀初充气位和充气缓解位过程图

注：图中向上、向下箭头均有的部位，其中箭头向下表示初充气和充气缓解后期内压力空气的流向；箭头向上表示充气缓解初期，工作风缸向制动管逆流时压力空气的流向。

二、局部减压位及稳定性

1. 局部减压位

局部减压位工作原理如附图 8 所示，当制动管减压，主活塞上方 a3 压力下降（$P_{列}\downarrow$），使得主活塞下方 c1 工作风缸压力空气经缓解柱塞沟槽→局减阀套上排孔→主阀下体通路 a9→工作风缸限制堵→主阀体内部通路 a8→充气阀阀套上排孔→充气柱塞沟槽及转换盖板沟槽 a7（一次缓解位）→主阀体内部通路 a5→主活塞上方 a3，向制动管逆流，但由于受工作风缸限制堵的限制，工作风缸压力空气逆流量小于制动管的减压量，随之主活塞两侧形成一定的压差，即 $P_{列}<P_{工}$，$P_{制}=0$，同时在制动弹簧力的作用下，主活塞与缓解柱塞向上移动，先切断工作风缸向制动管逆流通路，工作风缸压力停止下降。然后关闭缓解阀，切断制动缸与大气的通路，同时缓解柱塞中心孔与局减阀套中间一排孔联通，使主活塞上方 a3 制动管的压力空气→缓解柱塞中心孔 a4→局减阀套中间一排孔→主阀下体 e5→局减阀缩孔堵③→打开局减止回阀，一部分到达局减止回阀下方，另一部分经主阀下体通路 e4→主阀体通路 e3、e2，一路经安装板通路 e1 到达局减室（0.8 L），最后局减室压力与保压后制动管压力相等，如制动管继续减压，即局减阀上部压力下降，局减阀下方（局减室）压力高于上方压力，局减止回阀被关闭，局减室内压力保持不变。同时，另一路经主阀体通路→充气阀套下排孔 e3→充气阀尾部排气罩→向大气排风（局减）。

2. 稳定性

稳定性是指在缓解状态下不发生自然制动的性能。

在充气缓解位，当制动管缓慢减压（轻微漏泄）（$P_{列}\downarrow$）的速度小于制动管最小减压速度，工作风缸的压力空气经工作风缸限制堵向制动管逆流，当逆流量与制动管减压量相同时，主活塞上下不能形成足够的压差值，主活塞仍处在缓解位不动，保证了分配阀缓解状态的稳定性。

三、常用制动位及安定性

1. 常用制动位

常用制动位工作原理如附图 9 所示，由于局减的作用造成主活塞上方制动管的空气压力急剧下降（$P_{列}\downarrow\downarrow$），主活塞在局减位并没有停下，而是继续向上移动，并通过中体顶杆带动小活塞上移，打开平衡阀，使主阀到达常用制动位。此时副风缸压力空气经安装板→主阀体内部通路 b1→平衡阀上部空间 b2，通过打开的平衡阀→主阀杆四周→主阀体内部通路 d8，然后，一路到达平衡阀导杆上部 d9（该阀为无差压阀）；另一路经限压阀套上排孔→限压阀沟槽→限压阀套下排孔到达限压阀下部 d7，在通过大缩堵④向小活塞上部 d10 进风的同时，由主阀体通路 d11→充气阀盖到达充气阀活塞一侧 d12，当制动缸压力升到规定值（20 kPa 左右）时，压缩充气阀弹簧，使充气阀活塞及充气阀杆移动，切断了局减排大气的通路及充气阀的制动管与工作风缸充气（或逆流）通路。充气阀呈制动状态，同时限压阀下部压力空气 d7→主阀体 d6，然后，一路经安装板通路 d1 向制动缸（闸缸）充风，另一路经阀体通路 d2→主阀下体 d3→局减阀套下排孔→缓解柱塞杆周围及缓解阀垫上方 d4（为缓解做准备）的同时，也经缓解阀中心通路到达缓解阀下方 d5（该阀也为无差压阀）。

需要指出的是，由于主阀是三压力平衡机构，即 $P_{制}+P_{列}=P_{工}$，因此在制动位时，$P_{工}$可看作一定值（不变值），当 $P_{列}$下降时，$P_{制}$就上升（两者有一定的比例关系），所以制动缸压力空气作用小于小活塞的向下的力 $P_{制}$ 只受制动管压力 $P_{列}$ 的影响，而与制动缸活塞行程无关。

在制动时（包括常用和紧急制动），由于制动管压力低于副风缸压力，因此副风缸充气止回阀被关闭。

制动管减压引起分配阀局减后，辅助阀活塞下方 a2′制动管压力下降，而辅助阀活塞上方 f1 辅助室的压力没有变化，使辅助阀活塞上下形成压差，辅助阀活塞与辅助阀杆一起下移，先切断了工作风缸与辅助室的通路（c5 和 f1），然后打开了辅助室与常用排风堵⑤间的通路，即：辅助室压力空气→安装板 f3→辅助阀体及上盖通路 f2→辅助阀活塞上方 f1→辅助阀杆中心孔→辅助阀杆顶部 f4→辅助阀套上排孔，经过常用排风堵排入大气。

2. 安定性

安定性是指在常用制动时不发生紧急制动作用的性能。

当制动管减压速度没有达到紧急制动所要求的减压速度时，辅助室压力空气经过常用排风堵排入大气，使辅助阀活塞上下压差不能继续增加，放风阀在其弹簧力的作用下不会被打开，保证了分配阀常用制动的安定性。

四、制动保压位及分配阀的自动补风作用

施行常用制动后，当制动缸压力达到需要值后，制动管停止减压，这时，分配阀处于制动保压位，从而使制动缸压力也保持一定。

1. 制动保压位

制动保压位工作原理如附图 10 所示，制动管停止减压后，副风缸的压力空气继续进入制动缸及小活塞上方（$P_{制}\uparrow$），当小活塞上方压力 $P_{制}$ 与大活塞上方压力 $P_{列}$ 之和与主活塞下方压力 $P_{工}$ 相等时（三压力平衡），在平衡阀弹簧力的作用下，小活塞通过中体顶杆与大活塞一起向下移动，直到关闭平衡阀为止，此时副风缸与制动缸的通路被切断，副风缸停止向制动缸供风，主阀处于制动保压位。

制动管停止减压后，辅助室的压力空气继续通过常用排风堵排入大气，当排到辅助阀活塞上方的压力稍小于其下方的压力时，辅助阀活塞与辅助阀杆同时上移，切断了辅助室排大气的通路，辅助室也处在制动保压位。此时辅助室的压力与保压后的制动管压力相同，但低于工作风缸的压力（$P_{辅}<P_{工}$），为缓解初期工作风缸压力空气向辅助室充气，降低工作风缸的压力（使 $P_{工}\downarrow$），为加速缓解作用做准备。

2. 自动补风作用

分配阀处于保压位后，主阀三压力机构也处在平衡状态，即 $P_{制}+P_{列}=P_{工}$，如果制动缸出现漏泄等原因，使制动缸压力下降，同时引起主阀小活塞上方压力下降，三压

力平衡被破坏，机构向上的力大于向下的力，使主活塞带动小活塞及主阀杆上移，重新将平衡阀打开，副风缸的压力空气通过打开的平衡阀沿制动位时的通路到达制动缸和小活塞上方，当制动缸压力补充到平衡值后，主活塞和小活塞同时下移，平衡阀重新关闭，主阀再次处于保压位。

五、制动保压后充气（一次或阶段）缓解位

1. 一次缓解

主阀转换盖板置于一次缓解位（箭头向上），如附图 7 所示。

制动保压后施行缓解，制动管充风，辅助阀活塞上下压力失去平衡，辅助阀活塞下方压力（$P_{列}$）高于上方压力（$P_{辅}$），辅助阀活塞上移，打开工作风缸与辅助室的通路，辅助阀处于充气缓解位。由于制动时辅助室压力空气经过常用排风堵部分排入大气，辅助室压力低于工作风缸，因此工作风缸向辅助室充气，即工作风缸压力空气和主阀主活塞下方压力空气 c1→安装板 c4→辅助阀体与上盖通路 c5→辅助阀套下排孔→辅助阀杆沟槽→辅助阀活塞上方 f1→辅助阀体及上盖通路 f2→安装板 f3→辅助室，使工作风缸压力降低（加速缓解作用）。

由于制动管增压，主阀主活塞上方压力上升（$P_{列}\uparrow$），三压力平衡状态被打破，$P_{制}+P_{列}>P_{工}$，即向下的力（制动管和制动缸分别作用在主活塞和小活塞上的合力）大于向上的力（工作风缸作用在主活塞下方的力），主活塞和小活塞同时下移，在切断局减室与制动管通路的同时，打开了工作风缸与制动管间的逆流通路，即主活塞下方（工作风缸的压力空气）c1，经缓解柱塞沟槽→局减阀套上排孔→主阀下体内部通路 a9→工作风缸限制堵→主阀体内部通路 a8→充气阀套上排孔→转换盖板沟槽 a7→主阀体内部通路 a5 逆流至主活塞上方 a3。由于工作风缸压力空气流入制动管，使工作风缸压力继续下降，制动管压力不断上升，即使制动管停止增压，主阀三压力也不会平衡，主活塞和小活塞继续下移并打开缓解阀，达到一次缓解的目的。当工作风缸的压力与制动管压力平衡后，如果制动管仍继续增压，主阀和辅助阀通路和初充气时相同。

制动缸的压力空气经安装板 d1→主阀体内部通路 d2→缓解限制堵⑥→主阀下体 d3→局减阀套下排孔→缓解柱塞四周 d4→打开的缓解阀排入大气。同时充气阀活塞上方 d12 和小活塞上方 d10 的压力空气经大缩孔堵→d7→主阀气路 d6→d2→缓解限制堵→d3→d4→缓解阀排入大气（缓解阀下方 d5 压力空气也通过中心孔→打开的缓解阀排入大气），分配阀处于缓解位。

注：缩堵⑥的作用是控制制动缸的排气时间，满足（F8G）UIC 标准或 F8Y 空气分配阀对制动缸排气时间的要求。F8L 空气分配阀无此缩堵。

由于充气阀活塞上方d12的压力空气排入大气，充气阀活塞在充气阀弹簧的作用下，移到充气缓解位，重新联通了充气阀套上的充气通路，同时打开了局减室排大气的通路，使局减室及局减阀下部的压力空气经阀体通路和充气阀套最下一排孔排入大气。

2. 阶段缓解

当与具有阶段缓解的机车、车辆编组时，或有阶段缓解需要时，将主阀转换盖板置于阶段缓解位（箭头向下），工作原理如附图11所示。

制动保压后施行阶段缓解，制动管增压，主阀动作过程与一次缓解相同，只是由于转换盖板上制动管与工作风缸的通路被切断，因此当制动缸压力下降到规定值前（20 kPa左右），充气阀仍处于制动位，充气阀上工作风缸与制动管的通路也被切断。工作风缸压力空气就不能向制动管逆流，只是在缓解初期，由于辅助阀的加速缓解作用，使工作风缸压力稍有下降（这点与纯三压力分配阀不同，制动管不需充到定压，即可缓解）后便保持不变，工作风缸压力成为一定值（低于定压值）。根据$P_{制}+P_{列}=P_{工}$，而$P_{工}$为定值，因此当制动管压力上升（$P_{列}\uparrow$），制动缸压力必然会下降（$P_{制}\downarrow$）以保证三压力的平衡，若制动管停止增压，当制动缸及小活塞上方压力下降（经缓解阀排入大气）到一定值后，主阀三压力机构向上的力稍稍大于向下的力时，主活塞带动小活塞向上移动，关闭缓解阀（制动缸停止排气）后停止上移，主阀处于缓解保压位。

辅助阀阶段缓解过程与一次缓解位相同，当制动管停止增压后，工作风缸压力空气向辅助室充风到辅助室压力与制动管压力相同时，在辅助阀膜板拱力的作用下，辅助阀活塞下移，切断工作风缸与辅助室的通路，辅助阀处于缓解保压位。

制动管再次增压，然后保压，主阀和辅助阀重复上述动作。随着制动管数次增压及保压，制动缸压力也数次下降（缓解）及保压，实现了分配阀的阶段缓解作用。

当制动缸压力下降（缓解）到规定值时（20 kPa左右），充气阀活塞在充气阀弹簧的作用下移动，打开了制动管与工作风缸的通路，使工作风缸充风，同时也打开了局减室与大气的通路，使局减室的压力空气经充气阀套尾部排入大气。

六、紧急制动位

列车运行中，如遇紧急情况需立即停车时，分配阀应处于紧急制动状态，将制动管的压力空气急速排入大气，使列车迅速停车，工作原理如附图12所示。

紧急制动时，主阀的动作过程与常用制动相同，只是由于制动管减压速度比常用制动时快，因此动作比常用制动时迅速；另外，由于紧急制动时制动管压力空气全部排入大气，使$P_{制}+P_{列}<P_{工}$（$P_{列}=0$），三压力机构向上的力远远大于向下的力，使主活塞和小活塞上移到极限位，平衡阀被完全打开，副风缸的压力空气迅速进入制动缸，使制动缸压力迅速上升到规定值。限压阀在其下部制动缸空气压力的作用下，压缩限压阀弹

簧，使限压阀上移，切断副风缸到制动缸的通路，制动缸压力停止上升。制动缸最高压力可根据需要（调节限压阀调整螺钉）而定。另外在紧急制动位时，由于动作迅速，工作风缸的逆流量及局减量（局部减压力）均比常用制动位时小。

辅助阀开始工作的动作过程与常用制动位时相同，只是由于制动管减压速度很快，受常用排风堵的限制，辅助阀活塞上方辅助室的压力空气不能迅速排入大气（与制动管相平衡），因此辅助阀活塞上下形成较大的压差，使辅助阀活塞继续下移，打开放风阀，使制动管压力空气迅速排入大气，实现制动管紧急放风的作用。由于辅助阀活塞下移，辅助阀杆也打开了紧急排风堵的通路，辅助室的压力空气经过常用和紧急这两个排风堵同时排入大气，辅助室压力空气由开始排出到基本排尽的时间掌握在 15 s 左右，这是为了避免断钩事故而设的。另外需要说明的是，只要制动管压力不低于 400 kPa，无论分配阀正处于什么位置（初充气除外）均可随时施行紧急制动，这为运输的安全性提供了可靠的保障。

第三节　F8G、F8Y、F8L 空气分配阀的性能

F8L 空气分配阀与 F8 空气分配阀的性能完全相同，可无条件替换使用；F8G、F8Y 空气分配阀的大部分性能与 F8 空气分配阀相同。

1. F8Y 空气分配阀的性能与 F8 空气分配阀的性能完全相同，只是在用于养路机械，制动管压力为 500 kPa 时使用，制动缸最高限压为 380 kPa。除此之外，制动管压力为 600 kPa，制动缸最高限压调整为 420 kPa 或 480 kPa，F8Y 空气分配阀完全可以替代现 F8 空气分配阀使用，性能完全相同，结构更加优化、可靠性更高。

对 F8Y 空气分配阀在制动管压力分别为 500 kPa 和 600 kPa 的情况下，根据 TB 3030—2002《F8 空气分配阀和电空阀在 F8 阀试验台上的试验方法》分别对主阀和辅助阀进行了试验，并对试验数据进行了对比，试验数据见表 3-1。

表 3-1　F8Y 空气分配阀主阀和辅助阀试验数据

试验项目	试验内容	试验结果（500 kPa）	试验结果（600 kPa）
1. 充风试验	工作风缸由 0 充到 450 kPa 的时间	54 s	41 s
	副风缸由 0 充到 450 kPa 的时间	79 s	59 s
2. 制动灵敏度	减压：20 kPa 局减；40 kPa 制动	18/33 kPa	17/32 kPa
3. 缓解感度试验	二位缓解：15 s 内开始缓解	6.9 s	7 s
4. 局减排气试验	15 s 内局减室压力降至 40 kPa 以下	6.2 s	6.5 s
5. 常用制动制动缸自动补风试验	制动缸压力在 200 kPa 时，再下降 30 kPa 内，制动缸压力应能恢复	下降 16 kPa 压力恢复	下降 17 kPa 压力恢复

续上表

试验项目	试验内容	试验结果（500 kPa）	试验结果（600 kPa）
6. 稳定试验	手把四位减压 50 kPa 不得局减和制动	OK	OK
7. 常用制动试验	减压 200 kPa 制动缸升到 380 kPa 时间	4.1 s	3.6 s
8. 全缓解试验	制动缸压力由 380 kPa 至 40 kPa 时间	5.9 s	5.7 s
9. 一次缓解试验	形成缓解后，能继续缓解到底	OK	OK
10. 辅助室充气	辅助室由 0 充到 450 kPa 的时间	11 s	10 s
11. 安定试验	六位减压 200 kPa，不发生紧急放风	OK	OK
12. 常用转紧急	六位减压 200 kPa 后七位减压	起紧急制动	起紧急制动
13. 紧急灵敏度	减压 80～120 kPa 内发生紧急制动	91 kPa	89 kPa
14. 加速缓解	工作风缸压力应下降 25 kPa 以上	36 kPa	38 kPa
15. 阶段缓解试验	阶段缓解次数不少于 5 次	5 次	5 次

说明：为了将 600 kPa 与 500 kPa 工况比较，同时考虑现实情况，副风缸和工作风缸初充风试验均由充至 500 kPa 改为 450 kPa；

由于制动主管压力在 500 kPa 时制动缸最高压力只能达到 390 kPa 左右，因此第 7 项只能测试制动缸升到 380 kPa 时间；

第 8 项全缓解试验是列车制动主管减压 200 kPa 后缓解时制动缸缓解的时间；

第 1 至 9 项试验为主阀试验项目，第 10 至 14 项试验为辅助阀试验项目，第 15 项试验为主阀和辅助阀均要求做的试验项目。

试验结果分析：通过以上对比试验的结果可以看出，无论是制动灵敏度、紧急灵敏度还是缓解感度以及制动缸补风试验、加速缓解试验等在两种工况下均无明显差别；而初充风试验差别较大是因为两种工况风源压力差直接影响充风时间；而稳定试验、一次缓解试验、安定试验、常用转紧急以及漏泄试验等均达到了试验规范的要求。

试验结论：经过试验并对试验结果的分析，在其他条件应基本相同的条件下，F8Y 空气分配阀适用于制动主管压力在 500 kPa 和 600 kPa 时使用。

2. 为了满足 UIC 540-2006 标准的需要，F8G 与 F8 空气分配阀的性能有如下的不同：

（1）制动灵敏度

UIC 540-2006 标准规定的制动灵敏度为：制动管减压速度 60 kPa/6 s，1.2 s 内应产生制动作用。

F8 空气分配阀制动灵敏度为：制动管减压 20 kPa 以前应发生局减作用，减压 40 kPa 以前应发生制动作用，制动缸压力不得高于 140 kPa。

为使 F8G 空气分配阀的制动灵敏度达到 UIC 540-2006 标准规定，对工作风缸缩堵进行了设计改进，满足 UIC 540-2006 标准规定的制动灵敏度要求。

(2)常用制动制动缸缓解时间

UIC 540-2006 标准：施行连续全缓解制动缸从最高压力降至 40 kPa 的时间应为 15～20 s。

F8 空气分配阀规定：常用缓解作用制动缸从最高压力降至 40 kPa 的时间应为 6～10 s。

为使 F8G 分配阀达到 UIC 540-2006 标准，对制动缸缓解通路进行了设计改进，满足 UIC 540-2006 标准规定的要求，试验数据见表 3-2(制动管压力 500 kPa)。

表 3-2　F8G 空气分配阀试验数据

<table>
<tr><th colspan="2">试验项目</th><th>UIC 540-2006 规程要求</th><th>检测数据</th></tr>
<tr><td colspan="2">制动灵敏度制动缸开始升压时间</td><td>减压速率 60 kPa/6 s 需在 1.2 s 内起制动作用</td><td>1.2 s</td></tr>
<tr><td colspan="2" rowspan="2">常用全制动后二位充气(阶段缓解位)</td><td>$P_{制}$≥30 kPa 时不应到缓解位</td><td>合格</td></tr>
<tr><td>$P_{列}$≤585 kPa 时应到缓解位且能缓解完全</td><td>合格</td></tr>
<tr><td colspan="2">常用全制动(减压 150 kPa)制动缸压力</td><td>380 kPa</td><td>380 kPa</td></tr>
<tr><td colspan="2">自动补风(制动缸缓慢减压 10 kPa)</td><td>能自动补风</td><td>合格</td></tr>
<tr><td colspan="2">稳定性试验(减压速度 30 kPa/min)</td><td>不制动</td><td>合格</td></tr>
<tr><td colspan="2">全制动制动缸缓解至 40 kPa 的时间</td><td>15～20 s</td><td>19.3 s</td></tr>
<tr><td colspan="2">阶段缓解</td><td>能阶段缓解</td><td>合格</td></tr>
<tr><td rowspan="3">变压力试验</td><td>定压下减压 40 kPa 后再减压 10 kPa，然后增压 10 kPa</td><td rowspan="2">制动缸压力应变化</td><td>合格</td></tr>
<tr><td>定压下减压 100 kPa 后再减压 10 kPa，然后增压 10 kPa</td><td>合格</td></tr>
<tr><td>定压下减压 80 kPa 后再减压 60 kPa，然后增压 60 kPa</td><td>制动缸压力对比变化≤10 kPa</td><td>合格</td></tr>
<tr><td>紧急制动</td><td>制动缸升压至最大压力 95% 的升压时间</td><td>3～5 s</td><td>4.6 s</td></tr>
<tr><td colspan="2">常用转紧急</td><td>能常用转紧急</td><td>合格</td></tr>
<tr><td colspan="2">全制动后 600 kPa 过充 10 s 各风缸</td><td>不过充</td><td>合格</td></tr>
<tr><td colspan="2" rowspan="2">缓解后 600 kPa 过充 2 s，取消过充 1 s 内降至 500 kPa 立即回运转位</td><td>不制动</td><td>合格</td></tr>
<tr><td>消除过充后 30 s 内不制动</td><td>合格</td></tr>
</table>

3. F8L 空气分配阀的性能与 F8 空气分配阀的性能完全相同。

第四节 F8G 空气分配阀性能与 UIC 540-2006 规程要求的比较

对照国际铁路联盟 UIC 540-2006“制动机——旅客列车、货物列车空气制动机”中的“国际联运用旅客列车和货物列车空气制动机应遵循的条件”，经过对 F8 阀不符合 UIC 540-2006 标准的部分结构进行了改进，改进后的分配阀称为“F8G 空气分配阀”，基本上可分为三种情况：一是基本上符合 UIC 540-2006 要求的条款；二是还需进行试验以证实是否符合 UIC 540-2006 要求的条款；三是由于 UIC 540-2006 要求与我国试验情况不同，无法或无条件进行直接对比的条款。

一、性能上基本符合 UIC 540-2006 要求的条款

1. UIC 540-2006 要求的 1.1 条：制动机应为自动式，仅用内径为 25 mm 或 32 mm 的单管系统（制动管）便能为制动机的工作提供足够的压缩空气。

2. UIC 540-2006 要求的 1.3 条：空气制动机运转状态的额度压力为 500 kPa（5 bar），但是，这种运转状态的压力的减少或增加不超过 100 kPa（1 bar）时，不妨碍制动机的作用性能。

3. UIC 540-2006 要求的 1.5 条：当空气制动机达到额定工作压力时，制动机应处于充气缓解位。

制动主管减压可施行制动，增压可得到缓解。制动机完全缓解可产生于制动主管压力达到运转状态的数值之前。

只要制动缸压力大于或等于 30 kPa（0.3 bar），制动机就不应回到充气缓解位。当制动主管压力比额定压力低 15 kPa（0.15 bar）时，制动机应回到充气缓解位，直至制动机完全缓解。

4. UIC 540-2006 要求的 1.6 条：制动机应能通过制动主管的快速排气进行紧急制动；同样，可通过制动主管的缓慢排气进行阶段制动，直至全制动和无阶段的全制动。

缓解时，制动机也可通过中端制动主管的充气施行阶段缓解（阶段可调性）。

5. UIC 540-2006 要求的 1.7 条：为了从运转状态的额定压力开始施行全制动，制动主管应减压（150±10）kPa[（1.5±0.1）bar]。

制动缸的最大压力应为（380±10）kPa[（3.8±0.1）bar]，不受制动缸活塞行程的影响。当制动系统中装有一个能使制动缸最大压力变化的装置时，此规定适用于该装置的控制压力。

6. UIC 540-2006 要求的 1.8 条：车辆制动装置的充气时间应该是：即使是长大列车，副风缸的充气时间和尾部车辆的制动缸缓解时间不应相互干扰。制动主管压力的

快速变化不应引起邻近车辆制动机的意外制动。

7. UIC 540-2006 要求的 1.10.1 条：制动主管压力缓慢降低时，制动机的稳定性应是：从运转状态的额定压力起，在 1 min 内减压 30 kPa(0.3 bar)制动机不起制动作用。

8. UIC 540-2006 要求的 1.10.2 条：在制动主管减压时，制动机的灵敏度应是：从运转状态的额定压力起，在 6 s 内减压 60 kPa(0.6 bar)，制动机须在 1.2 s 内起制动作用。

9. UIC 540-2006 要求的 1.11 条：制动机应装有一个可改变制动力的装置(分为一个或几个重车制动工况，制动力随载重成正比例地、多极地自动变化)。

说明：F8G 型分配阀可与空重车调整阀配合使用，满足此条的规定。

10. UIC 540-2006 要求的 1.12.1 条：制动机应能适合铁路干线上所有坡度的要求，允许列车以尽量接近于规定的速度安全运行。

11. UIC 540-2006 要求的 1.12.2 条：制动机的制动力应具有不衰竭性，即在列车停车静止时，不管怎样操纵司机控制阀，总是可以施行紧急制动，车辆制动缸中所得到的最大平衡压力至少是在同一列车上从运转状态的额定压力开始施行紧急制动时所得到压力的 85%。

但是这种操作不能长时间采用遮断列车主管供风的中立位，且任何时候也不得使制动缸压力低于 30 kPa(0.3 bar)。

12. UIC 540-2006 要求的 1.13.1 条：制动机工作时，制动缸压力应总是能适应制动主管压力的变化。在开始制动后，制动主管中的压力变化 10 kPa(0.1 bar)时，制动缸压力应通过分配阀发生相应的变化。

对于与制动主管同样压力的制动缸来说，制动和缓解时其压力波动不超过 10 kPa(0.1 bar)。

13. UIC 540-2006 要求的 1.13.2 条：关于制动缸压力，在施行制动的全过程中，制动机应保持其压力，即：只要副风缸压力允许，制动缸和制动缸管的漏泄应能自动地补偿。

14. UIC 540-2006 要求的 1.14 条：操纵制动机时，尤其是当列车实行紧急制动时，不应产生有害的纵向冲动。

15. UIC 540-2006 要求的 1.15 条：制动机的设计应能作为“货物”列车用、“旅客”列车用或“客/货”车两用制动机使用。

说明：F8G 型分配阀是“旅客”列车用，符合该条款。

16. UIC 540-2006 要求的 1.16 条：对任何列车编组来说，从运转状态的额定压力实施紧急制动时，制动波速至少为 250 m/s。

17. UIC 540-2006 要求的 1.17 条：施行制动时，不管何种制动位，也不管列车长度与编组如何，列车尾部的制动主管的减压量至多为 30 kPa(0.3 bar)，制动波应传到列车的最后一辆车，而且(希望)，在尾部车辆的制动主管中，由分配阀加速器产生的初始减压不应超过 40 kPa(0.4 bar)。

紧急制动时制动缸的充气时间应为 3～5 s。

18. UIC 540-2006 要求的 1.18 条:单车从运转状态的额定压力开始施行制动时(紧急或常用),制动缸压力应为:客车:不管载重如何,使制动缸压力连续增至最大值。

紧急制动时制动缸的充气时间应为 3～5 s,这项测量是以制动缸开始进气到制动缸压力达到其最大值得 95%为止。但装有空重车装置的情况除外,其制动缸充气时间允许为 3～6 s。

19. UIC 540-2006 要求的 1.19.1 条:全制动后,当单车制动机实施连续全缓解时,制动缸压力应逐渐降低。

把司机制动阀手把置于运转位,从制动缸开始排气到制动缸压力降到 40 kPa(0.4 bar)为止,制动缸的排气时间应是:客车 16～20 s。

20. UIC 540-2006 要求的 1.19.2 条:全制动后在单车上应能以至少 600 kPa(6 bar)的压力施行高压过充缓解,并在制动主管中保持不少于 10 s(客车),而在制动机各种容积中,不得产生影响制动机后来的作用性能的过充。

21. UIC 540-2006 要求的 1.20 条:在全列车全制动以后施行缓解时,在所产生的过充不影响制动机后来作用性能的条件下,从司机制动阀操纵缓解开始到最后一辆车的制动缸压力降到 40 kPa(0.4 bar)的时间不得超过下列规定的时间。

客车:编组或为 15 辆带转向架的、制动主管内径为 25 mm 的客车,其制动主管内径为 32 mm 的 400 m 长的列车为 25 s。

在全制动以前进行过几次阶段制动和阶段缓解,制动缸压力达到全制动压力的 1/3 左右的时间,同样也符合上述规定。

22. UIC 540-2006 要求的 1.21 条:在制动机缓解后,应该能用 600 kPa(6 bar)的压力至少瞬间充气 2 s,取消瞬间过充 1 s 内,压力从 600 kPa(6 bar)降到 500 kPa(5 bar),接着又回到运转状态的额定压力,此时制动机不应发生任何的制动作用。

在消除过充后 30 s 内,列车中不应发生任何制动作用。

23. UIC 540-2006 要求的 1.22 条:制动机应装有一个可用手缓解的装置。

对 F8G 型分配阀来讲,从工作风缸管接一个排气阀,称缓解阀,相当于此装置的功用。

二、还需进行试验以证实是否符合 UIC 要求的条款

UIC 540-2006 要求的第 1.9 条:在不超过 50%的车辆上安装完整的制动装置,而在其余车辆上只装制动主管时,应保证列车制动机起作用。

制动机被关闭的车辆,可在列车内分成一个或几个车组,每个车组的长度不应超过 80 m。

三、由于UIC 540-2006标准要求与我国试验情况(条件)不同,无法或无条件进行直接对比的条款

1. UIC 540-2006要求的第1.2条:新型空气制动机应能毫不困难地同已用国际联运的制动机混编使用。

2. UIC 540-2006要求的第1.4条:当用符合UIC 541-03规定要求的司机制动阀进行操作时,空气制动机应符合所有的条件。

3. 应允许使用不符合上述条件要求的老式制动阀操纵制动机。

综上所述,F8G型空气分配阀除个别没有条件验证的条款外,绝大多数条款,注意:最重要的性能要求,均全部满足UIC 540-2006标准的要求。

由于主要性能能够满足UIC 540-2006的要求,可以推断出1.2、1.4和1.9条也应满足要求。

通过F8G型空气分配阀出口斯里兰卡(长客、四方),加纳莫桑比克、刚果·金(唐车),尼日利亚(浦镇)试验及运用表明,F8G型空气分配阀可完全满足UIC 540-2006标准的要求。

2007年长客出口斯里兰卡一百余辆客车,由中国铁道科学研究院与斯里兰卡工作人员在斯里兰卡共同进行了列车试验,性能完全满足要求。

第四章　F8 系列空气分配阀的试验

第一节　试验台的结构及机能检查

一、F8 系列分配阀试验台

F8 阀试验台有两种。一种是 1993 年鉴定的纯空气的"F8 空气分配阀试验台"(以下简称 F8 阀空气试验台),可以对 F8 系列分配阀主阀、辅助阀及中间体进行试验。另一种是 1997 年鉴定的"F8 阀电空试验台",既可以做 F8 系列分配阀主阀、辅助阀及中间体的试验,又可做紧急电空阀试验。既能采用计算机控制,数据自动采集存储,自动判断合格与否,又可使用旋转操纵阀加按钮式电控阀门手动操作,使用灵活方便。

F8 阀空气试验台及 F8 阀电空试验台的结构如图 4-1 和图 4-2 所示。

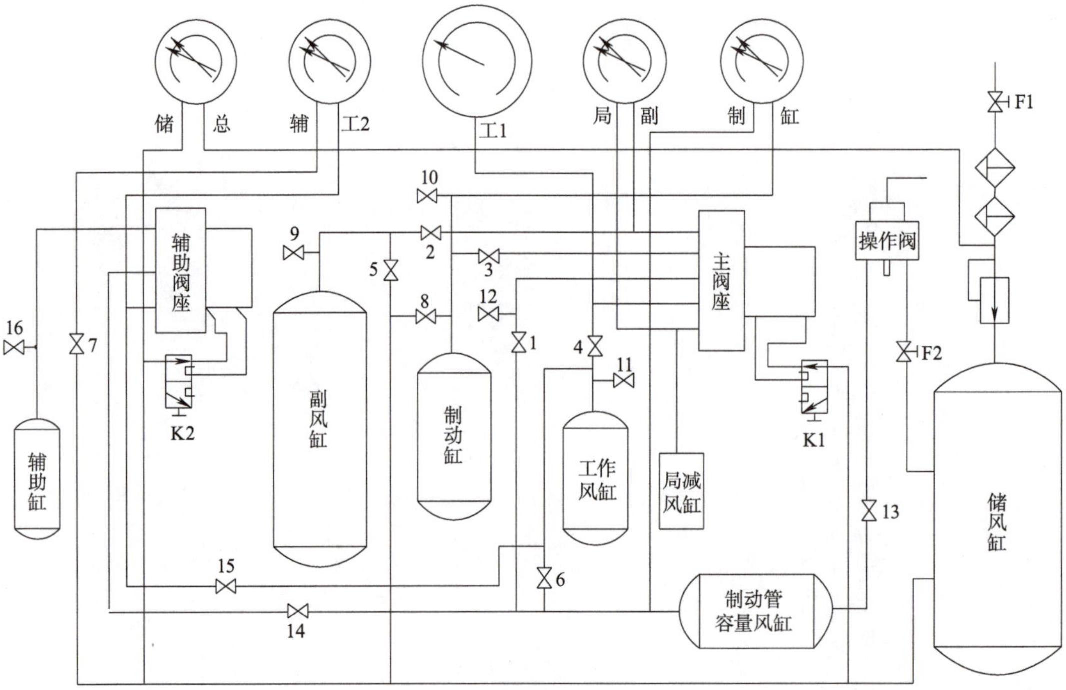

图 4-1　F8 空气试验台结构示意图

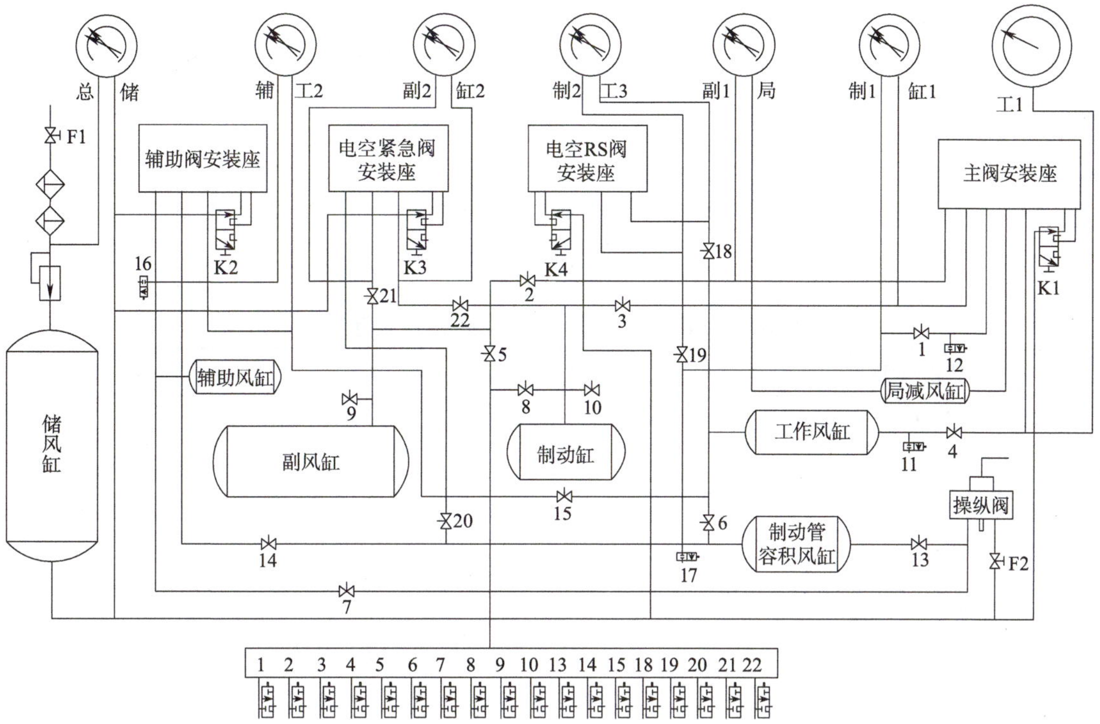

图 4-2　F8 电空试验台结构示意图

凡新造和检修的 F8 系列分配阀、电空阀均需经 F8 阀空气试验台或 F8 阀电空试验台的检查试验，F8G 空气分配阀还需加试仿单车试验，达到要求后，填写好试验记录后方可使用。

(一)F8 空气试验台的构造

由操纵阀、安装座、风缸、风卡、控制阀、风动阀门、压力表、调压阀、漏泄检测装置、台架等组成。

1. 操纵阀

操纵阀由手把、回转阀、回转阀座、回转阀杆、阀盖和管座组成。操纵阀通过管座以 1/2 英寸管将储风缸和制动管容积风缸相连接。操纵阀共设七个作用位置。各作用位置的用途及充排气时间见表 4-1(操纵阀机能检查)。

表 4-1　F8 空气试验台操纵阀各作用位置用途及充排气时间

操纵阀作用位置		一	二	三	四	五	六	七
孔径(mm)		6.4	0.6	/	0.45	0.85	2.4	3.4
技术要求	压力变化(kPa)	/	50～150	/	600～540	600～500	600～400	600～300
	时间(s)	/	50～52	/	50～60	19～21	5.0～5.5	5.0～5.5
用　途		快充气	慢充气	保压	稳定性	制动灵敏度	安定性	紧急制动

注:表内各孔径值仅供参考,以压力变化的时间为准。

2. 安装座

由主阀安装座和辅助阀安装座组成。试验时，分别将主、辅阀卡紧在各自的安装座上。

3. 风缸

由储风缸、副风缸、制动缸容积风缸、制动管容积风缸、工作风缸、辅助室容积风缸、局减室容积风缸、风卡风缸组成。试验台各风缸容积及定压见表 4-2。

表 4-2 F8 空气试验台各风缸容积及定压值

风缸类型	容积(L)	额定压力(kPa)
储风缸	100	600
副风缸	80	560 以上
制动缸	15	380～480
工作风缸	11	600
制动管容积风缸	15	600
辅助风缸	3	600
局减风缸	0.8	<600

4. 控制阀

由阀体、柱塞套、柱塞和橡胶密封圈等组成。采用试验台定压空气控制阀门的开闭作用。

5. 风动阀门(简称风门)

风门采用膜板、柱塞结构。风门通过控制阀切断或开通通路。各风门的用途和编号见表 4-3。

表 4-3 F8 空气试验台各风门的用途和编号

编号	简　称	用　　途
1	主切	切断主阀安装座制动管孔与制动管容积风缸间的通路
2	副切	切断主阀安装面副风缸孔与副风缸间的通路
3	制切	切断主阀安装面制动缸孔与制动缸间的通路
4	工切	切断主阀安装面工作风缸孔与工作风缸间的通路
5	副充	打开储风缸向副风缸快速充风的通路
6	工充	打开制动管容积风缸向工作风缸快速充风的通路
7	辅充	打开储风缸向辅助风缸快速充风的通路
8	制充	打开储风缸向制动缸快速充风的通路
9	副排	打开副风缸向大气快速排风的通路

续上表

编号	简　称	用　途
10	制排	打开制动缸向大气快速排风的通路
11	工排	打开工作风缸向大气快速排风的通路
12	制管排	打开制动管容积风缸向大气快速排风的通路
13	制管切	切断制动管容积风缸与操纵阀间的通路
14	辅制管切	切断辅助阀安装面制动管孔与制动管容积风缸间的通路
15	辅工切	切断辅助阀安装面工作风缸孔与工作风缸间的通路
16	辅排	辅助风缸向大气快速排风
F1	总切	切断总风源
F2	储切	储风缸与操纵阀间的开关
K1	主阀风卡	主阀安装面夹紧开关
K2	辅阀风卡	辅助阀安装面夹紧开关

6. 调压阀

用来调整试验台工作压力。调压阀由膜板、止阀和橡胶密封圈等组成。

7. 压力表

试验台共设有四块 1.6 级双针压力表和一块 0.4 级单针标准压力表。试验台用压力表量程和精度参数见表 4-4。

表 4-4　F8 空气试验台用压力表参数

测量范围(kPa)	精度等级	使用部位	备注
0～1 000	0.4	工作风缸(主阀)	单针
0～1 000 或 0～1 200	1.6 及以上	总风、储风缸、制动管容积风缸及管路、副风缸及管路、制动缸及管路、工作风缸及管路、辅助风缸及管路、局减风缸及管路	双针

8. 漏泄检测装置

采用小量程玻璃转子流量计，用于阀各排气口的漏泄检测。

9. 台架

采用封闭箱体结构，角钢骨架，钢板压制外表，试验台所有零部件均装于台架中。

(二)F8 电空试验台的构造

由电接点操纵阀、安装座及风卡、风缸、控制阀、开关风门、压力表、调压阀、控制开关箱、电磁阀、电源、漏泄检测装置、台架等组成。

1. 电接点操纵阀

此阀为回转式结构，通过安装在回转阀杆上的凸轮及微动开关，操纵阀手柄分别在一位、二位、四位、五位、六位和七位时分别接通缓解、常用和紧急电磁阀。各位置充排气时间及所对应的电磁阀接通情况见表 4-5。

表 4-5 操纵阀各位置充排气时间及所对应的电磁阀接通情况

操纵阀作用位置		一	二	三	四	五	六	七
孔径(mm)		6.4	0.6	/	0.85	2.0	2.5	3.4
技术要求	压力变化(kPa)	/	50～150	/	600～500	600～400	600～400	600～300
	时间(s)	/	50～52	/	19～21	8.5～10	5.0～5.5	5.0～5.5
接通的电磁阀		缓解	缓解	/	常用	常用	常用	常用
								紧急

注:表内各孔径值仅供参考,以压力变化的时间为准。

2. 压力表

试验台共设有六块 1.6 级双针压力表和一块 0.4 级单针标准压力表,相关参数见表 4-6。

表 4-6 F8 电空试验台用压力表参数

测量范围(kPa)	精度等级	使用部位	备注
0～1 000	0.4	工作风缸(主阀)	单针
0～1 000 或 0～1 200	1.6 及以上	总风、储风缸、制动管容积风缸及管路、副风缸及管路、制动缸及管路、工作风缸及管路、辅助风缸及管路、局减风缸及管路	双针

四块双针压力表和一块单针标准压力表与 F8 空气试验台相同。新增了两块双针压力表,一块连接电空 RS 阀的制动管容积风缸和工作风缸,另一块连接电空紧急阀的副风缸和制动缸。

3. 控制开关箱、电磁阀和开关风门

控制开关箱有电磁阀和开关风门。电磁阀分为二位二通和二位三通,工作电压 DC 110 V。各风门的用途和编号见表 4-7。

表 4-7 F8 电空试验台各风门的用途和编号

编号	简　称	用　途
1	主切	切断主阀安装座制动管孔与制动管容积风缸间的通路
2	副切	切断主阀安装面副风缸孔与副风缸间的通路
3	制切	切断主阀安装面制动缸孔与制动缸间的通路
4	工切	切断主阀安装面工作风缸孔与工作风缸间的通路
5	副充	打开储风缸向副风缸快速充风的通路
6	工充	打开制动管容积风缸向工作风缸快速充风的通路
7	辅充	打开储风缸向辅助风缸快速充风的通路

续上表

编号	简 称	用 途
8	制充	打开储风缸向制动缸快速充风的通路
9	副排	打开副风缸向大气快速排风的通路
10	制排	打开制动缸向大气快速排风的通路
11	工排	打开工作风缸向大气快速排风的通路
12	制管排	打开制动管容积风缸向大气快速排风的通路
13	制管切	切断制动管容积风缸与操纵阀间的通路
14	辅制管切	切断辅助阀安装面制动管孔与制动管容积风缸间的通路
15	辅工切	切断辅助阀安装面工作风缸孔与工作风缸间的通路
16	辅快排	辅助风缸向大气快速排风
17	制管慢排	制动管慢排风开关
18	常用、缓解电磁阀工切	切断电空 RS(常用、缓解电磁)阀座与工作风缸间的通路
19	常用、缓解电磁阀制容切	切断电空 RS(常用、缓解电磁)阀座与制动管容积风缸间的通路
20	紧急电磁阀制容切	切断电空紧急(电磁)阀座与制动管容积风缸间的通路
21	紧急电磁阀副切	切断电空紧急(电磁)阀座与副风缸间的通路
22	紧急电磁阀制切	切断电空紧急(电磁)阀座与制动缸间的通路
K1	主阀风卡	主阀安装面风卡控制开关
K2	RS 阀风卡	电空 RS(常用、缓解电磁)阀风卡控制开关
K3	紧急阀风卡	电空紧急(电磁)阀风卡控制开关
K4	辅阀风卡	辅助阀安装面风卡控制开关
F1	总切	切断总风源
F2	储切	储风缸与操纵阀间的开关

4. 风缸

与 F8 空气试验台相同。

5. 安装座及风卡

除了主阀安装座和辅助阀安装座及风动卡具外，还有电空 RS 阀及紧急电磁阀安装座及风动卡具。

6. 电源

由变压器、整流装置、电表、开关等组成，输出电压为可调直流 85～110 V，用于电磁阀的试验和为控制用电磁阀提供电源。

调压阀、漏泄检测装置与 F8 空气试验台相同，台架结构形式基本相同，外形尺寸稍大些。

（三）F8 电空试验台的机能检查

每天开工前应对 F8 电空试验台进行机能检查。

1. 试验台开机

(1)开启塞门 F1、F2。关闭其他风门。

(2)确认总风源压力大于 650 kPa。

(3)调整调压阀，使储风缸压力为 600 kPa(试验台定压)。

2. 各风门、管路和操纵阀的漏泄试验

(1)风门漏泄试验

①试验准备

将主阀安装胶垫制动管孔与局减室孔沟通。

②1、2、3、4、7、9、10、11、14、15(17、18、19、20、21、22)号风门漏泄试验

开风门 5、6、8、13，关其他风门，置一位，各阀座各孔及 9、10、11(17)号风门排风口处无漏泄。

③12、16 号风门漏泄试验

将主阀制动管孔与局减室孔沟通的安装垫、试验台附带的主阀安装座盲板、辅助阀安装垫及辅助阀安装座盲板卡紧在试验台安装座上。

开风门 1、7、13，关其他风门，置一位，12、16 号风门出口处无漏泄。

④5、6、8 号风门漏泄试验

开风门 3、9、10、11、13，关其他风门，置一位，9、10、11 号风门出口处无漏泄。

⑤13 号风门漏泄试验

置一位，开风门 13，待容积风缸充满后，关风门 13，置七位，操纵阀排风口处无漏泄。

(2)管系保压试验

①试验准备

将主阀制动管孔与局减室孔沟通的安装垫、试验台附带的主阀安装座盲板、辅助阀安装垫及辅助阀安装座盲板卡紧在试验台安装座上。开始试验。

②制动管及局减室管系保压试验

开 1、13、14(19)号风门，关其他风门，置一位，待制动管容积风缸压力达定压并稳定后，置三位，保压 1 min，制表压力不得下降，管系各接头无漏泄。

③副风缸管系保压试验

开风门 2、5(21)，关其他风门，待副风缸压力达定压并稳定后，关风门 5，保压 1 min，副表压力不得下降，管系各接头无漏泄。

④工作风缸管系保压试验

开风门 4、6、13、15(18)，关其他风门，置一位，待工 1 表压力达定压并稳定后，关风门 6，保压 1 min，工 1 表压力不得下降，管系各接头无漏泄。

⑤制动缸管系保压试验

开风门 3、8(22)，关其他风门，待缸 1 表压力达定压并稳定后，关风门 8，保压 1 min，缸 1 表压力不得下降，管系各接头无漏泄。

⑥辅助风缸管系保压试验

开风门 7、13，关其他风门，置一位，待辅助表压力达定压并稳定后，关风门 7，保压 1 min，辅助压力不得下降，管系各接头无漏泄。

⑦局减室风缸管系漏泄试验

开风门 1、13，关其他风门，置一位，待局减室表压力达到定压并稳定后，关风门 1，保压 1 min，局减室表压力不允许下降，管系各接头无漏泄。

(3)操纵阀漏泄试验

开风门 1、13、14，关其他风门，置一位，待制动管容积风缸压力达定压并稳定后，置六位，减压 300 kPa，置三位，压力稳定后，保压 1 min，制动管压力不得发生变化。

3. 各机能孔径的检测

开风门 1、13、14(19、20)，关其他风门。

(1)操纵阀二位孔径试验

置七位，待制动管排零后，置三位，稳定后置二位，测定制动管压力由 50 kPa 升至 150 kPa 的时间为 50～52 s。

(2)操纵阀四位孔径试验

置一位，待制动管充至定压 600 kPa 并稳定后，置四位，测定制动管压力由 600 kPa 降至 540 kPa 的时间为 50～60 s。

(3)操纵阀五位孔径试验

置一位，待制动管充至定压 600 kPa 并稳定后，置五位，测定制动管压力由 600 kPa 降至 500 kPa 的时间为 19～21 s。

(4)操纵阀六位孔径试验

置一位，待制动管充至定压 600 kPa 并稳定后，置六位，测定制动管压力由 600 kPa 降至 400 kPa 的时间为 5～5.5 s。

(5)操纵阀七位孔径试验

置一位，待制动管充至定压 600 kPa 并稳定后，置七位，测定制动管压力由 600 kPa 降至 300 kPa 的时间为 5～5.5 s。

(6)17 号风门排风试验

置一位，待制动管充至定压 600 kPa 并稳定后，置三位，开风门 17，测定制动管压力由 600 kPa 降至 540 kPa 的时间为 50～60 s。

说明：括号内为 F8 电空试验台机能检查所需，F8 空气试验台没有 17～22 号风门。

第二节 试验台试验规范

一、F8、F8Y、F8L 空气分配阀

试验规范以铁标或中国铁路总公司颁布的标准、技术条件为准，本试验规范以满足性能要求为主，仅供参考。

1. 主阀试验

(1)试验准备

确认总风源压力不低于 650 kPa；打开试验台所有电源开关及塞门 F1；调整调压阀，使试验台风源和储风缸压力为 600 kPa；按规定定期进行试验台机能检测，机能检测合格后方可进行分配阀性能试验。

由计算机控制进行自动试验(试验台置于自动位)时，各开关均由计算机控制自动开闭。手动试验(试验台置于手动位)时，人工开闭各开关。

开风卡控制开关 K1，将主阀卡紧在主阀安装座上，开风卡控制开关 K2(电空试验台 K4)，将辅助阀座盲板卡紧在辅助阀座上。将 F8 主阀上的转换盖板置于一次缓解位(箭头向上)。开塞门 F2 及风门 1、2、3、4、13，关其他各风门。

(2)初充风试验

操作手柄置一位。

工作风缸压力由 0 上升至 500 kPa 的时间为 45～60 s，且应继续上升至 600 kPa。

副风缸压力由 0 上升至 500 kPa 的时间为 65～95 s，且应继续上升至 560 kPa 以上。

(3)缓解位漏泄试验

待制动管容积风缸、工作风缸、副风缸压力充至定压并压力稳定后关 3 号风门。

①用流量计检查缓解排气口、充气阀尾部及侧面小孔，各孔漏泄量均不得大于 160 mL/min。

②检查各堵、各阀盖与阀体结合部及阀体表面均不得漏泄。

试完后开 3 号风门。

(4)限压阀调整及紧急制动位漏泄试验

将操纵阀手柄在一位至七位间往复移动 2～3 次后置一位，开 5 号风门，待制动管容积风缸、工作风缸、副风缸压力充至定压，并且压力稳定后，将操纵阀手柄置七位，调

整限压阀。

完成限压阀的调整后，确认制动管压力空气排尽后，关 1 号风门，开 12 号风门，进行漏泄检测。

①将限压阀压力调至 420 kPa±10 kPa（或根据需要调至 480 kPa±10 kPa、380 kPa±10 kPa）。

②用流量计检查 12 号风门排气口和缓解排气口，漏泄量均不得大于 160 mL/min。检查各堵、各阀盖与阀体结合部及阀体表面均不得漏泄。

试完后，关闭 12 号风门，打开 1 号风门。

(5)常用全制动、保压漏泄及缓解作用试验

操作手柄置一位，待制动管容积风缸、工作风缸、副风缸压力充至定压力后，操作手柄置六位，制动管减压 170 kPa 后测定制动缸压力升至最高压力时间；置一位，待制动管容积风缸、工作风缸、副风缸压力充至定压力后，操作手柄置六位，制动管减压 150 kPa 时操作手柄置三位，停留 5～8 s 后操作手柄置五位（电空试验台置四位），待制动管减压 170 kPa 后，操作手柄移置三位，保压 90 s 后操纵阀手柄移至一位。

①制动缸压力由零上升至最高压力的时间为 3.5～5.5 s。

②制动后保压 90 s，不得发生自然缓解。

③制动保压后，用流量计检查缓解排气口、充气阀尾部及侧面小孔，漏泄量均不得大于 160 mL/min；并检查充气阀上部螺帽小孔、限压阀上盖小孔、各堵、各阀盖与阀体结合部及阀体表面均不得漏泄。

④制动缸压力由最高值降至 40 kPa 的时间为 6～10 s。

(6)制动和缓解灵敏度试验

操作手柄置一位，待制动管容积风缸、工作风缸、副风缸压力充至定压后，操作手柄置五位（电空试验台置四位），减压 40 kPa 后操作手柄置三位。保压 60 s 后操作手柄置二位。

①制动管减压 20 kPa 前应发生局减作用，减压 40 kPa 前应发生制动作用，且制动缸压力稳定后不得高于 140 kPa。

②局减风缸压力由 0 升至最高压力的时间为 1～2 s。

③制动后保压 60 s 不得发生自然缓解。

④操作手柄移置二位后，15 s 内应开始缓解。

⑤制动缸压力降至 30 kPa 后，局减风缸应开始排气，且 15 s 内应排至 40 kPa 以下。

(7)常用制动试验

操作手柄置一位，将制动管容积风缸、工作风缸、副风缸充至定压。

①制动缸自动补风试验

操作手柄置六位，制动缸压力升至 200 kPa 时操作手柄置三位，制动缸压力稳定后

开 10 号风门，待制动缸减压 30 kPa 时关 10 号风门。制动缸应能自动补风。

②局减止回阀漏泄试验

操作手柄置六位，制动管继续减压 200 kPa 时操作手柄置三位，局减风缸压力稳定后不得下降。

(8)稳定性试验

操作手柄置一位，待制动管容积风缸、工作风缸、副风缸压力充至定压后操作手柄置三位。之后操作手柄置四位(或电空试验台开 17 号风门)，制动管减压 60 s 后操作手柄置三位(或电空试验台关 17 号风门)，不得发生局减及制动作用。

(9)一次缓解试验

操作手柄置一位，待制动管容积风缸、工作风缸、副风缸压力充至定压力后，操作手柄置六位，制动管减压 150 kPa 时操作手柄置三位，停留 5～8 s 后操作手柄置五位(电空试验台置四位)，待制动管减压 170 kPa 后，操作手柄置三位，制动管压力稳定后再将操作手柄移置二位，形成缓解时(缓解排气口开始排气)，立即将操纵手柄移至三位，制动缸压力应持续下降至 0。

(10)阶段缓解试验

开风卡控制开关 K2(电空试验台 K4)，先将辅助阀座盲板卸下，然后装上辅助阀，关风卡控制开关 K2(电空试验台 K4)，将辅助阀卡紧在辅助阀安装座上。开 6、14、15 号风门。

操作手柄置七位，待制动管压力为 0 时将转换盖板调换到阶段缓解位，(箭头向下，但不要调换胶垫方向)。操作手柄置一位，待容积风缸、工作风缸、副风缸压力充至定压力后，操作手柄置六位，制动管减压 150 kPa 时置三位，停留 5～8 s 后置五位(电空试验台置四位)，待制动管减压 170 kPa 后操作手柄置三位，制动管压力稳定后操作手柄置一位，形成缓解时(缓解排气口开始排气)立即将操作手柄移置三位。如此，将操作手柄在一位与三位间往复移动，进行阶段缓解，阶段缓解次数应不小于 5 次。当制动缸压力降到 40 kPa 以下时操作手柄置一位，制动缸压力最终应能缓解至 0。

试完后关 5、6、14、15 号风门。

(11)特殊需要的限压阀压力调整

若制动缸最高压力有特殊要求的分配阀，此时可按照前面调整限压阀的方法，对限压阀进行调整。

(12)试验结束

操作手柄置七位，开 9、10、11、16 号风门，排净制动管容积风缸、副风缸、制动缸、工作风缸和辅助风缸的压力空气。开风卡控制开关 K1，取下 F8 主阀，开风卡控制开关 K2(电空试验台 K4)，取下辅助阀。关塞门 F1 和 F2。关闭稳压器电源开关，排净试验台各风缸压力空气。

新出厂的 F8 主阀试验合格后转换阀盖板必须置于一次缓解位(箭头向上)。检修的 F8 主阀试验合格后可根据需要,将转换盖板置于一次缓解位或阶段缓解位。

2. 辅助阀试验

(1)试验准备

确认总风源压力不低于 650 kPa;打开试验台所有电源开关及塞门 F1,视情况调整调压阀,使试验台风源和储风缸压力为600 kPa;按规定定期进行试验台机能检测,机能检测合格后方可进行分配阀性能试验。

由微机控制进行自动试验(试验台置于自动位)时,各开关均由微机控制自动开闭。手动试验(试验台置于手动位)时,人工开闭各开关。

开风卡控制开关 K2(电空试验台 K4),将辅助阀卡紧在辅助阀安装座上。开风卡控制开关 K1 将主阀座盲板卡紧在主阀座上。开塞门 F2 及 6、13、14、15 号风门。关其他各风门。

操作手柄置一位,待制动管容积风缸、工作风缸及辅助风缸压力充至定压后关 6 号风门。操作手柄置七位,待辅助风缸压力为 0 时开 6 号风门,操作手柄置一位。如此往复移动 2~3 次后关 6 号风门,操作手柄置七位。

(2)缓解位漏泄试验

开 6 号风门。操作手柄置一位,将制动管容积风缸、工作风缸、辅助风缸压力充至定压。

①用流量计检查紧急排风口,漏泄量不大得于 160 mL/min。

②用肥皂水检查常用和紧急排气堵,10 s 内肥皂泡直径不得大于 20 mm。

③用肥皂水或检漏液检查各阀盖与阀体结合部及阀体表面均不得漏泄。

(3)制动位漏泄试验

关 6 号风门。操作手柄置六位,制动管减压 150 kPa 时操作手柄置三位,停留 5~8 s 后操作手柄置五位(电空试验台置四位),待制动管减压 170 kPa 后,操作手柄移置三位。关 13、15 号风门。

①制动管压力稳定后用流量计检查紧急排风口,漏泄量不得大于 160 mL/min。

②制动管和辅助风缸压力稳定后,用肥皂水检查常用和紧急排风堵,10 s 内肥皂泡直径不得大于 20 mm。

③工作风缸压力表工 2 压力下降值 30 s 内不得大于 10 kPa。

试完后开 13、15 号风门。

(4)初充风试验

操作手柄置七位。开 11、16 号风门,待制动管容积风缸、工作风缸、辅助风缸压力为 0 时关 11、16 号风门。开 6 号风门，操作手柄置一位。辅助风缸压力由 0 上升至 500 kPa 的时间应为 10～15 s，且应继续上升至 600 kPa。

(5)安定性及常用转紧急制动试验

操作手柄置一位，待制动管容积风缸、工作风缸、辅助风缸压力充至定压后关 6 号风门。

操作手柄置六位，制动管减压 170 kPa 后操作手柄置三位，不得发生紧急制动作用。之后立即将操作手柄置七位，应发生紧急制动作用。

(6)紧急灵敏度试验

开 6 号风门。操作手柄置一位，待制动管容积风缸、工作风缸、辅助风缸压力充至定压后关风门 6，操作手柄置七位。

①制动管减压 80～120 kPa 范围内应发生紧急制动作用。

②辅助风缸压力降至 40 kPa 的时间应在 15 s 之内。

(7)加速缓解试验

开 6 号风门。操作手柄置一位，待制动管容积风缸、工作风缸、辅助风缸压力充至定后关 6 号风门；操作手柄置六位，制动管减压 200 kPa 后操作手柄移置三位，待压力稳定后操作手柄再移置一位。制动管压力充至定压时工作风缸压力下降值不得小于 25 kPa。

(8)试验结束

操作手柄置七位。开 11、16 号风门，排净制动管容积风缸、工作风缸、辅助风缸的压缩空气。开风卡控制开关 K2(电空试验台 K4)，取下辅助阀。关塞门 F1 和 F2。关闭稳压器电源开关，排净试验台各风缸压力空气。

3. F8 中间体试验

新制造的中间体在出厂前和经厂修的中间体在装车前应进行气密性试验和通量试验。试验合格后方可使用。试验前先用压缩空气吹扫各气路，各气路应保持畅通。

(1)气密性试验

中间体的容积室和各气路应进行 650 kPa 压缩空气的气密性试验，不得发生漏泄和气路间的相互渗漏。

(2)通量试验

通量试验应在 F8 阀试验台上进行。

关风卡控制开关 K1，将 F8 主阀盲板卡紧在主阀安装座上，将中间体接副风缸管孔与 9 号风门外接管相连。操作手柄置七位，开塞门 F1、F2 和 2 号风门，关其他风门。

开 5 号风门，待副风缸压力达到 500 kPa 时关 5 号风门。开 9 号风门，副风缸压力表压力从 500 kPa 降至 300 kPa 的时间不大于 4.2 s。

4. 集成安装板组成试验

集成安装板组成各容积室、滤尘连接法兰和各气路应进行 650 kPa 压缩空气的气密性试验，不得发生漏泄和气路间的相互渗漏。

二、F8G 空气分配阀

1. 主阀试验

开夹紧开关 K1，将主阀卡紧在主阀安装座上。开夹紧开关 K2，将辅助阀座盲板卡紧在辅助阀座上。

(1)试验准备

①总风源压力大于 650 kPa，开手动塞门 S1，调整调压阀，使储风缸和试验台风源压力调整为 600 kPa(以下称定压)。将 F8 主阀上的转换盖板置于阶段缓解位(箭头向下)。开手动塞门 S2 及风门 1、2、3、4、13，关其他各风门。置一位。

②检查阀体各结合部无漏泄。

③将操纵阀手柄在一位至七位间往复移动三次后置一位，待制动管容积风缸、工作风缸、副风缸压力充至压力稳定后(工作风缸至定压，副风缸压力不小于 560 kPa，下同)置七位。将限压阀压力调至 380 kPa±10 kPa。

(2)缓解位漏泄试验

①置一位，待制动管容积风缸、工作风缸、副风缸压力充至压力稳定后关风门 3。

②用流量计检查缓解排风口、充气阀尾部及侧面小孔，各孔漏泄量均不大于 160 mL/min。各堵、各阀盖与阀体结合部及阀体表面均不得漏泄。

试完后开风门 3。

(3)制动保压位漏泄试验

①置六位(制动管减压 150 kPa 时置三位，停留 5～8 s 后置五位)，待制动管减压 170 kPa 后置三位。

②用流量计检查缓解排风口、充气阀尾部及侧面小孔，漏泄量均不大于 160 mL/min。

③检查充气阀膜板腔侧面小孔、限压阀上盖小孔、各堵、各阀盖与阀体结合部及阀体表面均不得漏泄。

(4)紧急制动位漏泄试验

①置七位，待制动管压缩空气排尽后关风门 1，开风门 12。

②用流量计检查 12 号风门排风口，漏泄量不大于 160 mL/min。用流量计检查缓解排风口，漏泄量不大于 160 mL/min。

③试完后关风门 12，开风门 1。

(5)初充风试验

①开风门9、10、11，排净副风缸、制动风缸、工作风缸的压缩空气后关风门9、10、11。置一位。

②工作风缸压力由0上升至500 kPa的时间为65～90 s，且须继续上升至600 kPa。

③副风缸压力由0上升至500 kPa的时间为65～95 s，且须继续上升至560 kPa以上。

(6)制动和缓解灵敏度试验

①置一位，待制动管容积风缸、工作风缸、副风缸压力充至压力稳定后，置四位，减压40 kPa后置三位。保压60 s后置二位。

②制动管减压20 kPa前须发生局减作用，减压40 kPa前须发生制动作用，且制动缸压力稳定后不大于140 kPa。

③局减风缸压力由0升至最高压力的时间为1～2 s。

④制动后保压60 s不得自然缓解。置二位后，15 s内须开始缓解。

⑤制动缸压力降至30 kPa后局减风缸须开始排风，且15 s内排到小于40 kPa。

(7)常用制动试验

置一位，将制动管容积风缸、工作风缸、副风缸充至压力稳定。

①制动缸自动补风试验

置六位，制动缸压力升至200 kPa时置三位，制动缸压力稳定后开风门10，待制动缸减压30 kPa时关风门10。制动缸须能自动补风。

②局减止回阀漏泄试验

置六位，制动管继续减压200 kPa时置三位。局减风缸压力稳定后不得下降。

(8)稳定性试验

置一位，待制动管容积风缸、工作风缸、副风缸压力充至压力稳定后置三位。等待片刻后置四位，制动管减压60 s后置三位。不得发生局减及制动作用。

(9)常用全制动及缓解作用试验

开风门5。置一位，待制动管容积风缸、工作风缸、副风缸压力充至压力稳定后，置六位，制动管减压170 kPa后测定制动缸压力升至最高压力时间；置一位，待制动管容积风缸、工作风缸、副风缸压力充至压力稳定后，置六位(制动管减压150 kPa时置三位，停留5～8 s后置五位)，待制动管减压170 kPa后置三位，保压60 s(新品90 s)后置一位。

①制动缸压力由零上升至最高压力的时间为3.5～5.5 s。

②制动后保压60 s(新品90 s)，不得自然缓解。

③制动缸压力由最高值降至40 kPa的时间为15～20 s。

(10)阶段缓解试验

开夹紧开关 K2，先将辅助阀座盲板卸下，然后将辅助阀卡紧(关夹紧开关 K2)在辅助阀安装座上。开风门 6、14、15。

置一位，待制动管容积风缸、工作风缸、副风缸压力充至压力稳定后，关风门 6，置六位(制动管减压 150 kPa 时置三位，停留 5～8 s 后置五位)，待制动管减压 170 kPa 后置三位，制动管压力稳定后置一位，形成缓解时(缓解排风口开始排风)立即置三位。如此在一位与三位间往复运动，进行阶段缓解，阶段缓解次数须不小于 5 次。当制动缸压力降到 40 kPa 以下时置一位，制动缸压力最终能缓解至 0。

试完后关风门 5、14、15。

(11)特殊需要的限压阀压力调整

若制动缸最高压力有特殊要求的分配阀，此时可按照前面调整限压阀的方法，对限压阀进行调整。

(12)试验结束

置七位，开风门 9、10、11、16，排净制动管容积风缸、副风缸、制动缸、工作风缸和辅助风缸的压缩空气。开夹紧开关 K1，取下 F8 主阀，开夹紧开关 K2，取下辅助阀。关手动塞门 S1 和 S2。排净试验台各风缸压力。

2. 辅助阀试验

同本章“一、F8 空气分配阀”中的“2. 辅助阀试验”。

3. 中间体试验

同本章“一、F8 空气分配阀”中的“3. 中间体试验”。

4. 试验台仿单车试验

经 F8 试验台试验合格的 F8G 空气分配阀还应进行仿单车试验，试验在加装客车单车试验器按 UIC(国际铁路联盟)标准改装的 F8 试验台上进行。

仿单车试验需依据生产厂家提供的专用试验方法。

第三节　单车试验器机能检查

单车试验器应每天开工前进行一次机能检查并记录。

1. 试验准备

(1)将单车试验器与容积 15.5 L±0.15 L 的制动管容积风缸相连，连接管路内径为 ϕ25 mm，长度为 1.5～2 m。客车单车试验器连接的风源压力不低于 650 kPa。

(2)将 DC 110 V 电源输出电压调至 DC 80～82 V。

2. 漏泄试验

置快充位，待容积风缸充至客车 600 kPa+50 kPa，稳定后置保压位，保压 1 min，系统漏泄量不大于 3 kPa。

3. 单车试验器各位置的充、排风时间检查

(1)慢充位检测

将容积风缸压力排净后，置二位，容积风缸压力从 50 kPa 充至 150 kPa 的时间在 17.2～18.2 s。

(2)感度位检测

将容积风缸充至 600 kPa，置四位，容积风缸压力从 600 kPa 降至 500 kPa 的时间在 8.5～9.7 s。

(3)安定位检测

将容积风缸充至 600 kPa，置五位，容积风缸压力从 600 kPa 降至 400 kPa 的时间在 5～6.2 s。

(4)紧急位检测

将容积风缸充至 600 kPa，置六位，容积风缸压力从 600 kPa 降至 300 kPa 的时间在 2.4～2.8 s。

第四节　单车试验器试验规范

一、F8、F8Y、F8L 空气分配阀单车试验方法

(一)基本要求

1. 采用客车单车试验器进行试验。

2. 单车试验时车辆上装设的其他风动装置不应影响制动机的正常作用。

3. 单车试验器与被试车辆制动软管连接器间的连接管路内径为 ϕ25 mm，长度为 1.5～2 m。

4. 单车试验用压力变送器使用量程为 0～1 000 kPa、精度等级不低于 0.5 级，压力表量程为 0～1 000 kPa、精度等级不低于 1.6 级。

5. 单车试验器用压力表、压力变送器、电压表及电流表应按规定定期进行检定。单车试验器采集系统、垫板应定期校准。

6. 单车试验器应按第三节的规定进行机能检查。

(二)试验要求

1. 一辆车装有两套及以上制动机时，每套制动机均应进行单车试验。

2. 单车试验器的试验压力(以下简称定压)分别为 600 kPa+50 kPa。

3. 单车试验时，副风缸充至不小于 560 kPa。

（三）试验准备

1. 在风源与单车试验器连接前，首先排除风源内积水、灰尘，保证风源洁净。

2. 用压缩空气将制动机各风缸内的积水及污垢吹净。

3. 在制动缸、副风缸或其管路上安装压力变送器。

4. 将主阀转换盖板置于一次缓解位（盖板上箭头向上）。

5. 电控单车试验器直流稳压电源电压调至 DC 80～82 V。

（四）分配阀试验

1. 制动管漏泄试验

（1）打开被试车辆制动管两端折角塞门，不与单车试验器相连的另一端制动软管连接器加装防尘堵，关闭制动支管截断塞门；装有列尾装置的车辆，打开快速接头体前部截断塞门并在其出口端加堵。

（2）将单车试验器置快充位，待制动管压力充至定压并稳定后，单车试验器置保压位，保压 60 s，制动管漏泄量不大于 10 kPa。

2. 全车漏泄试验

打开制动支管截断塞门，将单车试验器置快充位，待分配阀副风缸充至大于 560 kPa 并稳定后置保压位，检查制动支管及各风缸管系接头不得漏泄，保压 60 s，漏泄量不大于 10 kPa。

3. 制动感度试验

将单车试验器置快充位，待制动机副风缸充至大于 560 kPa 并稳定后置感度试验位，制动管减压 40 kPa 时立即置保压位，应达到下列要求：

（1）制动机应在制动管减压 40 kPa 之前发生制动作用。从发生局减作用开始，制动管局部减压量不大于 40 kPa。

（2）制动管压力稳定后保压 60 s，不应自然缓解。

4. 缓解感度试验

单车试验器置慢充位，分配阀应在 45 s 内缓解完毕。

5. 制动缓解指示

制动缓解指示器制动、缓解指示正确，显示清晰。

制动缓解指示器在制动或缓解感度试验时，应确认完全显示红色制动或绿色缓解。

6. 制动安定试验

单车试验器置快充位，待副风缸压力充至大于 560 kPa，制动管减压 170 kPa 前制动机不得发生紧急制动作用。单车试验器置保压位，制动缸压力稳定后，保压 60 s，制动管、制动缸及制动缸管漏泄量不大于10 kPa。

7. 缓解阀试验

制动安定试验完毕后，拉缓解阀，制动缸应缓解。缓解阀复位。

8. 紧急制动试验

(1)将单车试验器置快充位，待分配阀副风缸压力充至大于560 kPa并稳定后置紧急制动位，在制动管减压80～120 kPa范围内须发生紧急制动作用。

(2)无空重阀情况下，制动缸最高压力为470～490 kPa(亦可调至410～430 kPa或370～390 kPa)。有空重阀情况下，空车制动缸压力须符合设计值范围。

(3)发生紧急制动作用后10～15 s，方可将单车试验器置快充位。

9. 阶段缓解试验

(1)转换盖板置于阶段缓解位(盖板上箭头向下)。

(2)将单车试验器置快充位，待副风缸压力充至大于560 kPa并稳定后置安定试验位，制动管减压170 kPa，置保压位。然后，将单车试验器置快充位，当制动缸压力开始下降时快速置保压位，记为阶段缓解一次。重复上述动作，直到制动缸压力缓解完毕，阶段缓解次数应不小于5次。

(3)试验完毕后，单车试验器置紧急制动位，待制动管压缩空气排空后，将转换盖板置于一次缓解位(盖板上箭头向上)。

二、F8G空气分配阀单车试验方法

由于F8G空气分配阀应符合UIC 540-2006标准，因此其单车试验的方法要求与F8、F8Y、F8L不同，需用生产厂家提供的专用试验方法。

第五章　F8 系列空气分配阀的检修及注意事项

第一节　检修的一般要求

一、检　　修

F8 系列空气分配阀的检修一般应包括零部件外部清理、部件分解、零件清洗、零件检修、组装、试验、油漆和标记等。

非厂修时，只需将 F8 系列空气分配阀的主阀和辅助阀从中间体或集成安装板上拆下，对其表面污物进行清理之后再进行分解。阀的全部清洗和重新润滑组装工作均应在清洁、明亮的工作台上进行。所有橡胶件均需按规定进行更换。各零部件检查合格后重新组装，经 F8 试验台试验合格后的主阀、辅助阀方可装车使用。中间体或集成安装板在段修时也不必拆下，但须对其上的滤器、滤塞和滤尘连接法兰内的滤网进行清理。如出现破损等现象，应更换。中间体或集成安装板表面也应进行清污，然后用高压风对其内部各腔及气路进行吹扫。同时检查主阀胶垫和辅助阀胶垫，如出现老化、破损现象，应更换；检查各部螺柱、螺母等紧固件，如出现滑扣、锈蚀严重等问题需更换。

厂修时，分别将主阀、辅助阀从中间体或集成安装板拆下，对表面污物进行清理后，再进行分解。阀的全部清洗和重新润滑组装工作均应在清洁、明亮的工作台上进行。各橡胶件必须全部更换，各零部件待检查合格后，重新组装，然后经试验台试验合格后，方可装车使用。中间体或集成安装板需分解检查，更换橡胶件、滤尘器和破损件。清洗组装后需进行耐压试验(700 kPa 风压)及通路试验合格后方可装车。

(一)检修用工具

1. 标准工具

双头呆扳手；套管扳手一套；活动扳手；有条件可准备电动扳手或手枪柄风扳手；内六角扳手；克丝钳；尖嘴钳；一字螺丝刀；圆头锤；镊子；台虎钳；孔用挡圈钳；管子钳。

2. 专用工具

(1)各种橡胶膜板起出工具(图 5-1)。

(2)拆装主阀中体内六角螺钉工具(图 5-2)。

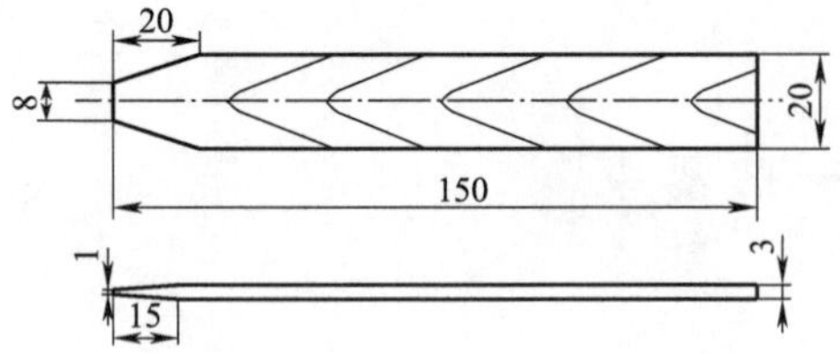

图 5-1 各种橡胶膜板起出工具 材料:竹片或塑料

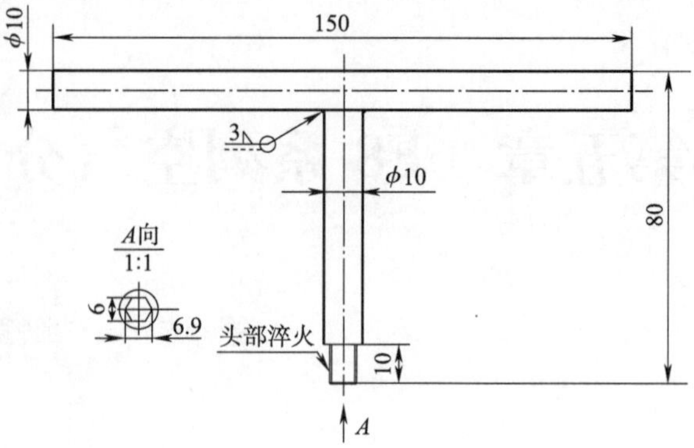

图 5-2 拆装主阀中体内六角螺钉工具 材料:45 钢

(3)限压阀套拆卸工具(图 5-3)。

(4)充气阀防尘罩及充气阀套拆卸工具(图 5-4)。

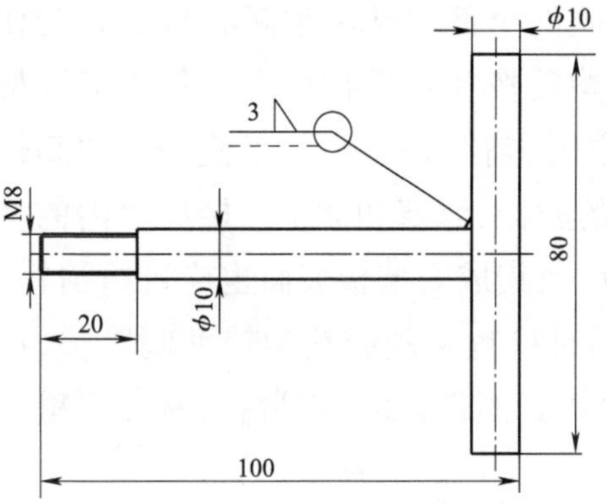

图 5-3 限压阀套拆卸工具 材料:45 钢

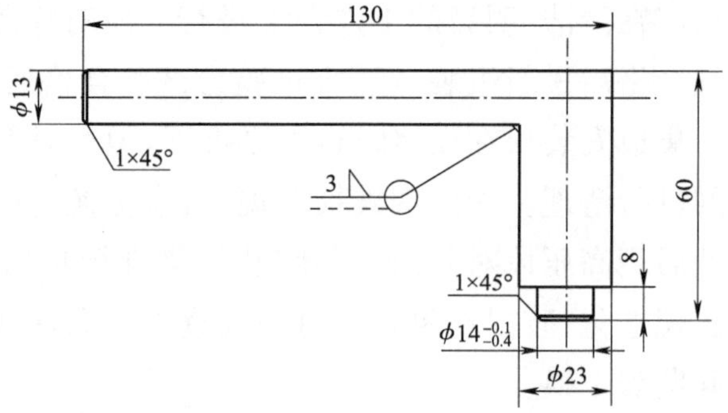

图 5-4 老充气阀防尘罩及充气阀套拆卸工具 材料:尼龙

(5)局减阀套拆卸工具(图 5-5)。

(6)中间体滤尘器螺盖拆装工具(图 5-6)。

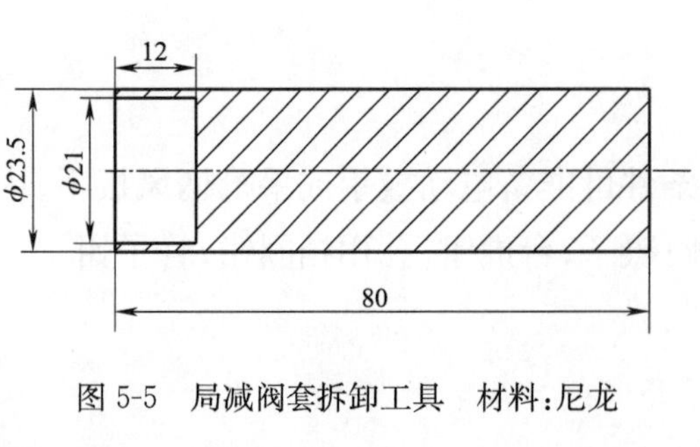

图 5-5 局减阀套拆卸工具 材料:尼龙

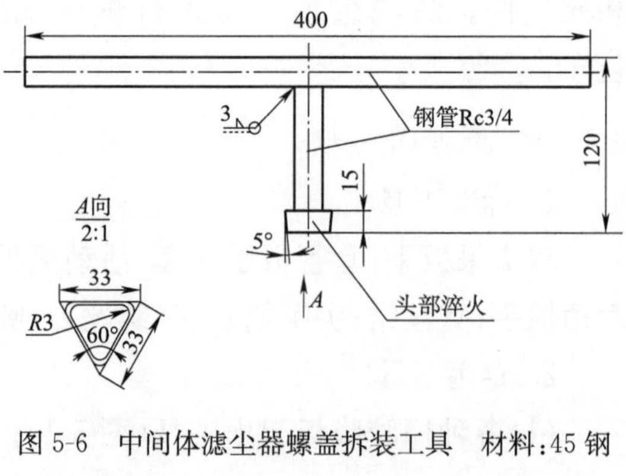

图 5-6 中间体滤尘器螺盖拆装工具 材料:45 钢

3. 润滑脂和密封材料

组装 F8 系列空气分配阀使用下述润滑脂和密封材料。

(1)润滑脂

各部件组装时允许使用 GP-9 硅脂。

(2)密封材料

各密封处推荐使用天山 TS1069 管螺纹密封剂或乐泰 567 管螺纹密封剂,而不允许使用铅油、麻及聚四氟乙烯胶带。使用密封材料时被密封面必须清洁、干燥,涂抹密封材料不宜过多。

(二)零件分解及检查

1. 分配阀分解前须进行外部清理,清除表面锈垢、污垢。清理前须在中间体、各阀的安装面及通路外露口、各排风口等处进行防护。外部清理后,不得损伤配件外表面。各部件分解过程中须采取保护措施,分解后应将各零件放置在专用存放盒内,避免磕碰损伤。

2. 橡胶件除防尘排风罩和防护罩外全部更换新品。防尘排风罩和防护罩在厂修或老化、破损时更换新品。

3. 各零部件分解、检修过程中须采取保护措施,避免磕碰损伤。

4. 除压装的阀套、主阀缓解柱塞上的硬心、压帽中的顶块、阀杆上的触头以及钢丝螺套、工艺堵不分解外,其余零部件须全部分解。

5. 部件分解后,除规定更换的零件外,其他零件均须清洗。清洗介质可加温,但最高温度不大于 50 ℃。零件清洗后须用清水冲洗,阀体内腔须采用压缩空气吹净,腔内不许有水或残留物。各零件须烘干或吹干,烘干温度不大于 50 ℃。

6. 待组装零件表面无目视可见的污垢、灰砂、水分、纤维物或其他污物;用棉白细布(不许用棉丝、毛巾、白纱布)擦拭阀内零件及阀体摩擦面,无浮灰、浮砂、浮锈等污迹。

7. 安装平面密封部位碰伤时报废,非密封部位碰伤较轻时须修平。

8. 各压装阀套松动时,须整体更换阀体组成。各阀套滑动工作面上须无划伤。

9. 阀体、阀盖上的膜板圆弧压筋轻微碰伤时,可用细油石研磨碰伤处并圆滑过渡,研磨后将残留物清洗干净;碰伤严重时更换。

10. 铸造阀体、阀盖、中间体裂纹、缺损严重、安装面划伤碰伤及外表面腐蚀深度大于 3 mm 时更新。用 700 kPa 压缩空气进行漏泄试验,各内腔、通路间串通或漏泄时更换。

11. 弹簧锈蚀、变形、裂纹、折断或衰弱时更换。

12. 零件碰伤,变形、裂纹、锈蚀及磨损超限时更换。

13. 各限制孔(堵)须用相应孔径的钻头或通针疏通。

14. 滤尘元件变形影响使用、损坏时更换。

15. 标准件腐蚀严重、失效、变形及螺纹损坏者须更新。

16. 橡胶件不得接触汽油、煤油、香蕉水等腐蚀性介质。

(三)组　　装

1. 零件涂抹润滑油脂前须干燥、清洁,柱塞和阀套上橡胶密封圈须涂适量 GP-9 硅脂,组装时不得损伤密封件。

2. 活塞膜板边缘须完全入槽。活塞组成在阀体内推、拉时,动作须灵活。

3. 组装螺栓时,各螺栓须对角均匀紧固。外露螺纹处涂以适量 GP-9 硅脂加以防护。

4. 主活塞压板上的八个 M6 螺钉须均匀紧固,紧固力矩:8.5 N·m。没有弹簧垫圈须加装 M6 弹簧垫圈,并将原 M6×12 螺钉换成 M6×14。

5. 中体三个 M8 内六角螺钉须均匀紧固,紧固力矩:20 N·m。没有弹簧垫圈须加装 M8 弹簧垫圈,并将原 M8×14 螺钉换成 M8×16。

6. 缓解柱塞 M16×1 螺母以及主阀杆上的压帽参考紧固力矩均为 30 N·m。

7. 原柱面止回阀须更新为球面止回阀。

8. 铃铛结构的平衡阀和缓解阀组装后,以中心线为轴,可向四周摆动大于 2°,不得卡死。

9. 检查主阀缓解柱塞与硬心、阀杆与触头铆接应牢固。

10. 当 F8 阀与空重阀配合使用时,中间体须装用制动缸限制堵。

11. F8 分配阀最高限压为 420 kPa 的主阀,须使用铸有“420”字体的限压阀盖。

12. 单车试验,在紧急制动试验时,制动缸压力若超出规定压力的范围,允许调整限压阀处螺钉对紧急制动制动缸最高压力进行调整,且不需再重复已做过的试验。注意,调整完成后,需将螺母锁紧后再将盖形螺母拧紧。

13. F8 阀防风沙型:充气阀部排风堵,主阀、辅助阀排风弯头应使用专用的排风堵和排风弯头。

14. 防尘排气罩和防护罩不得漏装,未安装的需加装;段修时状态良好者可不更换,厂修时更新。

15. 组装工艺螺堵时,螺纹部位须涂适量厌氧型密封胶。

16. 各阀盖、盖板与阀体连接螺母紧固力矩见表 5-1。

表 5-1　螺母紧固力矩

螺纹规格	力矩(N·m)
M8	15～20
M10	25～30
M12	40～50

二、试验与记录

1. 经检修后的 F8 系列分配阀，须根据相应技术条件中规定的试验台试验条件，通过试验台试验；装车前通过单车试验。

2. 试验需有试验记录，并有检修试验日期、试验者和检查员签字，质量保证部盖章。试验记录需保存备查。

三、油漆与标记

1. 试验合格的各阀外表面，应根据相应技术条件中规定或用户指定的油漆进行涂底、面漆或补涂油漆，漆膜应完整，表面不得有流坠、鼓泡，以及用户提出的其他要求。外露限制堵、安装法兰连接面、铜阀盖、铭牌、标准件及外露橡胶件不得涂漆。各小孔应加以防护。

2. 在主阀、辅助阀、中间体安装面和集成安装板规定位置涂打检修标记（单位简称、检修年月和顺序号）。

四、包装、储存

1. 所有外露气口、安装面应采取防护措施，外露螺纹处应涂以适量 GP-9 硅脂加以防护。

2. 检修后应在干燥、通风、避光、避热的室内储存。

3. 检修完成后，储存期超过 3 个月不足 6 个月的，须经试验台试验合格后装车使用；储存期超过 6 个月的，须分解，涂抹油脂，橡胶件超过生产日期 12 个月的更新橡胶件，经试验台试验合格后装车使用；储存期超过 12 个月的须分解检修，更新橡胶件，经试验台试验合格后装车使用。试验后须重新涂打检修标记。

第二节　分配阀的检修及注意事项

一、F8 空气分配阀

（一）分　　解

1. 主阀（图 2-2 及零件表 5-2）

表 5-2　F8 阀主阀零件表

件号	图　　号	名　　称	数量	备　　注
1	TPK18-11-00	主阀体组成	1	
2	TPK18-10-19	排气堵	1	防尘型 TPK18-19-00

续上表

件号	图　　号	名　　称	数量	备　　注
3	TPK18-10-03	主阀上盖垫	1	
4	TPK18-13-00B	主阀上盖组成	1	
5	TPK18-16-00B	平衡阀	1	
6	TPJ80-00-19	O形圈 20×2.25	2	
7	TPK18-10-29	平衡阀弹簧	1	
8	无图	销 ϕ1×14(18)	2	18为铜丝料长
9	TPK18-10-36	固定销	2	
10	TPK18-10-02B	导杆(平衡阀)	1	
11	TPK18-10-04	螺堵	1	
12	TPK18-10-06	主阀杆	1	
13	TPJ84-00-17	O形圈 14×2.25	9	
14	TPK18-10-32	压帽	1	
15	TPJ81-00-12	O形圈 24×2.25	12	
16	TPJ92-05-02A	压板	1	
17	TPK18-10-07A	小膜板(ϕ109)	1	
18	TPJ92-00-30	小活塞(小鞲鞴)	1	
19	TPK18-12-00	中体组成	1	
20	TPK18-10-10	主活塞(大鞲鞴)	1	
21	TPK18-10-09	大膜板(ϕ166)	1	
22	TPJ84-00-25	压板	1	
23	TPK18-10-16	缓解柱塞	1	
24	TPK18-10-13	缩堵(Ⅰ)	1	可与缩孔堵(Ⅱ)通用
25	TPJ92-08-05A	弹簧挡圈	1	
26	TPJ92-08-04	止回阀胶垫	2	
27	TPK18-10-49	止回阀	2	
28	TPJ92-08-02	螺盖	1	
29	TPJ92-08-01	止回阀弹簧	1	
30	TPK18-14-00B	缓解阀盖组成	1	
31	TPK18-10-14B	保压弹簧	1	
32	TPK18-10-37	导杆(缓解阀)	1	
33	TPJ82-00-15	O形圈 16×2.25	1	
34	TPK18-17-00B	缓解阀组成	1	

续上表

件号	图　号	名　称	数量	备　注
35	TPJ92-00-29	排风弯头	1	防尘型 TPK18-18-00
36	TPK18-15-00	主阀下体组成	1	
37	TPK18-10-15	局减阀套	1	
38	TPK18-10-08	制动弹簧	1	
39	TPK18-10-27	螺母	1	
40	TPK18-10-12	硬芯	1	
41	TPJ80-00-19	O 形圈 12×1.75	1	
42	TPK18-10-11	顶杆	1	
43	TPK18-10-01	转换盖板	1	
44	TPK18-10-18	转换阀垫	1	
45	TPK18-10-26	止回阀套	1	
46	TPK18-10-13	缩堵(Ⅱ)	1	可与缩孔堵(Ⅰ)通用
47	TPJ82-01-07	螺母	1	
48	TPJ92-16-07	限压阀盖	1	防尘型 TPK18-10-41A
49	TPJ92-16-09	弹簧托	1	
50	TPJ92-16-08	限压阀弹簧	1	
51	TPK18-10-28	限压阀套	1	
52	TPJ81-00-23	O 形圈 34×3.4	2	
53	TPK18-10-23	限压阀	1	
54	TPK18-10-22	大缩堵	1	
55	TPK18-10-35	胶垫	6	
56	TPK18-10-21B	大胶垫	1	
57	TPK18-10-20C	防尘排气罩组装	1	老排气罩 TPK18-10-20
58	TPJ92-00-11	充气阀套	1	
59	TPJ92-11-01	充气柱塞	1	
60	TPK18-10-05	缩堵 M8	1	
61	TPJ92-00-10	充气阀弹簧	1	
62	TPJ92-11-03	压板	1	
63	TPK18-10-34	充气阀膜板(ϕ84)	1	
64	TPK18-10-17	充气阀盖	1	
65	TPJ92-11-02	膜板托	1	
66	GB/T 899	螺柱 M8×20	5	4.8 级

续上表

件号	图　号	名　称	数量	备　注
67	GB/T 923	螺母 M8	8	5级
68	GB/T 893.1	挡圈 28	2	65Mn
69	GB/T 70.1	螺钉 M6×14	8	8.8级
70	TPK18-10-39	螺堵 R1/4″	1	
71	GB/T 70.1	螺钉 M8×16	3	8.8级
72	GB/T 65	螺钉 M5×8	2	4.8级
73	GB/T 897	螺柱 M10×20	4	4.8级
74	GB/T 923	螺母 M10	4	5
75	GB/T 74	螺钉 M8×30	1	14H
76	GB/T 6172.1	螺母 M8	1	05
77	GB/T 5783	螺栓 M12×45	4	8.8级
78	GB/T 923	螺母 M12	4	5
79	GB/T 897	螺柱 M8×30	1	4.8级
80	TPJ92-16-11/1	止回阀簧	1	
81	GB/T 3452.1	O形圈 26.5×2.65	1	
82	GB/T 6170	螺母 M12	1	8
83	无图	销 ϕ1×34	2	磷铜丝
84	TPK18-10-38	滤尘网	1	
85	TPK18-10-33	顶块	1	
86	GB/T 859	弹簧垫圈 6	8	65Mn
87	GB/T 858	弹簧垫圈 8	3	65Mn
88	GB/T 859	弹簧垫圈 12	3	65Mn
89	GB/T 5783	螺栓 M8×30	2	8.8级
90	GB/T 923	螺母 M6	2	5
91	GB/T 898	螺柱 M6×16	2	4.8级
92	GB/T 95	平垫圈 6	2	100HV
93	GB/T 3452.1	O形圈 32.5×2.65A	1	

注:“名称”一栏括号内的名称为借用其他阀零件的原称。

(1)主活塞部分

拆下主阀体组成(1)和主阀下体组成(36)之间4个M12连接螺栓(77)、螺母(78)和弹簧垫圈(88),将主阀上、下体打开,从主阀下体取下3个胶垫(55)、(56)及制动弹簧(38);用螺丝刀取出主阀下体组成(36)上的缩堵(60);对于使用时间较长的主阀,大膜板(21)很可能粘在下体(36)内,这时可将专用工具 1 插入大膜板与主阀下体之间,取出主活塞。注意:切勿戳破大膜板。

将主活塞夹在台虎钳上(不可夹阀杆部位),松开主活塞一侧的压紧螺母(39)取出缓解柱塞(23)和 O 形圈,但缓解柱塞(23)上的硬心(40)不可取下。

用内六角扳手依次松开大活塞压板(22)上的 8 个 M6 压紧螺钉(69)和弹簧垫圈(86),将主活塞(20)及压板(22)分开,取出大膜板(21)。

(2)中体部分

用专用工具 2 或内六角扳手松开中体组成(19)上的 3 个 M8 内六角螺钉(71)和弹簧垫圈(87),将中体组成(19)从主阀体(1)中取出,取下胶垫,拨出顶杆(42),用钢丝小心地将中体组成(19)内的 O 形圈(41)取出。注意:不要划伤中体内的铜套。

(3)小活塞部分

卸下中体后,用专用工具 1 插入小膜板与主阀体之间,将小活塞取出,然后将小活塞压帽(14)夹在台虎钳上,拆下压帽(14)及主阀杆(12)和 O 形圈(13)、(15)。将小活塞(18)和压板(16)分开,取出小膜板(17)。

(4)主阀上盖及副风缸充气止回阀部分

①拆下主阀上盖(4)上 4 个 M10 螺母(74),卸下主阀上盖组成(4);取出止回阀弹簧(80)和止回阀(27)等,用螺丝刀卸下止回阀(27)上的 M5 螺钉(72),将止回阀胶垫(26)从止回阀(27)中取出;用螺丝刀卸下主阀体(1)中的缩堵(46);止回阀套(45)根据情况可不拆下;用钎针或直径 1 mm 的钢丝从主阀上盖铜套上顶出两根限制平衡阀导杆(10)从铜套中脱出的销子(83)并拔出,然后取出平衡阀组成;用尖嘴钳拉直连接平衡阀和导杆的销(8),取出固定销(9),将平衡阀(5)和导杆(10)分开,然后取出 O 形圈(6)。最后可拆下主阀上盖的螺堵(11)和 O 形圈。

注意:①顶、拔销子时应用手压紧平衡阀;

②卸下主阀上盖组成(4)后,切勿丢失平衡阀弹簧(7)和止回阀弹簧(80);

③拆下的固定销(9)应注意保管,切勿丢失,检查销(8)和销(83)如损坏,需更换新销。

④卸缩堵(46)时注意不要碰坏阀体内的阀口。

(5)限压阀部分

拆下防尘螺母(47)、松开紧定螺母(76),用螺丝刀松开限压阀上方的调整螺钉(75),完全放松限压阀弹簧(50),拆下两个 M8 紧固螺母(67),卸下限压阀盖(48),取出弹簧托(49)、限压阀弹簧(50)和限压阀(53)。用专用工具 3 旋入限压阀套(51)下部螺孔,向上拨出限压阀套(51),取下限压阀(53)及限压阀套(51)上的 O 形圈,用螺丝刀卸下阀体上的大缩堵(54)。

(6)充气阀部分

①拆下充气阀盖(64)上的四个 M8 螺母(67),取下充气阀盖(64)、胶垫、充气阀活塞和充气阀弹簧(61)。将充气阀活塞上的螺母(82)夹在台虎钳上(不可夹阀杆部位),松开充气柱塞(59),将膜板托(65)、压板(62)和充气柱塞(59)分离,取出充气阀膜板(63)及充气柱塞(59)上的 O 形圈(13)。

②拆下主阀上体充气阀尾部防尘排气罩组装(57)侧面的两个螺母(90)、垫圈(92)以及螺柱(91),取下防尘排气罩组装(57);用孔用挡圈钳取出充气阀套(58)前部的挡圈(68),再用专用工具 4,将 ϕ23 端从尾部向前顶出充气阀套(58),并拆下上面的 O 形圈。

注意:①用孔用挡圈钳拆下排气罩组装内的弹簧挡圈,取出网片和过滤器;

②对于尾部还使用铜质排气罩的主阀,用专用工具 4,将 ϕ13 端轻轻插入充气阀套(58)内,向后轻轻打下充气阀尾部的铜质排气罩。

(7)转换盖板部分

拆下转换盖板(43)上的两个 M8 螺母(67),取下转换盖板(43)和转换盖垫(44)。

(8)缓解阀部分

将主阀下体(36)和缓解阀盖(30)上的两个螺母(67)和螺栓(89),卸下缓解阀盖(30)和上面的胶垫,并取下 O 形圈(93);将缓解阀组成和保压弹簧(31)取出,用尖嘴钳拉直连接缓解阀(34)和导杆(32)的销(8),取出固定销(9),将缓解阀(34)和导杆(32)分开,然后从导杆(32)取出 O 形圈(33)。

注意:①卸下缓解阀盖组成后,切勿丢失保压弹簧(31)。

②拆下的销(8)和固定销(9)应注意保管,切勿丢失,检查如果销(9)损坏,需更换新销。

(9)局减阀套部分

用孔用挡圈钳从主阀下体(36)中取出局减阀套(37)前部的挡圈(68),再用专用工具 5 从下(阀套阀口测部)顶出局减阀套(37),并拆下上面的 O 形圈。

注意:顶局减阀套时不要碰伤下部的阀口。

(10)局减止回阀部分

用活动扳手卸下局减止回阀螺盖(28),取下 O 形圈(81),用尖嘴钳取下弹簧挡圈(25)后,将螺盖(28)内部的止回阀(27)和止回阀弹簧(29)取出。用螺丝刀松开 M5 螺钉(72),将止回阀胶垫(26)从止回阀(27)中取出。用螺丝刀卸下缩堵(24)。

注意:不要碰坏阀口。

(11)F8 阀(防风沙型)的缓解排风口(图 2-4)

将铆钉(4)松开,取出排风销(2)和排风罩垫(3),进行清洗或更换。

(12)防风沙型的排气堵(图 2-5)

拆开盖(1),卸下滤芯(2)进行更换。

2. 辅助阀(图 2-9 及零件表 5-3)

表 5-3 F8 阀辅助阀零件表

件号	图 号	名 称	数量	备 注
1	TPK18-32-00	辅助阀体组成	1	
2	TPK18-10-35	胶垫	2	
3	TPK18-30-18	辅助阀膜板	1	
4	TPK18-30-09	活塞压板	1	
5	TPK18-30-08	辅助阀活塞	1	
6	TPJ80-00-19	O 形圈 12×1.75	1	
7	TPK18-30-01	辅助阀上盖	1	
8	TPK18-30-16	辅助阀杆	1	
9	TPJ84-00-17	O 形圈 14×2.25	3	
10	TPJ81-00-12	O 形圈 24×2.25	4	
11	TPK18-30-03	辅助阀套	1	
12	TPJ92-00-16	常用排风堵(ϕ1.2)	1	
13	TPJ92-00-14	紧急排风堵(ϕ1.5)	1	
14	TPJ92-40-01	放(排)风弯头 Dg20	1	防尘型 TPK18-33-00
15	TPJ81-00-21	放风阀(供给阀)	1	
16	TPJ81-00-22	O 形圈 18×2.25	1	
17	TPJ92-13-02	放风阀弹簧	1	
18	TPJ92-13-01	螺盖	1	
19	TPJ81-00-19	放风阀(供给阀)胶垫螺帽	1	
20	TPJ81-03-00	放风阀(供给阀)胶垫	1	
21	TPJ92-14-01	触头	1	
22	TPJ81-00-18A	弹簧(供给阀套)挡圈	1	
23	TPK18-30-07	滤尘网	1	
24	GB/T 893.1	挡圈 28	1	65Mn
25	GB/T 6170	螺母 M12	1	8 级
26	GB/T 5783	螺栓 M12×50	4	8.8 级
27	GB/T 923	螺母 M12	4	5 级
28	GB/T 859	弹簧垫圈 12	4	65Mn
29	TPK18-30-17	防护罩	1	

注:“名称”一栏括号内的名称为借用其他阀零件的原称。

(1)阀体及辅助阀活塞部分

拆下辅助阀体(1)和辅助阀上盖(7)之间4个M12连接螺栓(26)、螺母(27)和垫圈(28),将辅助阀上、下部分开,取出阀体上的两个胶垫(2)。用专用工具1插入辅助阀膜板(3)和辅助阀上盖(7)之间,取出辅助阀活塞。注意:切勿戳破辅助阀膜板。将辅助阀活塞上的螺母(25)夹在台虎钳上,松开压紧螺母(25),将活塞压板(4)、辅助阀活塞(5)和辅助阀杆(8)分离,取下辅助阀膜板(3)和辅助阀杆(8)上的O形圈(6)和(9)。触头(21)不要拆卸下来。

(2)辅助阀上盖部分

用螺丝刀卸下辅助阀上盖(7)上的常用排风堵(12)和紧急排风堵(13)。用孔用挡圈钳取下辅助阀套(11)前的挡圈(24),从辅助阀上盖(7)顶部向下推出辅助阀套(11),并取下上面的O形圈(10)。

(3)放风阀部分

用活动扳手卸下放风阀螺盖(18),用尖嘴钳取下弹簧挡圈(22)后,将螺盖(18)内的放风阀弹簧(17)和放风阀(15)取出,用螺丝刀松开放风阀胶垫螺帽(19),取出放风阀胶垫(20),同时取下O形圈(16)。

(4)F8阀(防风沙型)的放风弯头(图2-4)

将铆钉(4)松开,取出排风销(2)和排风罩垫(3),进行清洗或更换。

3. 中间体(图2-14及零件表5-4)

表5-4 中间体(管座)零件

件号	图 号	名 称	数量	备 注
1	TPK18-20-01A	中间体	1	
2	TPJ92-01-04	防尘垫	2	
3	TPK18-21-00	滤尘器	1(套)	
4	TPJ92-01-05	螺盖	1	
5	TPK18-20-10	制动缸限制堵	1	只有当与空重车阀配合使用时才装用此堵
6	TPK18-20-11	螺堵R3/4	5	工艺堵
7	GB/T 897	螺柱AM12×32	4	8.8级
8	GB/T 897	螺柱AM12×35	4	8.8级
9	GB/T 6170	螺母M12	8	5级
10	TPK18-00-01	主阀垫	1	
11	TPK18-00-02	辅助阀垫	1	

用专用工具 6 拆下螺盖(4),从中间体内将两个防尘垫(2)及滤尘器(3)取出。用螺丝刀卸下制动缸限制堵(5)(注:只有与空重车阀配合使用时才装用此堵)。

4. 集成安装板(图 2-16 及零件表 5-5)

表 5-5　集成安装板零件

件号	图　号	名　　称	数量	序号	图　号	名　　称	数量
1	TPK57-20-01	安装板	1	20	TPK46-20-06	滤器端盖	1
2	TPK18-00-01	主阀垫	1	21	无图	扣舌(与箱盖搭扣组成配套)	4
3	TPK57-30-00	主阀排气管组成	1	22	TPJ155-01-02	胶垫	3
4	TPK18-00-02	辅助阀垫	1	23	TPK46-20-10	缩堵 ϕ3.0	1
5	TPK57-20-02	右吊柱组成	1	24	TPK57-20-04	滤塞	1
6	TPK57-20-06	滤尘连接法兰(Rc1/2)	1	25	TPK46-20-12	滤网	1
7	TPJ155-04-00A	滤尘连接法兰(Rc3/4)	2	26	GB/T 67	开槽盘头螺钉 M6×12	2
8	TPK57-20-09	安装板铭牌	1	27	GB/T 93	弹簧垫圈 6	2
9	TPK57-20-03	左吊柱组成	1	28	GB/T 5783	六角头螺栓 M10×30	22
10	TPH53-40-09	局减室	1	29	GB/T 6170	弹簧垫圈 10	22
11	TPH53-40-10	局减室胶垫	1	30	GB/T 898	双头螺柱 AM12×35	8
12	TPK46-20-13	挡板	1	31	GB/T 6170	六角螺母 M12	8
13	TPK18-18-00	排风罩组成 3/8	1	32	GB/T 893.1	孔用弹性挡圈 40	1
14	TPH53-40-08	辅助室	1	33	GB/T 67	开槽盘头螺钉 M4×10	8
15	TPK46-20-14	辅助室胶垫	1	34	GB/T 93	弹簧垫圈 4	8
16	TPJ81-01-04	O 形圈 50×3.3	2	35	GB/T 848	小垫圈 16	4
17	TPK46-20-03	列车管连接法兰	1	36	GB/T 93	弹簧垫圈 16	4
18	TPK46-20-04A	滤器	1	37	GB/T 6170	六角螺母 M16	4
19	TPJ81-00-14	O 形圈 40×3.4	2	38	GB/T 5783	六角头螺栓 M16×65	4

(1)左、右吊柱组成部分

用扳手将连接安装板(1)和左吊柱组成(9)、右吊柱组成(5)的六角螺母 M16(37)、六角头螺栓 M16×65(38)松开,将左吊柱组成(9)、右吊柱组成(5)卸下。

(2)辅助室部分

用扳手将连接安装板(1)和辅助室(14)的 6 个六角头螺栓 M10×30(28)松开,将辅助室(14)卸下,从辅助室(14)内将辅助室胶垫(15)取出,进行更换。

(3)局减室部分

用扳手将连接安装板(1)和局减室(10)的 4 个六角头螺栓 M10×30(28)松开,将局减室(10)卸下,从局减室(10)内将局减室胶垫(11)取出,进行更换。

(4)列车管滤器部分

用扳手将六角头螺栓 M10×30(28)松开,将滤器前盖(20)卸下,取出其上面的O形圈,将滤器(18)从安装板中取出,之后拆下其上面的O形圈,进行更换。

(5)滤尘连接法兰部分(图 5-7 及表 5-6)

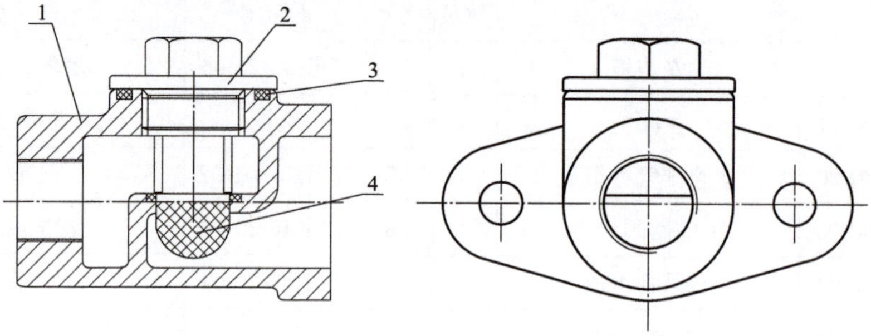

图 5-7 滤尘连接法兰

1—滤尘连接法兰体;2—螺盖;3—O形圈;4—滤尘网

表 5-6 滤尘连接法兰零件明细

件号	图 号	名 称	数量
1	TPK57-20-06/1	滤尘连接法兰体	1
	TPJ155-04-01C	滤尘连接法兰体	2
2	TPJ155-04-02	螺盖	1
3	TPJ81-00-14	O形圈 40×3.4	1
4	TPJ155-03-03	滤尘网	1

用扳手将图 5-7 中连接滤尘连接法兰(图 2-18,6、7)(注意:其中一个对外接口尺寸是 Rc1/2,另两个对外接口尺寸是 Rc3/4,其结构完全一样)的六角头螺栓 M10×30(图 2-18,28)卸下,从安装板上拆下三个滤尘连接法兰(图 2-18,6、7)。以滤尘连接法兰(图 2-18,6)为例,如图 5-7 所示,将螺盖(2)拧下,将O形圈(3)和滤尘网(4)取出,进行清洗或更换。

(6)排风罩组成(图 5-8 及表 5-7)

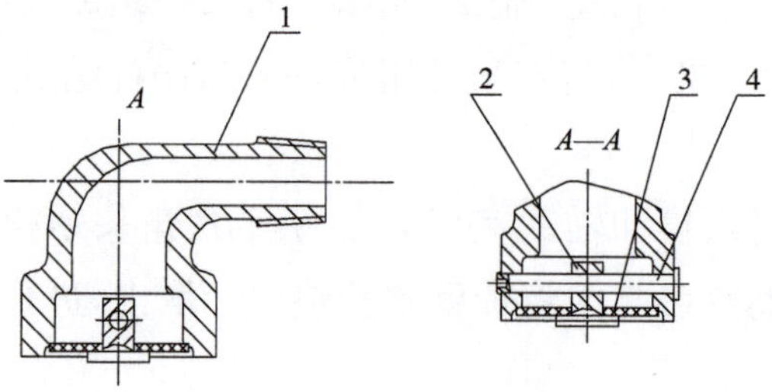

图 5-8 排风罩组成

1—排风弯头;2—排风销;3—排风罩垫;4—铆钉

表 5-7　排风罩零件表

件号	图　号	名　称	数量
1	TPK18-18-01	排风弯头	1
2	TPK18-18-02	排风销	1
3	TPK18-18-03	排风罩垫	1
4	TPK18-10-44	铆钉 3.0×36	1

从安装板上拧下排风罩组成(图 2-18,13),将铆钉(4)松开,取出排风销(2)和排风罩垫(3),进行清洗或更换。

(7)挡板和滤塞部分

先将挡板(12)上的两个螺钉(26)和垫圈(27)拆下,然后用孔用挡圈钳将孔用弹性挡圈(图 2-18,32)卸下,取出滤网(图 2-18,25)、滤塞(图 2-18,24),进行清洗或更换。

(8)主阀排气管部分(图 5-9 及表 5-8)

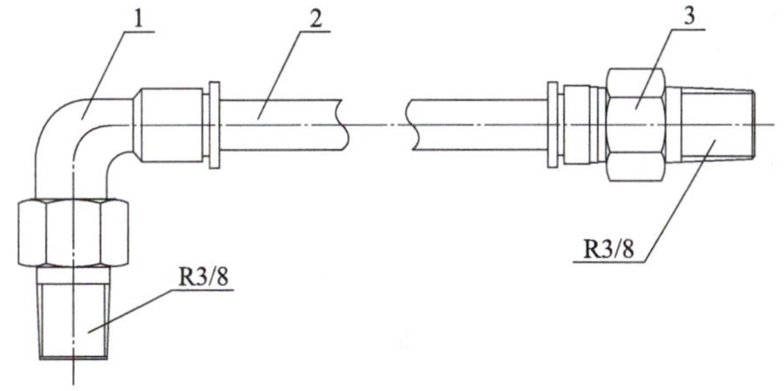

图 5-9　主阀排气管

1—CPL-螺纹弯通 R3/8 12-03;2—PU 管 12×8;3—CPC-螺纹直通 R3/8 12-03

表 5-8　主阀排气管零件明细

件号	图号	名　称	数量	备　注
1	无	CPL-螺纹弯通 R3/8 12-03	1	外购
2	无	PU 管 12×8	1	外购,长 240 mm
3	无	CPC-螺纹直通 R3/8 12-03	1	外购

PU 管(2)两端分别从 CPL-螺纹弯通 R3/8(1)和 CPC-螺纹直通 R3/8(3)快接头的一端拔出,必要时更换 PU 管(2)。

5. 箱盖部分(图 5-10 及表 5-9)

拆下 U 形密封胶条(4),将箱盖(1)上粘接 U 形密封胶条(4)的胶清理干净,检查搭扣组成(5),若需更换,将六角螺母 M4(6)松开,卸下开槽盘头螺钉 M4×10(7)和弹簧垫圈(8)。

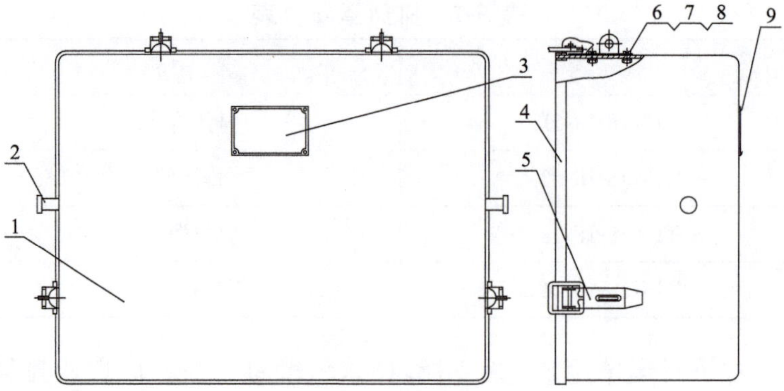

图 5-10 箱盖组成

1—箱盖；2—挂耳；3—铭牌；4—U 形密封胶条；5—搭扣组成；6—六角螺母 M4；7—开槽盘头螺钉；8—弹簧垫圈；9—标牌铆钉

表 5-9 箱盖组成零件明细

件号	图 号	名 称	数量	备 注
1	TPK57-10-01	箱盖	1	
2	TPK57-10-02	挂耳	2	
3	TPK98-00-01	铭牌	1	
4	无图	U 形密封胶条	1	外购
5	无图	搭扣组成	4	外购，与集成板扣舌配套
6	GB/T 6170	六角螺母 M4	8	
7	GB/T 67	开槽盘头螺钉 M4×10	8	
8	GB/T 93	弹簧垫圈 4	8	
9	GB/T 827	标牌铆钉 2×4	4	

(二)F8 空气分配阀检修特殊要求

F8 空气分配阀检修时除要满足检修的一般要求外，对部分易损、易耗部件超限时应更新。

1. 加工件磨耗检修限度见表 5-10。

表 5-10 加工件磨耗检修限度

序号	图 号	名 称	检测部位	限度(mm)
1	TPK18-10-11	顶杆	顶杆全长	>26.4
2	TPK18-10-16 与 TPK18-10-12	局减阀杆与硬心	硬心凸出或凹入阀杆端面	<0.5
3	TPK18-10-26	止回阀套	内径	<21.3
4	TPJ92-08-12	螺盖	内径	<21.3

2. 关键弹簧须在弹簧测力机上进行检测，负荷符合表 5-11 的规定。

表 5-11　关键弹簧检测负荷

序号	图　　号	名　　称	自由高(原型)(mm)	负荷高(mm)	对应负荷(N)
1	TPK18-10-29	平衡阀弹簧	32	18.5	≥52
2	TPK18-10-14B	保压弹簧	25±0.7	17.5	≥42
3	TPJ92-13-02	放风阀弹簧	29	16	≥88

3. 一般弹簧检修限度见表 5-12。

表 5-12　一般弹簧检修限度

序号	图　　号	名　　称	自由高(原型)(mm)	限度(mm)
1	TPK18-10-08	制动弹簧	44	41～45
2	TPJ92-08-01	局减止回阀弹簧	33	32～34
3	TPJ92-00-10	充气阀弹簧	40	37～41
4	TPJ92-16-11/1	止回阀簧	30	29～31
5	TPJ92-16-08	限压阀弹簧	59.5±1	58～60.5

4. F8 阀限制堵、橡胶件、标准件。

(1)限制堵规格、直径见表 5-13。

表 5-13　F8 阀限制堵基本参数

序号	图　　号	名　　称	规　　格	直径(mm)	使用部位
1	TPK18-10-05	限制堵 M8	M8	1.1	主阀
2	TPK18-10-13	限制堵(Ⅰ)	R1/8	2.5	
3	TPK18-10-22	大缩孔堵	R1/4	1.1	
4	TPJ92-00-16	常用排风堵	R1/8	1.2	辅助阀
5	TPJ92-00-14	紧急排风堵	R1/8	1.4～1.5	
6	TPK18-20-10	制动缸限制堵	R1/2	3.0	中间体

(2)橡胶件按表 5-14 更新。

表 5-14　F8 阀橡胶件基本参数

序号	图　　号	名　　称	规格(mm)	每套数量	使用部位及数量		
					主　阀	辅助阀	中间体
1	TPJ80-00-19	O 形圈	12×1.75	2	1	1	—
2	TPJ84-00-17	O 形圈	14×2.25	12	9	3	—
3	TPJ82-00-15	O 形圈	16×2.25	2	2	—	—
4	TPJ81-00-22	O 形圈	18×2.25	1	—	1	—

续上表

序号	图　号	名　称	规格(mm)	每套数量	使用部位及数量		
					主　阀	辅助阀	中间体
5	TPJ80-00-19	O形圈	20×2.25	1	1	—	—
6	TPJ81-00-12	O形圈	24×2.25	16	12	4	—
7	TPJ81-00-23	O形圈	34×3.4	2	2	—	—
8	GB3452.1	O形圈	26.5×2.65	1	1	—	—
9	GB3452.1	O形圈	32.5×2.65	1	1	—	—
10	TPK-18-10-07A	主阀小膜板	109	1	1	—	—
11	TPK18-10-09	主阀大膜板	166	1	1	—	—
12	TPK18-10-34	充气阀膜板	84	1	1	—	—
13	TPK18-30-18	辅助阀膜板	116	1	—	1	—
14	TPJ92-08-04	止回阀胶垫	18	2	2	—	—
15	TPK18-10-21B	大胶垫	16	1	1	—	—
16	TPK18-10-35	胶垫	12	8	6	2	—
17	TPJ81-03-00	放风阀胶垫	24	1	—	1	—
18	TPJ92-01-04	防尘垫	42	2	—	—	2
19	TPK18-00-01	主阀垫	146×96	1	1	—	—
20	TPK18-00-02	辅助阀垫	92×92	1	—	1	—
21	TPK18-10-03	主阀上盖垫	—	1	1	—	—
22	TPK18-10-18	转换阀垫	68×38	1	1	—	—
23	TPJ92-06-01 或 TPK18-16-00B	平衡阀	26	1	1	—	—
24	TPJ84-02-00 或 TPK18-17-00B	缓解阀	22	1	1	—	—
25	TPK18-10-20C	防尘排风罩组成	—	1	1	—	—
26	TPK18-30-17	防护罩	—	1	—	1	—

注:防尘排风罩组成和防护罩段修时状态良好者可不更换,厂修时更新。

(3)标准件基本参数见表 5-15。

表 5-15　F8 阀标准件基本参数

序号	标准号	名　称	规　格	性能等级/材料	数　量	使用部位
1	GB/T 818	螺钉	M5×8	8.8	2	主阀
2	GB/T 70.1	螺钉	M6×14	8.8	8	
3	GB/T 70.1	螺钉	M8×16	8.8	3	

续上表

序号	标准号	名　称	规　格	性能等级/材料	数　量	使用部位
4	GB/T 74	螺钉	M8×30	14H	1	主阀
5	GB/T 5783	螺栓	M8×30	8.8	2	
6	GB/T 5783	螺栓	M12×45	8.8	4	
7	GB/T 899	螺柱	M8×20	8.8	7	
8	GB/T 897	螺柱	M8×30	8.8	1	
9	GB/T 897	螺柱	M10×22	8.8	4	
10	GB/T 898	螺柱	AM6×16	8.8	2	
11	GB/T 923	螺母	M6	6	2	
12	GB/T 923	螺母	M8	6	11	
13	GB/T 923	螺母	M10	6	4	
14	GB/T 923	螺母	M12	6	4	
15	GB/T6172.1	螺母	M8	05	1	
16	GB/T 6170	螺母	M12	8	1	
17	GB/T 93	弹垫	6	65Mn	8	
18	GB/T 859	弹垫	12	65Mn	4	
19	GB/T 859	弹垫	8	65Mn	3	
20	GB/T 197.1	平垫	6	200HV	2	
21	GB/T 893.1	挡圈	28	65Mn	2	
22	GB/T 5783	螺栓	M12×50	8.8	4	辅助阀
23	GB/T 6170	螺母	M12	8	1	
24	GB/T 923	螺母	M12	5	4	
25	GB/T 859	弹垫	12	65Mn	4	
26	GB/T 893.1	挡圈	28	65Mn	1	
27	GB/T 897	螺柱	AM12×32	8.8	4	中间体
28	GB/T 897	螺柱	AM12×35	8.8	4	
29	GB/T 6170	螺母	M12	5	8	
30	GB/T 67	螺钉	M6×12	A2-70	2	集成安装板
31	GB/T 93	弹垫	6	65Mn	2	
32	GB/T 5783	螺栓	M10×30	8.8	22	
33	GB/T 6170	弹垫	10	5	22	
34	GB/T 898	螺柱	AM12×35	8.8	8	
35	GB/T 6170	螺母	M12	5	8	

续上表

序号	标准号	名　称	规　格	性能等级/材料	数　量	使用部位
36	GB/T 893.1	挡圈	40	65Mn	1	集成安装板
37	GB/T 67	螺钉	M4×10	A2-70	8	
38	GB/T 93	弹垫	4	65Mn	8	
39	GB/T 848	垫圈	16	A2	4	
40	GB/T 93	弹垫	16	65Mn	4	
41	GB/T 6170	螺母	M16	5	4	
42	GB/T 5783	螺栓	M16×65	8.8	4	
43	GB/T 6170	螺母	M4	5	8	箱盖
44	GB/T 67	螺钉	M4×10	A2-70	8	
45	GB/T 93	弹垫	4	65Mn	8	
46	GB/T 827	铆钉	2×4	T3	4	

(4)防尘型的F8空气分配阀还需更换排气堵(2)内的滤尘元件及排风弯头内的橡胶挡片。

(三)组　　装

组装前,对所有零件进行检查,如发现有不符合要求的零件必须予以更换或修复后才能使用。组装时,所有零件都必须容易地装配在一起,绝不可强行装配,否则会造成阀的损坏或故障。各零件不得错装或漏装,各膜板组装时,必须确认其边缘完全嵌入阀体槽内,以防压伤膜板,所有弹簧都应放置平稳,正确定位,该入槽的必须入槽。紧固各部位螺钉、螺母时,要注意均匀拧紧,以防出现漏泄及损伤零件等情况。装入各阀套时要用力柔和,切不可硬压硬砸,否则会造成套上O形圈的损坏,引起漏泄。同时各套要到位,各挡圈应完全入槽。各缩堵如无特殊要求,不可涂密封材料,旋入阀体时切忌用力过大,造成丝扣损坏并影响下次拆卸。各橡胶O形圈在装入槽后需在其表面及周围抹适量的硅脂,然后再装入阀套或体内。组装活塞时,首先在活塞上膜板嵌槽内涂少量硅脂,然后装上膜板压紧固定。除膜板周边可抹少量硅脂外,其他部位不需涂抹硅脂。先将各部件组装好后,再进行各阀部的组装。组装时按前面分解步骤相反的顺序进行。

各部组装时的注意事项:

1. 主阀(图2-2)

(1)主活塞

①大膜板(21)切勿装错或装反。

②主活塞压板(22)上的八个M6螺钉需均匀上紧,并检查八个弹簧垫圈是否被压紧,防止由于用力不均匀而产生漏泄和脱落。原老阀没有弹簧垫圈(86),若加装弹簧垫

圈(86)，注意应将原 M6×12 螺钉换成 M6×14。

③主活塞与缓解柱塞组装时，切勿漏装 O 形圈(15)。

④主活塞压紧螺母(39)一定要上紧，参考紧固力矩：8.5 N·m。

⑤检查主阀缓解柱塞(23)与硬心(40)铆接应牢固。

(2)小活塞

①小膜板(17)切勿装错或装反。

②主阀杆(12)下部与小活塞(18)间的密封圈(15)不可漏装。

③注意将压帽(14)上紧，参考紧固力矩：30 N·m。

(3)中体

①橡胶密封胶垫及 O 形圈(41)不可漏装。

②中体与阀体各气路对准。

③3 个 M8 内六角螺钉(71)需均匀上紧，以防产生漏泄，参考紧固力矩：20 N·m。原老阀没有弹簧垫圈(87)，若加装弹簧垫圈(87)，注意应将原 M8×14 螺钉换成 M8×16。

(4)充气阀

①充气阀膜板(63)切勿装反。

②充气阀膜板托(65)与充气柱塞(59)间的 O 形圈(13)不可漏装。

③充气柱塞(59)上的紧固螺母(82)一定要上紧。

④充气阀弹簧(61)应装在阀体内部一侧，切勿装在充气阀盖(64)一侧。

⑤充气阀盖(64)上的胶垫切勿漏装。

(5)主阀上盖部分

①平衡阀

a. 平衡阀(5)与导杆(10)组装时，不要漏装固定销(9)。

b. 平衡阀(5)组装后，以中心线为轴，可向四周均匀摆动 2°左右(老阀以销为轴，在一定角度内应与导杆相对摆动自如，而另一方向可略微摇动，切不可过紧而卡死)。

c. 将平衡阀导杆(10)装入主阀上盖(4)插入两根销(83)时，销应完全进入孔内，不能露出。

②副风缸充气止回阀部分

a. 用螺钉(72)紧固止回阀胶垫(26)时，不可用力过大，使胶垫变形。

b. 先将副风缸充气止回阀(27)装入主阀体中，然后将主阀上盖垫(3)和上盖(4)装到阀体上并紧固四个螺母(74)，再装入充气阀弹簧(80)，之后再将螺堵(11)和 O 形圈(6)一同装入主阀上盖中。

c. 原为柱面止回阀的须更新为球面止回阀。

(6)限压阀部分

①切勿漏装或装反弹簧托(49)。

②待试验时将限压阀压力调定后,再紧固锁紧螺母(76),最后装上防尘螺母(47)。

③最高限压为420 kPa的主阀,须使用铸有“420”字体的限压阀盖。

(7)防尘排气罩(排气罩)和转换盖板部分

①防尘排气罩(57)是针对寒冷地区,为防止充气阀尾部结冰,影响分配阀性能而设计的。待试验完成后,再将其装入主阀体。

②组装转换盖板(43)时注意胶垫(44)的方向,垫上的孔应与阀体上的孔对准。

(8)缓解阀部分

①缓解阀(34)与导杆(32)组装时,不要漏装固定销(9)。

②缓解阀(34)组装后,以中心线为轴,可向四周均匀摆动2°左右(老阀以销为轴,在一定角度内应与导杆相对摆动自如,而另一方向可略微摇动,切不可过紧而卡死)。

③保压弹簧(31)及O形圈(33)不可漏装。

(9)局减止回阀部分

①用螺钉(72)紧固止回阀胶垫(26)时,不可用力过大,使胶垫变形。

②挡圈(25)装入螺盖(28)时一定要入槽。

③止回阀螺盖(28)旋入主阀下体(36)时,切勿漏装O形圈(81)。

(10)主阀体与主阀下体

①先将制动弹簧(38)放入主阀下体(36)该簧的槽穴中,然后放入主活塞组成。

②主阀体与主阀下体合装时,切勿漏装M8缩堵(60)、三个胶垫(55)和(56)。

③装四个螺栓(77)时注意方向,除一个螺栓穿入方向是从下向上外,其余三个均从上向下穿入。

2. 辅助阀(图2-9)

(1)辅助阀活塞

①辅助阀膜板(3)切勿装反。

②辅助阀杆(8)与辅助阀活塞(5)之间的密封O形圈(6)切勿漏装。

③膜板紧固螺母(25)一定要上紧。

④检查阀杆下端的触头(21)是否紧固。

(2)常用和紧急排风堵

注意:上面的为常用排风堵(12)孔径$\phi1.2$。下面的为紧急排风堵(13)孔径为中$\phi1.4\sim1.5$。

(3)辅助阀套

辅助阀套(11)装入辅助阀上盖(7)必须到位,装入挡圈(24)时挡圈必须入槽。

(4)放风阀

①紧固放风阀胶垫螺帽(19)时不可用力过大,以防胶垫变形。

②放风阀(15)上 O 形圈(16)不可漏装。

③放风阀弹簧(17)不可漏装或错装。

④放风阀螺盖(18)旋入辅助阀体(1)前不需涂抹任何密封材料。

(5)辅助阀体与上盖组装

①切勿漏装两个胶垫(2)和滤尘网(23)。

②四个螺栓(26)穿入方向要正确(从上向下穿入)。

3. 中间体(管座)(图 2-4)

①滤尘器内外圈方向不要装错。

②两个防尘垫(2)不要漏装或装错。

③装滤尘器前部螺盖(4)时,应先涂抹密封材料,再旋入中间体(1)内。

④当 F8 阀与空重阀配合使用时,中间体须装制动缸限制堵(5)。

4. 集成安装板(图 2-18)

①各密封胶垫、O 形圈勿漏装,且要安装到位。

②左(9)、右吊柱(5)与安装板连接的 M16 螺栓紧固力矩为 110 N·m±5 N·m。

③缩堵(23)只有与空重车阀配合使用时才装。

二、F8G、F8Y 空气分配阀

(一)分　　解

1. 主阀(图 3-3 及零件表 5-16)

表 5-16　F8G、F8Y 空气分配阀主阀零件表

件号	名　称	数量	备　注	件号	名　称	数量	备　注
1	主阀体组成	1		9	O 形圈 38×3.4	1	
2	主阀上盖	1		10	平衡阀	1	
3	平衡阀弹簧	1		11	滤尘网	1	
4	导杆	1		12	主阀杆	1	
5	O 形圈 20×2.25	1		13	O 形圈 14×2.25	9	
6	销 $\phi1$	1		14	O 形圈 24×2.25	12	
7	固定销	2		15	压板	1	
8	销 $\phi1\times34$	2		16	小活塞	1	

续上表

件号	名　　称	数量	备　注	件号	名　　称	数量	备　注
17	小膜板(ϕ109)	1		48	限压阀盖	1	
18	压帽	1		49	弹簧托	1	
19	顶块	1		50	限压阀弹簧	1	
20	硬心	1		51	O 形圈 34×3.4	2	
21	缓解柱塞	1		52	限压阀套	1	
22	触头	1		53	限压阀	1	
23	放风弯头	1	F8G 阀用	54	大缩堵	1	
24	挡圈	1		55	充气阀盖	1	
25	缓解阀胶垫	1		56	膜板托	1	
26	缓解阀	1		57	充气阀膜板(ϕ84)	1	
27	缓解阀胶垫螺帽	1		58	压板	1	
28	保压弹簧	1		59	充气阀弹簧	1	
29	O 形圈 18×2.25	1		60	充气柱塞	1	
30	缓解阀盖	1		61	缩堵 R1/8	1	两阀孔径不同
31	O 形圈 26.5×2.65A	1		62	胶垫	6	
32	螺盖	2		63	转换盖板	1	
33	局减止回阀弹簧	1		64	转换阀垫	1	
34	止回阀	1		65	充气阀套	1	
35	止回阀胶垫	1		66	铭牌	1	
36	挡圈	2		67	排气罩	1	
37	缩堵(局减)	1		68	大胶垫	1	
38	主阀下体组成	1		69	缩堵(缓解)	1	两阀孔径不同
39	局减阀套	1		70	副风缸止回阀弹簧	1	
40	制动弹簧	1		71	缩堵(副充)	1	
41	螺母	1		72	螺钉 M8×16	3	
42	压板	1		73	弹簧垫圈 8	3	
43	大膜板(ϕ166)	1		74	螺钉 M6×14	8	
44	主活塞	1		75	弹簧垫圈 6	8	
45	顶杆	1		76	挡圈 28	2	
46	中体组成	1		77	螺栓 M12×40	4	
47	O 形圈 12×1.75	1		78	弹簧垫圈 12	4	

续上表

件号	名　称	数量	备　注	件号	名　称	数量	备　注
79	螺母 M12	4		87	螺钉 M5×8	2	
80	螺柱 M10×25	4		88	螺母 M8	1	
81	螺母 M10	5		89	螺钉 M8×30	1	
82	螺柱 M10×35	1		90	排风弯头	1	F8Y 用
83	螺母 M8	1		91	铆钉 3×36	1	F8Y 用
84	螺母 M8	2		92	排风销	1	F8Y 用
85	螺柱 M8×20	2		93	排风罩垫	1	F8Y 用
86	铭牌铆钉	4		94	O 形圈 32.5×2.6A	1	

注:备注中空着的零件为两阀通用。

(1)主活塞部分

拆下主阀体组成(1)和主阀下体组成(38)之间 4 个 M12 连接螺栓(77)和螺母(79),将主阀上、下部分开,从主阀下体组成取下胶垫(62)、大胶垫(68)及制动弹簧(40)。对于使用时间较长的主阀,大膜板(43)很可能粘在上体上,这时可将专用工具 1 插入大膜板与主阀体之间,取出主活塞。注意:切勿戳破大膜板。

将主活塞夹在台虎钳上(不可夹阀杆部位),松开主活塞一侧的压紧螺母(41)取出缓解柱塞(21)和 O 形圈(13)、(14),但缓解柱塞(21)上的硬心(20)不可取下。

用内六角扳手依次松开主活塞压板(42)上的八个 M6 压紧螺钉(74),将主活塞(44)及压板(42)分开,取出大膜板(43)。

(2)中体部分

用专用工具 2 或内六角扳手松开中体组成(46)上的 3 个 M8 内六角螺钉(72),将中体组成(46)从主阀体组成(1)中取出,取下胶垫,拨出顶杆(45),用钢丝小心地将中体组成(46)内的 O 形圈(47)取出。注意:不要戳坏 O 形圈。

(3)小活塞部分

卸下中体后,用专用工具 1 插入小膜板与主阀体之间,将小活塞取出,然后将小活塞夹在台虎钳上(不可夹阀杆部位),拆下压帽(18)及主阀杆(12)和 O 形圈(13)、(14)。将小活塞(16)和压板(15)分开,取出小膜板(17)。

(4)主阀上盖部分

拆下主阀上盖(2)上两个 M10 螺母(81),卸下主阀上盖组成(2),取出平衡阀弹簧(3)、平衡阀(10)及导杆(4)等。用尖嘴钳拉直销(6),取出固定销(7),将平衡阀(10)和导杆(4)分开,然后取出 O 形圈(5)。

(5)副风缸充气止回阀和局减止回阀部分

卸下止回阀螺盖(32)取下 O 形圈(31)用尖嘴钳取下挡圈(36),将螺盖内部的止回阀(34)和止回阀弹簧(70)或(33)取出,用螺丝刀松开 M5 螺钉(87)取出止回阀胶垫(35),用螺丝刀卸下缩堵(37)或(71)。注意:不要碰坏阀口。

(6)限压阀部分

拆下防尘螺母(84),松开锁紧螺母(88),用螺丝刀松开调整螺钉(89),完全放松限压阀弹簧(50),拆下限压阀盖(48),取出弹簧托(49)、限压阀弹簧(50)和限压阀(53)。用专用工具 3 旋入限压阀套(52)下部螺孔,向上拨出限压阀套(52),取下限压阀(53)及限压阀套(52)上的 O 形圈(51),用螺丝刀卸下主阀上体上的大缩堵(54)。

(7)充气阀部分

拆下充气阀盖(55)上的 3 个 M10 螺母(81),取下充气阀盖(55)、胶垫、充气阀活塞和充气阀弹簧(59)。将充气阀活塞夹在台虎钳上(不可夹阀杆部位),松开紧固螺母,将膜板托(56)、压板(58)和充气柱塞(60)分离,取出充气阀膜板(57)及充气柱塞(60)上的 O 形圈(13)。

用专用工具 4,将 $\phi13$ 端轻轻插入充气阀套(65)内,向后轻轻打下充气阀尾部的排气罩(67),用孔用挡圈钳取出充气阀套(65)前部的挡圈,再用专用工具 4,将 $\phi23$ 端从尾部向前顶出充气阀套(65),并拆下上面的 O 形圈(14)。

(8)转换盖板部分

拆下转换盖板(63)上的 2 个 M8 螺母(84),取下转换盖板(63)和转换盖垫(64)。

(9)缓解阀部分

将主阀下体组成(38)夹在台虎钳上,卸下缓解阀盖(30)和 O 形圈(94)用尖嘴钳取下挡圈(24),将螺盖内的保压弹簧(28)和缓解阀(26)取出用螺丝刀松开胶垫螺帽(27)取出缓解阀胶垫(25),拆下缓解阀上的 O 形圈(29)。

注意:卸下缓解阀盖组成后,切勿丢失保压弹簧(28)。

(10)局减阀套部分

用孔用挡圈钳取出局减阀套(39)前部的挡圈(76),再用专用工具 5 从下(阀套阀口旁部位)向上顶出局减阀套(39),并拆下上面的 O 形圈。注意:顶局减阀套时不要碰伤下部的阀口。

(11)主阀下体缩堵

用螺丝刀取出主阀下体组成(38)上的缩堵(61)和(69)。

2. 辅助阀(图 3-6 及零件表 5-17)

表 5-17　F8G、F8Y 空气分配阀辅助阀零件

件号	名　称	数量	备　注	件号	名　称	数量	备　注
1	辅助阀体组成	1		18	螺盖	1	
2	胶垫	2		19	放风阀(供给阀)胶垫螺帽	1	
3	辅助阀膜板	1		20	放风阀(供给阀)胶垫	1	
4	活塞压板(活塞压板)	1		21	触头	1	
5	辅助阀活塞(辅助阀活塞)	1		22	弹簧(供给阀套)挡圈	1	
6	O 形圈 12×1.75	1		23	滤尘网	1	
7	辅助阀上盖	1		24	挡圈 28	1	
8	辅助阀杆	1		25	螺母 M12	1	
9	O 形圈 14×2.25	7		26	螺栓 M12×50	3	
10	O 形圈 24×2.25	4		27	螺母 M12	3	
11	辅助阀套	1		28	平垫圈 12	3	
12	常用排风堵(ϕ1.2)	1		29	螺母 M5	1	F8Y 阀用
13	紧急排风堵(ϕ1.5)	1		30	弹簧垫圈 5	1	F8Y 阀用
14	防尘排气罩	1		31	垫圈 5	1	F8Y 阀用
15	放风阀(供给阀)	1		32	排风口销	1	F8Y 阀用
16	O 形圈 18×2.25	1		33	排风口胶垫	1	
17	放风阀弹簧	1					

注：备注中空着的零件为两阀通用。

(1)辅助活塞部分

拆下辅助阀体组成(1)和辅助阀上盖(7)之间的 3 个 M12 连接螺栓(26)和螺母(27)，将辅助阀上、下部分开，取出两个胶垫(2)。用专用工具 1 插入辅助阀膜板(3)和辅助阀上盖(7)之间，取出辅助阀活塞。注意：切勿戳破辅助阀膜板。将辅助阀活塞上的螺母(25)夹在台虎钳上，松开螺母(25)，将活塞压板(4)、辅助阀活塞(5)和辅助阀杆(8)分离，取下辅助阀膜板(3)和辅助阀杆(8)上的 O 形圈(9)和(6)。触头(21)不要拆卸下来。

(2)辅助阀上盖部分

用螺丝刀卸下辅助阀上盖(7)上的常用排风堵(12)和紧急排风堵(13)。用孔用挡圈钳取下辅助阀套(11)前的挡圈(22)，从辅助阀上盖(7)顶部向下推出辅助阀套(11)，并取下上面的 O 形圈(10)。

(3)放风阀部分

将辅助阀体(1)夹在台虎钳上，卸下放风阀螺盖(18)，用尖嘴钳取下弹簧挡圈(22)

后，将螺盖(18)内的放风阀弹簧(17)和放风阀(15)取出，用螺丝刀松开放风阀胶垫螺帽(19)，取出放风阀胶垫(20)，同时取下 O 形圈(16)。

(4)F8Y 阀排风弯头

首先松开螺母 M5(29)，分别拆下弹簧垫圈(30)、垫圈(31)、排风口销(32)以及排风口胶垫(33)。

3. 中间体及集成安装板的分解参见 F8 空气分配阀部分。

(二)F8G、F8Y 空气分配阀阀检修特殊要求

F8G、F8Y 空气分配阀检修时除要满足检修的一般要求外，对部分易损、易耗部件超限时应更新。

1. 加工件磨耗检修限度见表 5-18。

表 5-18　部分零部件检修限度

序号	件　　号	名　　称	检测部位	限度(mm)
1	45	顶杆	顶杆全长	＞26.4
2	21 与 20	缓解柱塞与硬芯	硬凸出或凹入阀杆端面	＜0.5
3	32	螺盖	内径	＜21.3

注：原为柱面止回阀(34)的须更新为球面止回阀。

2. 关键弹簧须在弹簧测力机上进行检测，负荷符合表 5-19 的规定。

表 5-19　关键弹簧检修负荷限度

序号	件　　号	名　　称	自由高(原型)(mm)	负荷高(mm)	对应负荷(N)
1	3	平衡阀弹簧	32	18.5	≥52
2	28	保压弹簧	27	17.5	≥38
3	辅 17	放风阀弹簧	29	16	≥88

3. 一般弹簧检修限度见表 5-20。

表 5-20　一般弹簧检修限度

序号	件　　号	名　　称	自由高(原型)(mm)	限度(mm)
1	40	制动弹簧	44	41～45
2	33	止回阀弹簧	33	32～34
3	59	充气阀弹簧	40	37～41
4	50	限压阀弹簧	59.5±1	58～60.5

4. 橡胶件更新目录见表 5-21。

表 5-21　F8G、F8Y 阀橡胶件基本参数

序号	件　　号	名　称	规格(mm)	每套数量	使用部位及数量		
					主　阀	辅助阀	安装板
1	47/6	O 形圈	12×1.75	2	1	1	—
2	13/9	O 形圈	14×2.25	12	9	3	—
3	29/16	O 形圈	18×2.25	2	1	1	—
4	5	O 形圈	20×2.25	1	1	—	—
5	14/10	O 形圈	24×2.25	16	12	4	—
6	94	O 形圈	32.5×2.65A	1	1	—	—
7	51	O 形圈	34×3.4	2	2	—	—
8	31	O 形圈	26.5×2.65	2	2	—	—
9	9	O 形圈	38×3.4	2	2	—	—
10	滤尘连接法兰	O 形圈	40×3.4	5	—	—	2+3
11	9	O 形圈	50×3.3	2	—	—	2
12	17	主阀小膜板	109	1	1	—	—
13	43	主阀大膜板	166	1	1	—	—
14	57	充气阀膜板	84	1	1	—	—
15	/21	辅助阀膜板	116	1	—	1	—
16	35	止回阀胶垫	18	2	2	—	—
17	68	大胶垫	16	2	2	—	—
18	62/2	胶垫	12	7	5	2	—
19	/18	放风阀胶垫	24	1	—	1	—
20	64	转换阀垫	68×38	1	1	—	—
21	18	胶垫	—	3	—	—	3
22	12	局减室胶垫	106	1	—	—	1
23	21	辅助室胶垫	159	1	—	—	1
24	10	平衡阀	26	1	1	—	—
25	25	缓解阀胶垫	22	1	1	—	—
26	67	排气罩	—	1	1	—	—
27	93	排风罩垫		1	1		
28	/33	排风口胶垫		1		1	
29	安装板主阀安装面连接处	主阀垫	146×96	1	—	—	1
30	安装板辅助阀安装面连接处	辅助阀垫	92×92	1	—	—	1

注:“/”前为主阀件号,后为辅助阀件号。

5. 各缩堵中心孔须用钢钎或相应孔径钻头进行疏通，不得出现堵塞现象。同时注意防止孔径扩大，影响作用性能。损坏时须更新，规格、直径见表 5-22。

表 5-22　限制堵参考直径

序号	件　号	名　称	规　格	直径(mm)	使用部位
1	61	缩堵(F8G 阀)	R1/8	0.9	主阀
		缩堵(F8Y 阀)		1.1	
2	37	限制堵(局减)	R1/8	2.5	
3	71	限制堵(副充)	R1/8	2.5	
4	54	大缩孔堵	R1/4	1.1	
5	69	缩堵(F8G 阀)	R1/4	4.2	
		缩堵(F8Y 阀)		4.5	
6	/1	紧急排风堵	R1/8	1.4	辅助阀
7	/2	常用排风堵	R1/8	1.2	
8	16	制动缸限制堵	R1/4	3.0	安装板

注:"1"前为主阀件号,后为辅助阀件号。

(三)组　　装

组装前，对所有零件进行检查，如发现有不符合要求的零件必须予以更换或修复后才能使用。组装时，所有零件都必须容易地装配在一起，决不可强行装配，否则会造成阀的损坏或故障。各零件不得错装或漏装，各膜板组装时，必须确认其边缘完全嵌入阀体槽内，以防压伤膜板，所有弹簧都应放置平稳，正确定位，该入槽的必须入槽。紧固各部位螺钉、螺母时，要注意均匀拧紧，以防出现漏泄及损伤零件等情况。装入各阀套时要用力柔和，切不可硬压硬砸，否则会造成套上 O 形圈的损坏，引起漏泄。同时各套要到位，各挡圈应完全入槽。各缩堵如无特殊要求，不可涂密封材料，旋入阀体时切忌用力过大，造成丝扣损坏并影响下次拆卸。各橡胶 O 形圈在装入槽后需在其表面及周围抹适量的硅脂，然后再装入阀套或体内。组装活塞时，首先在活塞上膜板嵌槽内涂少量硅脂，然后装上膜板压紧固定。除膜板周边可抹少量硅脂外，其他部位不需涂抹油脂。先将各部件组装好后，再进行各阀部的组装。组装时按前面分解步骤相反的顺序进行。

下面为各部组装时的注意事项：

1. 主阀(图 3-3)

(1)主活塞

①大膜板切勿装错或装反。

②大活塞压板(42)上的 8 个 M6 螺钉(74)需均匀上紧，紧固力矩为 8.5 N·m。

③主活塞与缓解柱塞组装时，切勿漏装 O 形圈(14)。

④缓解柱塞紧固螺母(41)参考紧固力矩均为 30 N·m。

⑤检查缓解柱塞(21)与硬心(20)和触头(22)应铆接牢固。

(2)小活塞

①小膜板切勿装错或装反。

②主阀杆(12)下部与小活塞(16)间的密封圈(14)不可漏装。

③主阀杆(12)上的压帽(18)参考紧固力矩为 30 N·m。

(3)中体

①橡胶密封胶垫及 O 形圈(47)不可漏装。

②中体与阀体各气路对正。

③3 个 M8 内六角螺钉(72)需均匀上紧,紧固力矩为 20 N·m。

(4)充气阀

①充气阀膜板(57)切勿装反。

②充气阀膜板托(56)与充气柱塞(60)间的 O 形圈不可漏装。

③充气柱塞(60)上部的紧固螺母(83)一定要上紧。

④充气阀弹簧(59)应装在阀体内部一侧,切勿装在充气阀盖一侧。

⑤充气阀盖上的胶垫切勿漏装。

(5)平衡阀

①平衡阀(10)与导杆(4)组装时,不要漏装固定销(7)。

②平衡阀(10)组装后,以销为轴,在一定角度内应与导杆相对摆动自如,而另一方向可略微摇动,切不可过紧而卡死。

(6)止回阀部分

用螺钉(87)紧固止回阀胶垫(35)时,不可用力过大,使胶垫变形。弹簧挡圈一定要安装入槽。局减止回阀弹簧(33)和副风缸充气止回阀弹簧(70)不要装错,两个止回阀螺盖应有标记。

(7)缓解阀部分

①用胶垫螺帽(27)紧固胶垫(25)时,不可用力过大使胶垫变形。

②保压弹簧(28)及排风阀上的 O 形圈不可漏装。

(8)限压阀部分

①切勿漏装或装反弹簧托(49)。

②待试验时将限压阀压力调定后,再紧固锁紧螺母(84),最后装上防尘螺母(83)。

(9)主阀体与主阀下体

①先将制动弹簧(40)放入主阀下体(38)该簧的槽穴中,然后放入主活塞组成。

②主阀体与主阀下体合装时,切勿漏装两个缩堵(61)(69)、胶垫(62)和大胶垫(68)。

(10)排气罩

排气罩(67)一般等试验完毕后再装,装排气罩时需注意将该罩开口向下。

2. 辅助阀(图 3-6)

(1)辅助阀活塞

①辅助阀膜板(3)切勿装反。

②辅助阀杆(8)与辅助阀活塞(5)之间的密封 O 形圈(6)切勿漏装。

③膜板紧固螺母(25)一定要上紧。

④检查阀杆下端的触头(21)是否紧固。

(2)常用和紧急排风堵

注意:上面的为常用排风堵(12)孔径 $\phi1.2$。下面的为紧急排风堵(13)孔径为 $\phi1.4$。切不可装错。

(3)放风阀

①紧固放风阀胶垫螺帽(19)时不可用力过大,以防胶垫(20)变形。

②放风阀(15)上 O 形圈(16)不可漏装。

③放风阀弹簧(17)不可漏装或错装。

④放风阀螺盖(18)旋入辅助阀体(1)前不需涂抹任何密封材料。

(4)助阀体与上盖组装

①切勿漏装胶垫(2)和滤尘网(23)。

②三个螺栓(26)穿入方向要正确(从上向下穿入)。

3. 中间体及集成安装板的组装参见 F8 空气分配阀部分。

三、F8L 空气分配阀

(一)分解与组装

1. 主阀(图 3-4 及零件表 5-23)

表 5-23 F8L 空气分配阀主阀零件表

件号	图 号	名 称	数量	件号	图 号	名 称	数量
1	TPK98-11-00	主阀体组成	1	9	TPJ81-00-18A	弹簧挡圈	2
2	TPJ81-00-14	O 形圈 40×3.4	1	10	TPH53-10-03/2	触头(大)	2
3	TPJ81-00-22	O 形圈 18×2.25	2	11	TPH53-10-03/1	主阀杆	1
4	TPH53-10-02/2	平衡阀	1	12	TPJ84-00-17	O 形圈 14×2.25	9
5	TPK18-10-29	平衡阀弹簧	1	13	TPK18-10-32	压帽	1
6	TPH53-10-02/1	平衡阀盖	1	14	TPJ81-00-12	O 形圈 24×2.25	12
7	TPJ81-00-19A	胶垫螺帽	2	15	TPJ92-05-02A	压板	1
8	TPJ81-03-00	胶垫	2	16	TPK18-10-07A	小膜板	1

续上表

件号	图　号	名　　称	数量	件号	图　号	名　　称	数量
17	TPJ92-00-30	小活塞	1	51	TPK98-10-02	充气阀盖	1
18	TPK18-10-33	顶块	1	52	TPK18-10-34	充气阀膜板	1
19	TPK18-10-11	顶杆	1	53	TPJ92-00-10	充气阀弹簧	1
20	TPK18-10-10	大活塞	1	54	TPJ92-00-11	充气阀套	1
21	TPK18-10-09	大膜板	1	55	TPH59-10-01	缩堵 R1/8	1
22	TPJ84-00-25	压板	1	56	TPK98-10-03	转换盖板	1
23	TPK18-10-12	硬心	1	57	TPK46-30-09	转换阀垫	1
24	TPK18-10-27	螺母	1	58	TPK98-10-04	主阀铭牌	1
25	TPK46-36-01	缓解柱塞	1	59	TPK18-10-20B	排气罩	1
26	TPJ92-14-01	触头	1	60	TPK18-10-35	胶垫	4
27	TPJ81-00-21	缓解阀	1	61	TPK18-10-21B	大胶垫	2
28	TPK46-38-02	保压弹簧	1	62	GB/T 893.1	挡圈 28	2
29	TPK46-38-01	缓解阀盖	1	63	GB/T 70.1	内六角螺钉 M6×14	8
30	TPJ92-08-02	螺盖	2	64	GB/T 93	弹簧垫圈 6	8
31	TPJ92-08-01	止回阀簧	2	65	GB/T 3452.1	O 形圈 26.5×2.65A	2
32	TPK18-10-49	止回阀	2	66	GB/T 818	螺钉 M5×8	2
33	TPJ92-08-04	止回阀胶垫	2	67	GB/T 923	螺母 M8	3
34	TPJ92-08-05A	弹簧挡圈	2	68	GB/T 6172.1	六角薄螺母 M8	1
35	TPK18-10-13	缩堵(Ⅰ)	2	69	GB/T 74	紧定螺钉 M8×30	1
36	TPK46-30-04	局减阀套	1	70	GB/T 70.1	内六角螺钉 M8×16	3
37	TPK18-10-08	制动弹簧	1	71	GB/T 859	弹簧垫圈 8	3
38	TPK98-13-00	主阀下体组成	1	72	GB/T 923	螺母 M12	4
39	TPJ80-00-19	O 形圈 12×1.75	1	73	GB/T 5783	螺栓 M12×45	4
40	TPK98-12-00	中体组成	1	74	GB/T 97.1	平垫圈 12	4
41	TPJ81-00-23	O 形圈 34×3.4	2	75	GB/T 859	弹簧垫圈 12	4
42	TPK46-30-02	限压阀套	1	76	GB/T 897	双头螺柱 AM10×35	1
43	TPJ92-16-08	限压阀簧	1	77	GB/T 6170	螺母 M12	1
44	TPJ92-16-09	弹簧托	1	78	GB/T 923	螺母 M10	3
45	TPK98-10-01	限压阀盖	1	79	GB/T 897	双头螺柱 AM10×25	2
46	TPK46-30-03	限压阀	1	80	GB/T 899	双头螺柱 AM8×20	2
47	TPK18-10-22	大缩堵	1	81	GB/T 827	铆钉 2×4	2
48	TPJ92-11-01	充气柱塞	1	82	GB/T 3452.1	O 形圈 32.5×2.65A	1
49	TPJ92-11-03	压板	1	83	TPJ92-00-29	放风弯头	1
50	TPJ92-11-02	膜板托	1				

注：主阀用于空气制动单元时，不必安装放风弯头(序号 83)。

主阀的分解与组装基本与 F8G、F8Y 阀相同，所不同的是平衡阀部分。另外，由于 F8L 空气分配阀的阀体、阀盖材质为铝合金，因此，在拆装、搬运中要防止磕碰。

平衡阀部分的分解和组装注意事项如下。

(1)平衡阀部分的分解

用活动扳手卸下主阀上盖组成平衡阀盖(6)，取下 O 形圈(2)；用尖嘴钳取下弹簧挡圈(9)后，将平衡阀盖(6)内的平衡阀(4)和平衡阀弹簧(5)取出，用螺丝刀松开胶垫螺帽(7)，取出胶垫(8)，同时取下 O 形圈(3)。

(2)平衡阀部分组装注意事项

①平衡阀胶垫螺帽(7)装配时不可用力过大，以防胶垫(8)变形。

②平衡阀(4)上 O 形圈(3)不可漏装。

③平衡阀弹簧(5)不可漏装或错装，要入槽。

④弹簧挡圈(9)装入平衡阀盖(6)时要入槽，且不能变形。

⑤平衡阀盖(6)旋入主阀体组成(1)前不要漏装 O 形圈(2)。

(3)检查主阀杆(11)与触头(10)铆接应牢固

2. 辅助阀(见图 3-6 及零件表 5-16)

辅助阀的分解与组装与 F8G、F8Y 相同，但由于 F8L 空气分配阀的阀体、阀盖材质为铝合金，因此，在拆装、搬运中要防止磕碰。

(二)检修特殊要求

F8L 空气分配阀检修时除要满足检修的一般要求外，对部分易损、易耗部件超限时应更新。

1. 加工件磨耗检修限度，关键、一般弹簧检修限度，均与 F8G、F8Y 阀相同。

2. 限制堵规格、直径见表 5-24。

表 5-24　F8L 阀限制堵基本参数

序号	件　号	图　号	名　称	规　格	直径(mm)	使用部位
1	图 3-4,55	TPK18-10-05	缩堵	M 8	$\phi1.1$	主　阀
2	图 3-4,35	TPK18-10-13	缩堵(Ⅰ)	R1/8	$\phi2.5$	
3	图 3-4,47	TPK18-10-22	大缩堵	R1/4	$\phi1.1$	
4	图 3-6,13	TPJ92-00-14	紧急排风限制堵	R1/8	$\phi1.4$	辅助阀
5	图 3-6,12	TPJ92-00-16	常用排风限制堵	R1/8	$\phi1.2$	
6	图 2-18,23	TPK46-20-10	缩堵	R1/4	$\phi3.0$	安装板

3. 橡胶件按表 5-25 更新。

表 5-25　F8L 阀橡胶件基本参数

序号	图　号	名　称	规格(mm)	每套数量	使用部位及数量		
					主　阀	辅助阀	安装板
1	TPJ80-00-19	O 形圈	12×1.75	2	1	1	—
2	TPJ84-00-17	O 形圈	14×2.25	12	9	3	—
3	TPJ81-00-22	O 形圈	18×2.25	3	2	1	—
4	TPJ81-00-12	O 形圈	24×2.25	16	12	4	—
5	TPJ81-00-23	O 形圈	34×3.4	2	2	—	—
6	TPJ81-00-14	O 形圈	40×3.4	3	1	—	2
7	TPJ81-01-04	O 形圈	50×3.3	2	—	—	2
8	GB/T 3452.1	O 形橡胶密封圈	26.5×2.65A	2	2	—	—
9	GB/T 3452.1	O 形橡胶密封圈	32.5×2.65A	1	1	—	—
10	TPK18-10-07A	主阀小膜板	109	1	1	—	—
11	TPK18-10-09	主阀大膜板	166	1	1	—	—
12	TPK18-10-34	充气阀膜板	84	1	1	—	—
13	TPK18-30-18	辅助阀膜板	116	1	—	1	—
14	TPJ92-08-04	止回阀胶垫	18	2	2	—	—
15	TPK18-10-21B	大胶垫	16	2	2	—	—
16	TPK18-10-35	胶垫	12	6	4	2	—
17	TPJ81-03-00	阀胶垫	24	3	2	1	—
18	TPK18-00-01	主阀垫	146×96	1	—	—	1
19	TPK18-00-02	辅助阀垫	92×92	1	—	—	1
20	TPK46-30-09	转换阀垫	68×38	1	1	—	—
21	TPJ155-01-02	胶垫	—	3	—	—	3
22	TPH53-40-10	局减室胶垫	106	1	—	—	1
23	TPK46-20-14	辅助室胶垫	159	1	—	—	1
24	TPK18-10-20B	排气罩	—	1	1	—	—
25	TPK18-30-17	防护罩	—	1	—	1	—
26	TPK18-18-03	排风罩垫	—	1	—	—	1

注:①TPK18-18-03 排风罩垫和 TPK18-30-17 防护罩,段修时状态良好可不更换,厂修时须更换。

②O 形橡胶密封圈为 GB/T 3452.1 尺寸,但采用 F8 空气分配阀橡胶件配方,定点专业橡胶件厂生产。

第六章　F8 系列空气分配阀的运用、故障判断与处理

第一节　F8 系列空气分配阀的运用

一、列检作业

列检作业时除按有关规定对车辆和列车进行试验检查外，根据 F8 系列空气分配阀的结构和作用特点，作业时还应注意以下事项：

1. 车辆需单独缓解并进行调车作业时的处理

调车作业需单独缓解车辆时，可开启制动缸管上的缓解塞门，使车辆制动缸达到缓解状态；也可开启工作风缸下面的排水塞门，使车辆分配阀和制动缸都达到缓解状态。这样操作，副风缸不排风，可节省压缩空气及再充风的时间。注意：开启工作风缸排水塞门，车辆制动机缓解后一定要将排水塞门关闭到位。

2. 拆换分配阀时的处理

需拆换分配阀时，先关闭制动支管上的截断塞门，然后打开工作风缸和副风缸的排水塞门，确保工作风缸和副风缸的压力空气排净后，再拆卸分配阀。

拆卸后要立即对阀及中间体或集成板裸露的安装面进行防护，避免沙尘、杂物进入。

3. 检查各塞门的开闭位置

按正常作业，除了要检查折角塞门开启、各风缸排水塞门关闭外，还需特别注意检查单管供风的车辆制动支管与空气弹簧供风管之间的塞门是否处于关闭状态。如果误开，将造成影响列车制动作用的严重后果，务必特别注意。该塞门只有在本车空气制动机故障，关闭制动支管截断塞门后，为保证空气弹簧供风时才开启。双管供风的车辆无此问题。

4. 正确识别分配阀排气情况

(1)主阀充气阀尾部排气：在制动初期约有 1 s 左右的排气，在缓解即将结束时有约 20 s 左右的排气是正常的，是局减在排气。

(2)辅助阀上部两个排气堵，在常用制动时，上部排气堵排风，大股排风后约有 60 s 左右的极轻微排气是正常的；在紧急制动时两个排气堵均排风。

二、与非 F8 阀的客车混编连挂

装有 F8 系列空气分配阀(F8G 阀除外)的新造客车出厂、旧车返厂或由于其他原因需与非具有阶段缓解功能的车辆混编连挂运行时,需将主阀上的转换盖板置于一次缓解位(箭头向上)。只有 F8 阀专列或与使用 104 电空制动机的车辆混编连挂,且机车使用阶段缓解操纵时,才将主阀上的转换盖板置于阶段缓解位(箭头向下)。

注意:在进行"一次缓解"与"阶段缓解"的转换时,只需调转盖板,而不要改变原胶垫安装位置。

第二节　F8 系列空气分配阀常见故障判断与处理

一、F8 空气分配阀

(一)主阀(图 2-2)

1. 充气时的故障判断与处理

(1)副风缸充气过慢及最高压力达不到要求

①检查试验台总风压力是否是在 650 kPa 以上,制动管压力是否调整到 600 kPa,如果不是,应重新调整总风或制动管风压。

②检查副风缸充风限制堵中心孔是否被异物堵塞(中心孔直径 $\phi 2.5$ mm),如果是,应疏通该堵中心孔。

③检查副风缸充气止回阀弹簧是否装错,或发生弯曲变形,如果是,应更换止回阀弹簧。

④检查副风缸充气止回阀是否是柱形,止回阀是否被卡死(试验时 4 位甚至 5 位减压不出闸)。若止回阀仍为柱形止回阀,需更换为球形阀。若卡死,找出卡死原因,重新组装该止回阀。

(2)副风缸充气过快

①检查副风缸充风限制堵中心孔直径是否过大或漏装该堵,如果过大,更换限制堵。

*②主阀上体内部漏泄,应更换主阀体。

(3)工作风缸充气过慢或充不进风

①检查试验台总风压力是否是在 650 kPa 以上,制动管压力是否调整到 600 kPa,如果不是,应重新调整总风或制动管风压。

注:* 为不常出现的故障。

②检查工作风缸限制堵(60)中心孔是否被异物堵塞(中心孔直径 $\phi 1.1 \sim 1.2$ mm),(稳定性差,试验时 4 位减压制动灵敏度高),如果是,疏通该堵中心孔。

*③检查工作风缸充风限制堵对应的主阀上下体通路是否畅通,如果不畅则疏通不畅通路。

(4)工作风缸充气过快

①检查工作风缸限制堵中心孔直径是否过大或漏装(试验时 4 位减压灵敏度差),如果过大,应调整或更换该限制堵。

②检查大膜板是否破损,如果破损,更换大膜板。

③大膜板在上下体组装时是否没装正而被挤压引起内圈变形,如果是,更换膜板重新组装。

④检查缓解柱塞(23)与大活塞间 O 形圈是否漏泄或漏装,如果是,更换或装上 O 形圈。

2. 充气缓解位漏泄故障判断与处理

(1)缓解排气口漏泄

①检查平衡阀胶垫(5)表面或阀口是否有异物,若有,应清除。

②检查平衡阀胶垫表面是否凹凸不平,是否有划痕及被异物压出的印痕或阀口印痕明显深浅不均,如有,将平衡阀胶垫磨平或更换。

③检查平衡阀是否卡住,是否装正(观察阀口在胶垫上的印痕),如果是,找出卡死原因,重新组装或更换该平衡阀。

④检查平衡阀弹簧(7)是否产生了弯曲永久变形或弹力不够,如果是,更换该弹簧。

⑤检查平衡阀导杆上的 O 形圈(6)是否漏泄,如果漏泄,更换该 O 形圈。

⑥主阀供给阀座阀口是否有缺陷,如果有,且阀口伤痕较浅,可用砂纸轻轻研磨,如伤痕较深则更换该供给阀座。

⑦检查缓解柱塞(23)最下面一道 O 形圈是否漏泄,若漏泄,更换该 O 形圈。

(2)充气阀尾部及侧面小孔漏泄

①观察阀体充气阀尾部侧面小孔是否漏泄,如漏泄应检查。

a. 中体(19)O 形圈(41)是否漏泄或未装好,如果是,应重新组装或更换该 O 形圈。

b. 检查中体胶垫是否老化变形或有缺陷,如果是,应更换。

c. 中体未装好,如果是,应重装中体。

②检查充气阀套尾部是否漏泄,如果是,更换充气阀套(58)后部第二道 O 形圈或更换局减阀套(37)及缓解柱塞(23)第二道 O 形圈。

(3)充气阀六角帽(2)小孔漏泄

检查充气阀套(58)第一道 O 形圈是否漏泄,如果漏泄,应更换。

3. 制动位漏泄故障判断与处理

(1)缓解排气口漏泄

①检查缓解阀胶垫(34)表面或局减套(37)阀口是否有异物,如有,需清除。

②检查缓解阀胶垫表面是否凹凸不平,有划痕,有被异物压出的印痕或阀口印痕明显深浅不均,如有,将平衡阀胶垫磨平或更换。

③检查缓解阀是否卡住,是否装正(观察阀口在胶垫上的印痕),如果是,找出卡住原因,处理后重新组装。

④检查保压弹簧(31)是否产生了永久弯曲变形、折断或弹力不够,如果是,应更换。

⑤检查缓解阀导杆(32)上的O形圈(33)是否漏泄,如果漏泄,应更换。

⑥检查局减阀套最下面一道O形圈是否漏泄,如果漏泄,应更换。

⑦检查局减阀套阀口是否有缺陷,若阀口伤痕较浅可用砂纸轻轻研磨,如伤痕较深则更换该局减阀套。

(2)充气阀尾部及侧面小孔漏泄

①观察阀体充气阀尾部侧面小孔是否漏泄,如仅制动位漏泄应检查:

a. 主阀小膜板(17)是否破损,如破损,更换小膜板。

b. 主阀小膜板是否未装好,如果未装好,重新组装小膜板。

c. 主阀杆(12)与小活塞间O形圈是否漏泄,如果漏泄,应更换。

②检查充气阀套尾部是否漏泄,如漏泄,应更换充气阀套最后一道O形圈。

③检查充气阀杆(59)尾部是否漏泄,如漏泄,应更换充气阀杆最后一道O形圈。

(3)充气阀六角帽(2)小孔漏泄

①检查充气阀膜板(63)是否破损,如破损,更换充气阀膜板。

②充气阀膜板是否未装好,如果未装好,重新组装充气阀膜板。

③充气阀杆(59)与活塞间O形圈是否漏泄,如漏泄,更换该O形圈。

④充气阀杆最上一道O形圈是否漏泄,如漏泄,更换该O形圈。

(4)限压阀盖(48)小孔漏泄

①检查限压阀套(51)第一道O形圈是否漏泄,如漏泄,更换该O形圈。

②检查限压阀(53)第一道O形圈是否漏泄,如漏泄,更换该O形圈。

(5)制动管排零后,试验台排气口12漏泄

①检查大膜板(21)是否破损,如破损,更换大膜板。

②大膜板在上下体组装时是否没装正而被挤压引起内圈变形,如果是,更换膜板重新组装。

③检查缓解柱塞(23)与大活塞间O形圈是否漏泄或漏装,如果是,更换该O形圈。

④(一次缓解位时)检查局减阀套(37)或缓解柱塞(23)第一道O形圈是否漏泄,如漏泄,更换该O形圈。

⑤检查中体(19)与小膜板(17)外圈密封是否严密,如不严密,重新组装中体。

⑥检查副风缸充气止回阀(27)是否能灵活动作,是否卡在止回阀套(45)上不动,检查副风缸充气止回阀是否是柱形(试验时4位甚至5位减压不出闸)。若卡死,找出卡死原因,重新组装该止回阀。若止回阀仍为柱形止回阀,需更换为球形阀。

⑦检查副风缸充气止回阀胶垫(26)与其阀口接触处有无异物,如有,应清除。

⑧检查副风缸充气止回阀胶垫表面是否凹凸不平,有划痕或被异物压出的印痕或阀口印痕明显深浅不均,如有,将止回阀胶垫磨平或更换止回阀胶垫。

⑨检查副风缸充气止回阀弹簧(80)是否折断、产生了永久弯曲变形或弹力不够,若有,更换该弹簧。

⑩检查副风缸充气止回阀阀口是否有缺陷,若阀口伤痕较浅可用砂纸轻轻研磨;如伤痕较深,则更换该止回阀座。

注:在做该项试验时可将试验台副风缸及其管路内的风排尽,如排气口12不漏泄,则注意检查 ⑥～⑩项;如仍漏泄,再将制动缸及其管路内的风排尽,如排气口不漏泄则注意检查⑤项;如仍漏泄再将转换盖板打开,关闭12号风门,如上侧孔有风则注意检查④项。

4. 制动及制动保压故障判断与处理

(1)不制动或制动灵敏度差

①检查工作风缸限制堵中心(60)是否存在限制堵螺纹配合过松,中心孔直径是否过大,如果是,上紧或更换该堵。

②检查大膜板是否破损,若破损,更换。

③主阀充气阀尾部的防尘排气罩(57)是否漏装,导致呼吸孔进水发生冰堵(冬季),若是,疏通该呼吸孔后,加装防尘排气罩。

④大膜板(21)在上下体组装时是否没装正而被挤压引起内圈变形,如果是,更换膜板重新组装。

⑤检查副风缸充气止回阀(27)是否能灵活动作,是否卡在止回阀套(45)上不动,检查副风缸充气止回阀是否是柱形(试验时4位甚至5位减压不出闸)。若卡死,找出卡死原因,重新组装该止回阀。若止回阀仍为柱形止回阀,需更换为球形阀。

⑥检查副风缸充气止回阀胶垫(26)与其阀口接触处有无异物,如有,应清除。

⑦检查副风缸充气止回阀胶垫表面是否凹凸不平,有划痕或被异物压出的印痕或阀口印痕明显深浅不均,如有,将止回阀胶垫磨平或更换止回阀胶垫。

⑧检查副风缸充气止回阀弹簧(80)是否折断、产生了永久弯曲变形或弹力不够,若

有，更换该弹簧。

⑨检查副风缸充气止回阀阀口是否有缺陷，若阀口伤痕较浅可用砂纸轻轻研磨；如伤痕较深，则更换该止回阀座。

⑩检查保压弹簧(31)是否过软或漏装。如果是，应更换或加装该弹簧。

⑪检查缓解阀盖(30)内气路是否被异物堵塞，缓解阀盖与主阀下体间的胶垫是否挤压变形严重，堵死气路，如果是，疏通该气路，或更换胶垫。

(2)制动保压后很快缓解

①检查大膜板(21)是否破损，若是，应更换。

②大膜板在上下体组装时是否没装正而被挤压引起内圈变形，如果是，更换膜板重新组装。

③检查副风缸充气止回阀(27)是否能灵活动作，是否卡在止回阀套(45)上不动，检查副风缸充气止回阀是否是柱形(试验时 4 位甚至 5 位减压不出闸)。若卡死，找出卡死原因，重新组装该止回阀。若止回阀仍为柱形止回阀，需更换为球形阀。

④检查副风缸充气止回阀胶垫(26)与其阀口接触处有无异物，如有，应清除。

⑤检查副风缸充气止回阀胶垫表面是否凹凸不平，有划痕或被异物压出的印痕或阀口印痕明显深浅不均，如有，将止回阀胶垫磨平或更换止回阀胶垫。

⑥检查副风缸充气止回阀弹簧(80)是否折断、产生了永久弯曲变形或弹力不够，若有，更换该弹簧。

⑦检查副风缸充气止回阀阀口是否有缺陷，若阀口伤痕较浅可用砂纸轻轻研磨；如伤痕较深，则更换该止回阀座。

⑧观察制动缸压力表针，如上升则应检查：

a. 平衡阀胶垫(5)或阀口是否有异物，若有，应清除。

b. 平衡阀胶垫表面是否凹凸不平，有划痕或被异物压出的印痕或阀口印痕明显深浅不均，如有，将平衡阀胶垫磨平或更换平衡阀胶垫。

c. 平衡阀是否卡住，是否装正(可观察阀口在胶垫上的印痕)，如果未装正，找出卡死原因，重新组装该阀。

d. 平衡阀弹簧(7)是否折断、产生了永久弯曲变形或弹力不够，若是，更换该弹簧。

e. 主阀杆(12)与小活塞(18)及压板(16)组装是否没密贴，如果是，应重新组装并上紧。

f. 检查主阀上盖(4)内气路是否被异物堵塞，盖与主阀体间的胶垫是否挤压变形严重，堵死气路，如果是，疏通该气路，或更换胶垫。

⑨ 检查限压阀下部大缩堵(54)中心孔是否被异物堵塞或变小，如果是，应疏通该孔。

⑩ 检查工作风缸塞门是否关严，工作风缸管路或塞门是否漏泄，如果是，应关严塞门或重装或更换漏泄的管路与塞门。

(3)制动保压一段时间后缓解

①检查大膜板(21)是否破损，若破损，应更换。

②大膜板在上下体组装时是否没装正而被挤压引起内圈变形，如果是，更换膜板重新组装。

③检查缓解柱塞(23)与大活塞间 O 形圈是否漏泄或漏装，如果是，更换或装上 O 形圈。

④(一次缓解位时)检查局减阀套(37)或缓解柱塞(23)第一道 O 形圈是否漏泄，如漏泄，更换该 O 形圈。

⑤检查副风缸充气止回阀(27)是否能灵活动作，是否卡在止回阀套(45)上不动，检查副风缸充气止回阀是否是柱形(试验时 4 位甚至 5 位减压不出闸)。若卡死，找出卡死原因，重新组装该止回阀。若止回阀仍为柱形止回阀，需更换为球形阀。

⑥检查副风缸充气止回阀胶垫(26)与其阀口接触处有无异物，如有，应清除。

⑦检查副风缸充气止回阀胶垫表面是否凹凸不平，有划痕或被异物压出的印痕或阀口印痕明显深浅不均，如有，将止回阀胶垫磨平或更换止回阀胶垫。

⑧检查副风缸充气止回阀弹簧(80)是否折断、产生了永久弯曲变形或弹力不够，若有，更换该弹簧。

⑨检查副风缸充气止回阀阀口是否有缺陷，若阀口伤痕较浅可用砂纸轻轻研磨；如伤痕较深，则更换该止回阀座。

⑩检查限压阀下部大缩堵(54)中心孔是否被异物堵塞或变小，如果是，应疏通该孔。

⑪检查工作风缸塞门是否关严，工作风缸管路或塞门是否轻微漏泄，如果是，应关严塞门或重装或更换漏泄的管路与塞门。

⑫检查中体(19)组装时与小膜板(17)外圈未压严，如果是，重新组装中体或小膜板。

(4)制动保压后制动管压力继续下降

检查中间体中副风缸气路是否畅通，可进行中间体通路试验，若是，更换中间体。

(5)局减室升至最高压力的时间达不到要求

检查局减止回阀限制堵(24)中心孔是否过大或过小或被异物堵塞，如是，需清除异物或更换该堵。

(6)制动保压后出现再制动

检查限压阀下部大缩堵(54)是否漏装或中心孔是否过大，如过大调整或更换该堵。

(7)制动缸补风灵敏度达不到要求

①是否按试验方法要求试验，即：制动缸压力在 200 kPa 左右，如果不是，应按试验要求试验。

②平衡阀弹簧(7)是否过硬，若是，更换平衡阀弹簧。

③中体及主阀上下体组装是否同心度差，若是，重新组装中体及主阀上下体。

(8)常用全制动时制动缸升至最高压力的时间达不到要求

①若平衡阀(5)开口过小，更换稍长的主阀杆(12)。

②限压阀套上两排直径 $\phi1.1$ mm 的孔是否有些被异物堵塞，如果是，疏通限压阀套上所有的小孔。

(9)制动保缸后制动管继续减压局减室压力随制动管下降

出现上述现象说明局减止回阀漏泄，则检查：

①检查局减止回阀胶垫(26)与其阀口接触处有无异物，若有，应清除。

②检查局减止回阀胶垫是否凹凸不平，是否有划痕，是否有被异物压出的印痕或阀口印痕明显深浅不均，若有，磨平胶垫或更换胶垫。

③检查局减止回阀(27)是否灵活动作，是否被卡在局减止回阀螺盖(28)内不动；检查副风缸充气止回阀是否是柱形，若卡死，找出卡死原因，重新组装该止回阀。若止回阀仍为柱形止回阀，需更换为球形阀。

④检查局减止回阀弹簧(29)是否产生了永久弯曲变形或弹力不够，如果是，更换该弹簧。

⑤检查局减止回阀阀口是否有缺陷，若有，阀口伤痕较浅可用砂纸研磨，如伤痕较深则更换该止回阀座。

(10)制动保压后局减室压力空气通过充气阀尾部排风不止

从充气阀尾部观察充气柱塞(59)是否动作，如未动作，则检查：

①充气阀膜板是否破损，若是，更换该膜板。

②充气阀盖(64)内通路是否畅通，若不通，则疏通充气阀盖内通路。

5. 缓解故障判断与处理

(1)缓解灵敏度差

①检查试验台总风压力是否是在 650 kPa 以上，制动管压力是否调整到 600 kPa，如果不是，应重新调整总风或制动管风压。

②中体及主阀上下体组装同心度差，若是，重新组装中体及主阀上下体。

③检查保压弹簧是否产生永久变形、是否折断，若是，更换该弹簧。

(2)制动缸压力缓解不到底且再次发生局减作用

缓解柱塞(23)较长，可更换该柱塞或将柱塞头稍稍磨去一些。

(3)缓解不良(一次位)

①小膜板(17)破损(此时,充气阀尾部侧面小孔大漏风)。若是,更换小膜板。

②主阀充气阀尾部的防尘排气罩(57)是否未装,导致呼吸孔进水发生冰堵(冬季),若是,疏通该呼吸孔后,加装防尘排气罩。

③大膜板(21)组装有误,若是,重新组装大膜板或更换大膜板。

④缓解阀保压弹簧(31)偏硬,若是,更换保压弹簧。

(4)局减室排气较慢或不排气

①检查充气阀弹簧(61)是否装错或漏装,如果是,重新正确组装充气阀弹簧。

②检查充气阀套(58)最后一排小孔是否被异物堵塞,如果是,疏通充气阀套最后一排小孔。

*③检查主阀上体局减通路是否畅通,若不畅通,疏通主阀体局减通路。

(5)缓解时间过长

①检查局减阀套(37)是否安装到底(可检查弹簧挡圈是否完全入槽),若是,则重新安装。

②检查主阀杆(12)或缓解柱塞杆(23)是否过短,使缓解阀开度过小,如果是,更换稍长的主阀杆或缓解柱塞。

③检查保压弹簧(31)是否过硬,若是,更换保压弹簧。

④检查缓解阀(34)是否被卡住,如果是,找出卡住原因,重新组装。

*⑤检查中间体内制动缸通路是否不畅,如果是,将中间体卸下,疏通制动缸通路。

6. 其他故障判断与处理

(1)稳定性不良

①检查工作风缸限制堵(60)中心孔是否过小或被异物堵塞,如是,疏通工作风缸限制堵中心孔。

②保压弹簧(31)是否过硬,如果是,更换保压弹簧。

(2)紧急限压后,制动缸压力下降

紧急限压后,制动缸压力稍有下降是正常的,如下降不止则将操纵阀手柄置三位保压观察制动管压力是否上升,如上升则重新上紧中体(19)或更换主阀小膜板(17)。

(3)紧急限压后,制动缸压力继续上升

①检查限压阀(53)或限压阀套(51)第二道O形圈是否漏泄,如是,更换该O形圈。

②检查主阀杆(12)O形圈是否漏泄,如是,更换该O形圈。

(4)无阶段缓解或阶段缓解不明显

①检查转换盖板(43)及胶垫(44)是否安装错误,如果是,将转换盖板及胶垫按正确方法重新安装(注意:一次位与阶段位相互转换时,只转换盖板而不动胶垫)。

②检查转换盖板(43)及胶垫(44)是否有缺陷，如果有，则更换有缺陷的转换盖板或胶垫。

③检查充气阀套(58)第二道O形圈是否漏泄，如漏泄则更换该O形圈。

(二)辅助阀(图2-9)

1. 充气时的故障判断与处理

辅助风缸充气过慢，则检查：

①检查辅助阀套(11)最下排小孔是否堵塞不畅，若是，则疏通该排孔。

②检查辅助阀上盖(17)与辅助阀下体(1)内部两个通路孔间的胶垫是否被挤压变形，若是，则更换薄些的胶垫。

③检查辅助阀上盖是否不畅，若是，疏通辅助阀上盖内部两个小孔。

④检查内部两个小孔是否不畅，若是，疏通辅助阀下体内部两个小孔。

2. 缓解位漏泄故障判断与处理

(1)紧急排风口漏泄

①检查放风阀胶垫(20)表面或阀口是否有异物，若有，应清除。

②检查放风阀胶垫表面是否凹凸不平，是否有划痕，是否有被异物压出的印痕或阀口印痕明显深浅不均，若有，将放风阀胶垫磨平或更换该胶垫。

③检查放风阀(15)是否卡住，是否活动自如，如活动不自如，应找出原因，重新组装放风阀。

④检查放风阀弹簧(17)是否产生了弯曲永久变形或弹力不够，若是，更换该弹簧。

⑤检查放风阀导杆上的O形圈(16)是否漏泄，若是，则更换该O形圈。

⑥检查放风阀口是否有缺陷，如果有，若阀口伤痕较浅可用砂纸研磨，若伤痕较深则更换该阀座或阀体。

(2)常用排气限制堵(12)漏泄

辅助阀杆(8)最上一道O形圈漏泄，更换该道O形圈。

(3)紧急排气限制堵(13)漏泄

辅助阀套(11)下部第二道O形圈漏泄，更换该道O形圈。

3. 制动位漏泄故障判断与处理

(1)紧急排风口漏泄

①检查放风阀胶垫(20)表面或阀口是否有异物，若有，应清除。

②检查放风阀胶垫表面是否凹凸不平，是否有划痕，是否有被异物压出的印痕或阀口印痕明显深浅不均，若有，将放风阀胶垫磨平或更换该胶垫。

③检查放风阀(15)是否卡住，是否活动自如，如活动不自如，应找出原因，重新组装放风阀。

④检查放风阀弹簧(17)是否产生了弯曲永久变形或弹力不够，若是，更换该弹簧。

⑤检查放风阀导杆上的O形圈(16)是否漏泄，若是，则更换该O形圈。

⑥检查放风阀口是否有缺陷，如果有，若阀口伤痕较浅可用砂纸研磨，如伤痕较深则更换该阀座或阀体。

(2)常用排气限制堵(12)漏泄

由于保压后余风的影响，因此需稍等待一段时间(约60 s)后再检查。如漏泄量未见减轻，则原因是：

①辅助阀杆(8)最上一道O形圈漏泄，更换该道O形圈。

②检查制动管是否漏泄，若是，修好。

③检查中间体副风缸通路是否漏泄，若是，更换中间体。

(3)紧急排气限制堵(13)漏泄

辅助阀套(11)下部第二道O形圈漏泄，更换该道O形圈。

(4)工作风缸漏泄

辅助阀杆(8)及阀套(11)最下一道O形圈漏泄，更换该道O形圈。

4. 紧急制动故障判断与处理

(1)安定性不良

①检查常用排气限制堵(12)中心孔(直径 $\phi 1.2$ mm)是否过小或被异物给堵塞，是否未加防护罩使得该堵中心孔结冰，若是，清除异物，疏通该孔，未装防护罩的应加装防护罩。

②检查辅助阀(11)套最上一排孔是否畅通，若不畅通，疏通辅助阀套最上一排孔。

③检查放风阀弹簧(17)是否变形，折断或弹力不够，若是，更换该弹簧。

④检查放风阀胶垫螺帽(13)有无松动，若有，紧固该螺帽。

(2)紧急制动灵敏度差或无紧急制动作用

①检查辅助阀膜板(3)是否破损，若是，更换辅助阀膜板。

②检查上下体组装时辅助阀膜板(3)内圈是否被挤压变形，若是，重新组装上下体或更换辅助阀膜板。

③检查常用排气限制堵(12)中心孔是否过大或螺纹过松，若是，更换常用排气限制堵或上紧该堵。

④检查辅助阀杆(8)下端触头(21)是否脱落，若是，重新铆好触头或更换新的辅助阀杆。

⑤检查放风阀弹簧(17)是否过硬，若是，更换该弹簧。

⑥检查紧急放风阀(15)是否被卡住，若是，找出卡住原因，重新组装紧急放风阀。

⑦检查辅助阀套(11)最上两道O形圈是否漏泄，若是，更换该O形圈。

⑧检查辅助阀活塞(5)与阀杆(8)间的 O 形圈(6)是否漏装或漏泄，若是，更换该 O 形圈。

(3)辅助室排气时间达不到要求

紧急排气堵(13)孔过小、堵塞或过松。若是，疏通或上紧紧急排气限制堵。

5. 其他故障判断与处理

加速缓解作用差，其原因是辅助阀杆(8)及阀套(11)最下一道 O 形圈漏泄，更换该道 O 形圈。

二、F8G、F8Y、F8L 空气分配阀

(一)主阀(图 3-3、图 3-4)

1. 充气时的故障判断与处理

基本同 F8 空气分配阀。不同的是工作风缸充风时间若不合格(快或慢)，检查工作风缸限制堵中心孔孔径是否被异物堵塞(F8G 阀中心孔直径 ϕ0.9 mm，F8Y、F8L 阀中心孔直径 ϕ1.1 mm)，或限制堵未上紧，如果是，疏通该堵中心孔或上紧该堵。

2. 充气缓解位漏泄故障判断与处理

基本同 F8 空气分配阀。不同的是，原 F8 阀的充气阀侧面小孔，F8G、F8Y 和 F8L 均改到了充气阀膜板腔下侧小孔。

3. 制动位漏泄故障判断与处理

同上，F8G、F8Y 和 F8L 将原 F8 阀的充气阀侧面小孔及充气阀六角帽(2)处呼吸孔合并，改到了充气阀膜板腔下侧。其他基本同 F8 空气分配阀。

4. 制动及制动保压故障判断与处理

基本同 F8 空气分配阀。不同的是，①由于取消了主阀充气阀尾部的防尘排气罩，侧面呼吸孔改到了充气阀膜板腔下侧且无防护，充气阀尾部阀套后部有一防尘罩；②检查主阀上盖的结构，由于与原 F8 阀不同，因此无阀体间的胶垫。

5. 缓解故障判断与处理

基本同 F8 空气分配阀。不同的是，在“(3)缓解不良(一次位)”和“(5)缓解时间过长”的故障中增加：检查缓解柱塞下端触头是否脱落，导致缓解时缓解阀开度过小甚至不能打开，若是，重新将脱落的触头铆好或更换缓解柱塞。

6. 其他故障判断与处理

基本同 F8 空气分配阀。

(二)辅助阀(图 3-6)

基本同 F8 空气分配阀的辅助阀。

第七章　F8H 空气控制阀的研制简介

随着重载货车升级换代的逐步完成以及市场的需求，快捷货车的研制提上日程。目前在中国铁路大部分线路还是客/货混跑，客车提速了，而货车速度上不来，就会对线路的通过效率产生不可忽视的影响，因而发展、运用快捷货车是提高铁路货运同公路乃至航空运输竞争力的有效手段。

原中国北车股份有限公司早在 2006 年就提出并组织进行快速货车制动技术的研究，开展系统论证和关键部件的开发，其中新型空气控制阀研制由天津机辆轨道交通装备有限责任公司牵头负责。2007 年初在成熟的 F8 空气分配阀基础上进行了适应性修改和优化，并初定该新型空气控制阀的名字为 F8H 空气控制阀。2007 年完成了方案和工作图设计，并进行了样机试制，同时设计制作了仿单车试验台，制定了试验台试验技术条件；2007 年底至 2008 年初对试制的样机进行了单阀试验和仿单车试验，同时将 F8 分配阀和 120 控制阀在同一仿单车试验台上与 F8H 空气控制阀进行了对比试验，在试验的过程中，对 F8H 空气控制阀的性能进行了调整，使其满足设计要求。

2014 年中国铁路总公司提出快捷货车的研制任务，结合快捷货车的技术条件和要求，总结前期研制的 F8H 空气控制阀在试制和试验中出现的问题，对其进行了优化设计和改进，并增加了手动缓解阀。

2014 年底完成新样机的试制、单阀试验和仿单车试验，性能及功能完全满足快捷货车制动技术要求，2015 年完成了高低温试验及振动和冲击等型式试验。

一、基本设计参数、性能和结构要求

(一)环境要求

1. 环境温度：－40 ℃～＋50 ℃，允许在不低于－45 ℃环境温度下存放。
2. 相对湿度：≤95％(该月月平均最低温度为 25 ℃)。
3. 海拔高度：≤1 500 m。
4. 最大风速：一般年份小于 15 m/s；偶有 33 m/s。
5. 有风、沙、雨、雪天气，偶有盐雾、酸雨、沙尘暴等现象。
6. 振动和冲击：应能承受快捷货车运行中的各种振动和冲击，应符合 GB/T

21563—2008《轨道交通　机车车辆设备　冲击和振动试验》的要求。

(二)性能参数和结构

1. 采用单管供风自动制动方式。

2. 制动管定压 600 kPa，并能满足定压 500 kPa 的工作要求。

3. 能与国内既有客/货车分配阀或控制阀无条件混编运用，并能与国内既有机车制动机匹配使用。

4. 具有充气(一次或阶段)缓解、加速缓解、常用制动、保压、紧急制动及常用转紧急制动等作用。

5. 具有快/普(客/货)转换、一次缓解/阶段缓解转换功能。

6. 具有手动缓解功能。

7. 具有快/普位(客/货)显示功能。

8. 空气控制阀输出制动缸压力范围 0～420 kPa±10 kPa，且最高压力可调。

9. 具备制动缸漏泄自动补风功能。

10. 可与各型制动缸配套使用。

11. 紧急制动距离：制动初速 160 km/h，紧急制动距离不大于 1 400 m。

12. 采用无滑阀、胀圈的柱塞、止阀、夹布膜板结构。

13. 采用集成安装板加箱盖方式。

二、快捷货车制动机的方案

对于快捷货车用制动机有四种方式可以考虑，一是采用目前已有的货车制动机，即：103 阀、120 阀、104 阀和 F8 阀；但众所周知，由于其结构和作用方式的限制，即使改进也无法满足要求。二是从国外引进高速货车制动机。但这样却不现实，因为时间相对较长，且不一定能符合我国的条件。由于开行高速货车的国家基本都在欧洲，它们执行的是 UIC 标准，而完全符合 UIC 标准的制动机由于技术指标与国内的不同，不能与国内的制动机混编，因此即使引进还需要进行改进、试验。三是重新开发一种快捷货车制动机，但时间相对更长，因为对于一种新阀，要做的各种试验至少要 2～3 年，且可靠性还需在运用中不断改进提高，才能达到成熟。四是在现有制动机的基础上进行改进，这种方式无论从技术的成熟度，还是产品的开发进度上都有较大优势，是最佳的选择。

基于快速货车主要以“客车”模式运行，目前国内客车主要使用 F8 和 104 分配阀。从结构上：两者均采用橡胶膜板替代胀圈结构，而 F8 阀采用夹布膜板，无论是强度还是寿命均有一定的优势，且 F8 阀更进一步取消了滑阀结构，减小了检修的难度，延长了使用周期，提高了使用的可靠性。从性能上：(1)F8 阀具有阶段缓解性能，特别是在长大下坡道和调速时，提高了列车操作的灵活性、舒适性和安全性，并具有阶段缓解与一次缓解转换的功能，适用范围广；(2)F8 阀的制动缸最高压力可根据需要在一定范围内调定，这对转向架基础制动的设计是非常便利的；(3)由于 F8 阀的制动波速高，可多编 5～10 辆客车或 9～19 辆货车，长度达 700 m。从使用情况上：F8 阀已在准高速、国产动车组、快速、提速、普通客车及出口车上使用；用户反映非常好，故障率明显较低，检修周期由 A1 延长到了 A2；F8 阀也得到中国铁路总公司的支持，正在推广扩大使用。

若快捷货车采用固定编组、客车运行模式的话，目前用于客车的 F8 阀即可满足使用要求。但考虑与普通货车无条件连挂混编的问题，必须对 F8 阀进行必要的改进，增加相应的功能。

1. F8 阀与货车无条件混编的问题

目前 F8 阀与 120 阀混编的主要问题是由于两阀制动缸的升、降压时间有所差别，混编时易出现较大的纵向冲动，其次是充风前后的一致性。由于 F8 阀的制动波速基本与 120 阀相同，因此在制动波速上基本不存在问题。另外 F8 阀可与 104 阀、GL3 等客车阀无条件混编。为实现 F8 阀与普通货车阀无条件混编，可借鉴国外技术，增设快/普(客/货)转换装置，用于快捷货车快/普(客/货)位的转换，称快/普转换阀，其作用原理是当处于快(客)位时，制动缸的升、降压时间与客车制动机的性能基本相同，当处于普(货)位时，制动缸的升、降压时间与货车制动机的性能基本相同。

另外，原 F8 分配阀混编在普通货车后部时，特别是当 F8 分配阀编挂于长编组货车尾部，在充气缓解位时，由于列车尾部制动管(特别是长编组)风压上升较慢，将会导致 F8 分配阀缓解慢。为解决这一问题，增设了加速缓解阀，以实现加速缓解功能。其设计参照 120 控制阀加速缓解阀的原理和结构，不同的是通过充气止回阀将加速缓解风缸的压力空气向制动管充风。该加速缓解阀与快/普转换阀合为一体，称为“快/普转换加速缓解阀”。为了尽量保持原 F8 分配阀的结构，且使阀体结构不过于复杂，便于制造和检修，“快/普转换加速缓解阀”单独设计，与 F8H 空气控制阀主阀配合使用。

2. 阶段缓解与一次缓解转换问题

F8 阀本身具有阶段缓解与一次缓解转换的特性，可将此特性也由快/普转换阀完成，即：“快”位时，F8 阀处于阶段缓解位，“普”位时，F8 阀处于一次缓解位。此方案虽转换时操作方便，但如果与装有 104 阀、GL3 阀等不具有阶段缓解性能阀的客车混编时，将出现问题。由于目前客车大部分装用的是 104 阀，因此为保证快捷货车用 F8 阀能无条件与任何客/货车连挂，考虑现实情况，故将阶段缓解与一次缓解的转换装置单独设置，不与客/货转换阀混在一起。

原 F8 分配阀采用盖板并用螺栓紧固，可防范误操作和故意破坏，但转换时效率低。而对于快捷货车，考虑其操作灵活的特点，应该尽量使用阶段缓解性能，当与普通货车混编时，转换为一次缓解位。为便于转换，在 F8H 空气控制阀结构设计中，将此盖板改为转换按钮的形式，再配以集装板加箱盖的结构，可以避免人为误操作和故意破坏。

3. 快速手动缓解问题

根据使用的要求，应具备手动快速缓解功能，除了满足对车辆的手动缓解要求外，还需解决在分配阀由快位转换为普位时，工作风缸的压力由 600 kPa 降到 500 kPa 的要求。

采用手动塞门，按压塞门适量排工作风缸的风，抬手即停止排风，可实现制动缸缓解的目的。结构采用 JZ-7 型制动机成熟的排气阀结构。该阀设置于集成安装板接管一侧，不需打开箱盖即可操作。

4. 快速辨别快、普位

为保证分配阀在快、普位转换以及连挂时的一致性，须设置指示装置。

由于"快/普转换加速缓解阀"置于箱子内，无法直接观察转化按钮的位置，为便于观察 F8H 空气控制阀所处的位置(快位或普位)，防止误操作导致的"位置"错误，设置了"指示阀"，通过外挂翻牌进行快位或普位的指示。结构借鉴了 KZW 空重车调整阀的相关部分结构。

5. 集成化安装

采用成熟可靠的集成化安装方式，目的是减少车下管路，将各阀和容积室集装在一起，便于安装、使用和检修；取消铸造中间体，可提高阀体内的清洁度；改善阀的使用环境，减少故障率；配合箱盖使用，可防止误操作(快/普转换阀及二位阀)，还可起到防风、沙、雨、雪和防盗的作用。

6. 结构改进的情况

F8H 空气控制阀是在总结 F8 阀使用中的问题的基础上设计改进而成，重点对原 F8 阀的阀体进行了设计改进，其大部分零部件和绝大部分橡胶件均与原 F8 阀通用。最初将改进后的结构用于基本符合 UIC 标准的 F8G 阀，通过 F8G 阀的制造、试验、应用等情况看，改进后的结构无论是可靠性还是稳定性，均优于原 F8 阀。因此在 F8H 空气控制阀设计中参照了 F8G 阀的结构，并根据其功能的增加，对主阀体、主阀下体的结构进行了扩充设计。

7. 产品的借鉴性及继承性

F8H 空气控制阀是在成熟的 F8 阀结构基础上，通过设置快/普加速缓解转换阀、手动缓解阀和显示阀来满足快运货车性能的要求，其中快/普加速缓解转换阀中的加速缓解部分借鉴了 120 阀相应的结构，手动缓解阀借鉴了 JZ-7 制动机的排风阀结构，指示阀借鉴了 KZW 空重车调整阀的部分结构，使其结构更加成熟可靠。

8. 总体布局及主要部件结构

为满足快捷货车上述性能和功能需要，制定了功能框架方案，如图 7-1 所示。

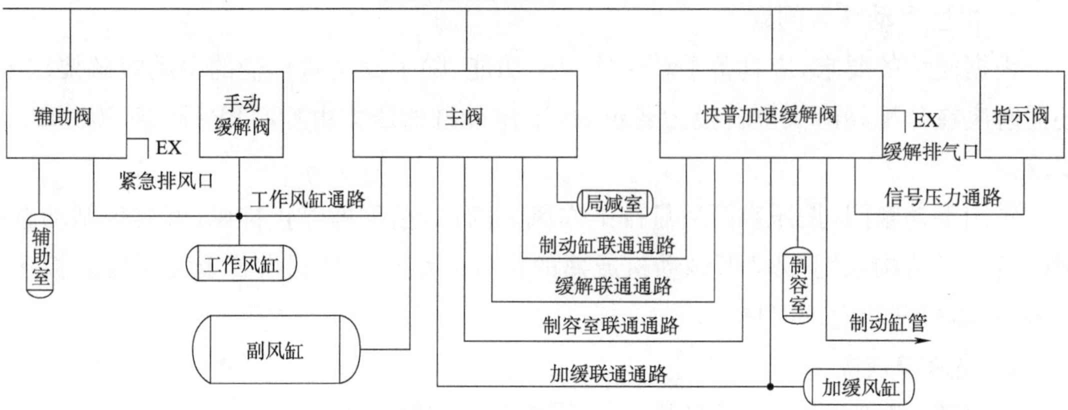

图 7-1 F8H 空气控制阀功能框架图

F8H 空气控制阀的总成如图 7-2 所示，外观示意图如图 7-3 所示。

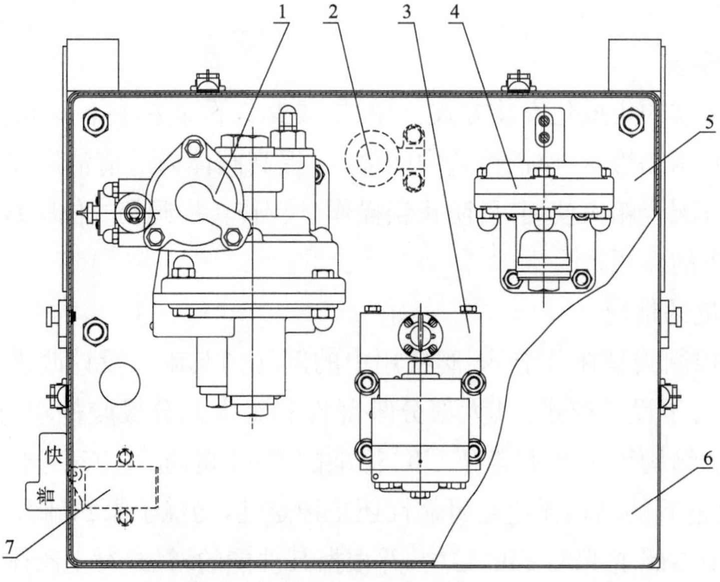

图 7-2 F8H 空气控制阀总成

1—主阀；2—手动缓解阀；3—快/普加速缓解转换阀；4—辅助阀；5—集成安装板；6—箱盖；7—指示阀

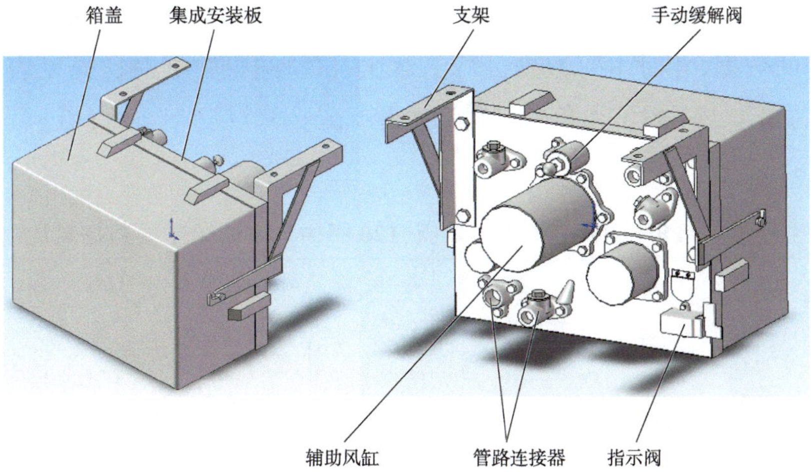

图 7-3　F8H 空气控制阀外观示意

三、试　验

图 7-4 为 F8H 空气控制阀仿单车试验台图片(F8H 空气控制阀已装在试验台上)。试验台面上的两个操纵阀分别是客车和货车单车操作阀,试验台分别满足客/货单车机能试验要求。

图 7-4　F8H 空气控制阀仿单车试验台

通过该试验台，分别对 F8 阀、120 阀和新研制的 F8H 空气控制阀进行了试验，采集了大量的数据，并对主要数据进行了对比，试验结果数据对比详见表 7-1。

由于 F8 阀与 104 阀可无条件混编，因此该试验就没有与 104 阀进行仿单车对比试验。

表 7-1　F8H 空气控制阀、F8 阀、120 阀仿单车试验主要数据对比

序号	项　目		操纵手把位置	F8 阀	F8H 空气控制阀		120 阀
					快　位	普　位	
				定压 600 kPa	定压 600 kPa	定压 500 kPa	定压 500 kPa
1	初充气	副风缸充气时间(s)	一位	0～500 kPa	0～500 kPa	0～470 kPa	0～470 kPa
				91	142	166	250
2	制动灵敏度	产生局减时制动管减压(kPa)	四位	14	16	16	16
		制动缸压力(kPa)		95	96	60	72
3	缓解灵敏度	开始缓解的时间(s)	二位	5	4	7	13
		缓解完毕的时间(s)		14	16	30	37
4	常用制动	制动时间(s)	五位	4.2	4.5	8.05	8.1
		缓解时间(s)	一位	8	7.5	19.3	21.1
5	常用制动转紧急制动		五位→六位	能	能	能	能
6	安定性		五位	安定	安定	安定	安定
7	阶段缓解		五位→三位→一位	≥5 次	≥5 次	—	—
8	加速缓解	加速缓解风缸明显压降(kPa)	四位→三位→二位	—		40.3	54
		制动管明显跃升压力(kPa)				27	24

F8H 空气控制阀除副风缸充风时间在快位时比 F8 阀适当延长，在普位时比 F8 阀适当缩短外，其他性能与 F8 阀和 120 阀基本相同，因此只将 F8H 空气控制阀在普位时与 120 控制阀的加速缓解曲线和常用全制动、缓解曲线等进行对比。如图 7-5、图 7-6 所示。

通过以上试验数据对比，我们可以看出，具有快/普转换功能的 F8H 空气控制阀，在快位时，制动管定压 600 kPa，性能与 F8 分配阀接近；在普位时，制动管定压 500 kPa，性能与 120 阀接近。

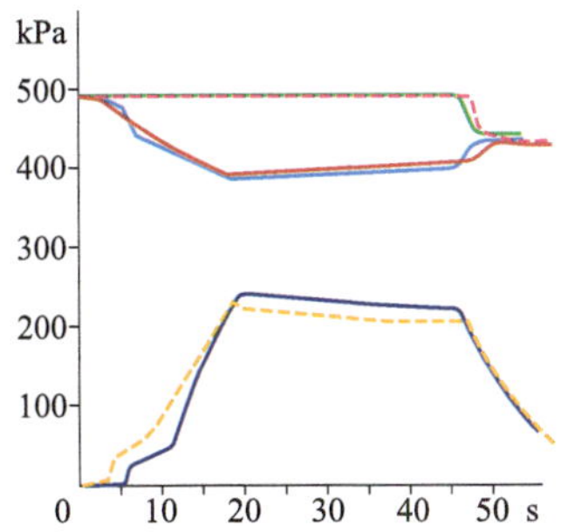

图 7-5　制动后缓解 F8H 与 120 阀加速缓解缸、制动管和制动缸压力曲线图

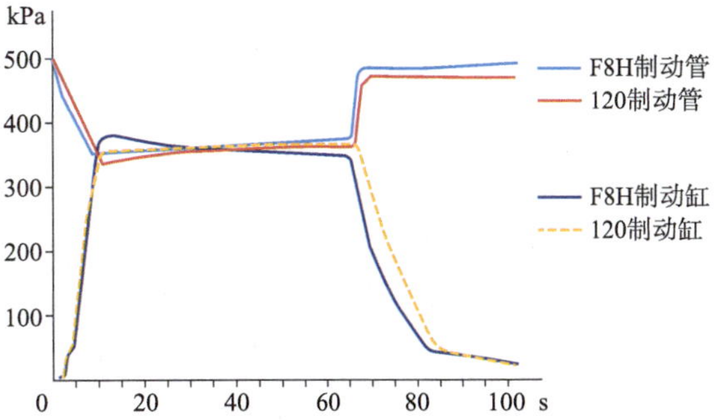

图 7-6　常用全制动 F8H 与 120 阀制动管和制动缸压力曲线图

四、结　论

F8H 空气控制阀是在已经成熟运用的 F8 阀基础上，通过结构优化和功能扩充设计，以满足快捷货车制动技术条件的要求，重点对快/普转换加速缓解阀、手动缓解阀、指示阀、集成安装板和箱盖进行设计，同时对主阀进行改进设计，增加相应功能的结构和通路。

通过对 F8H 空气控制阀样机的单阀和仿单车试验数据进行分析，结果表明：F8H 空气控制阀满足快捷货车对空气控制阀的性能和功能要求。另外，只要对其部分零部件稍加改变，即可成为符合 UIC 标准的客/货通用型分配阀。

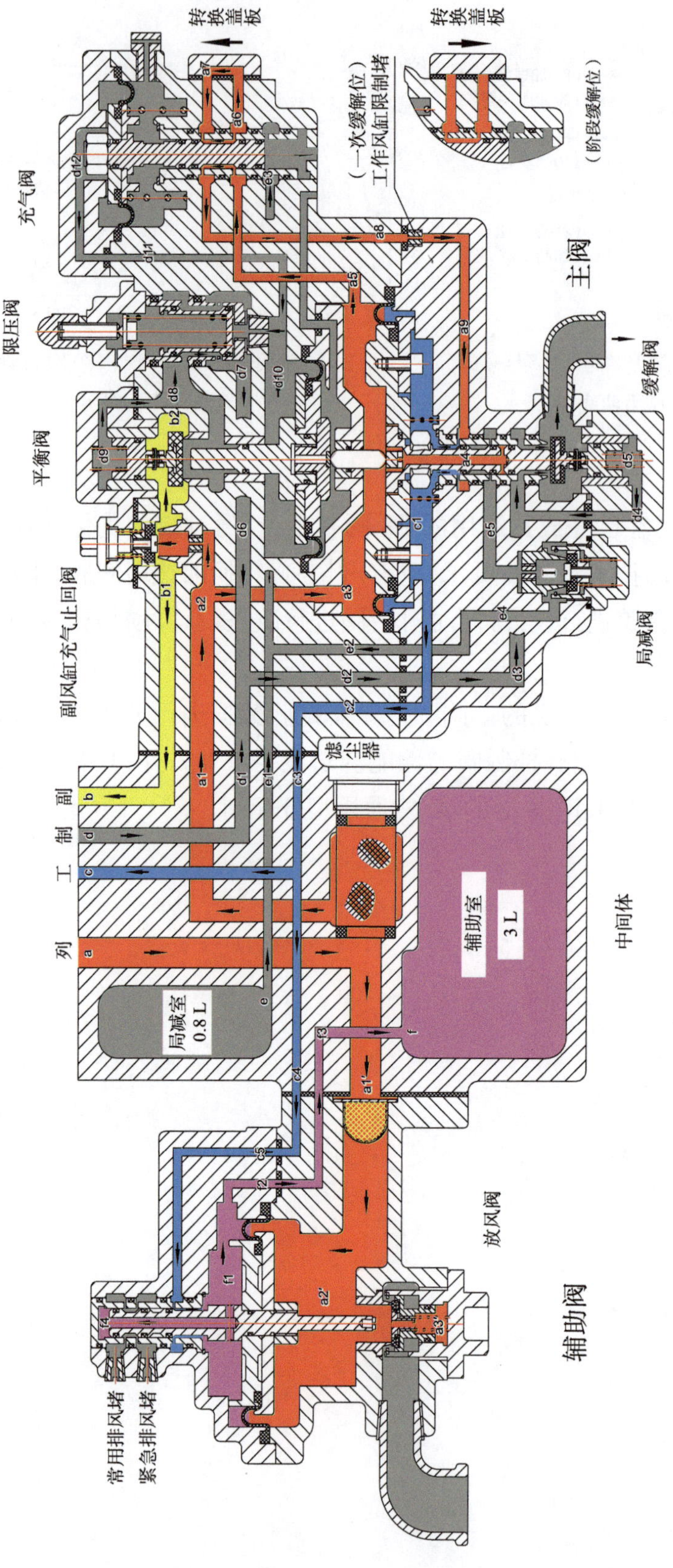

附图1　F8空气分配阀作用原理图
（初充气或充气缓解位）

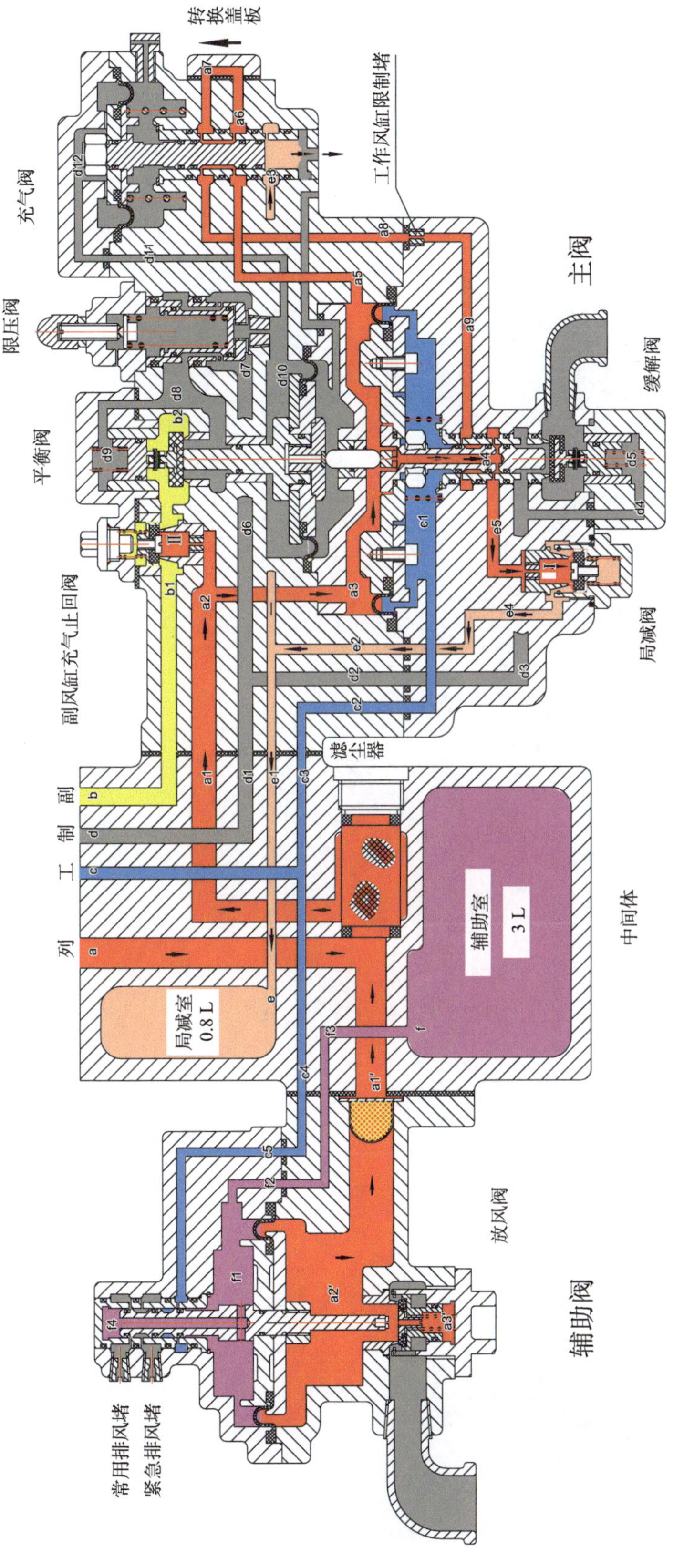

附图 2　F8空气分配阀作用原理图
（局部减压位）

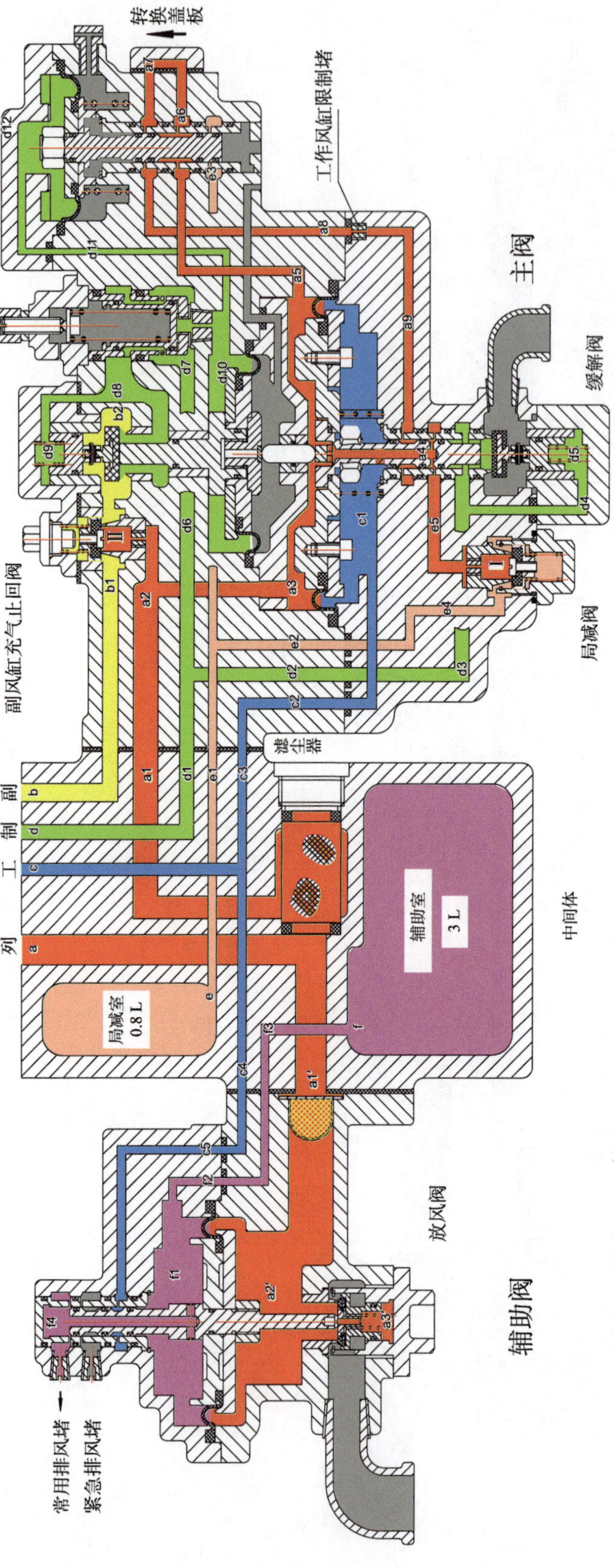

附图 3　F8空气分配阀作用原理图
（常用制动位）

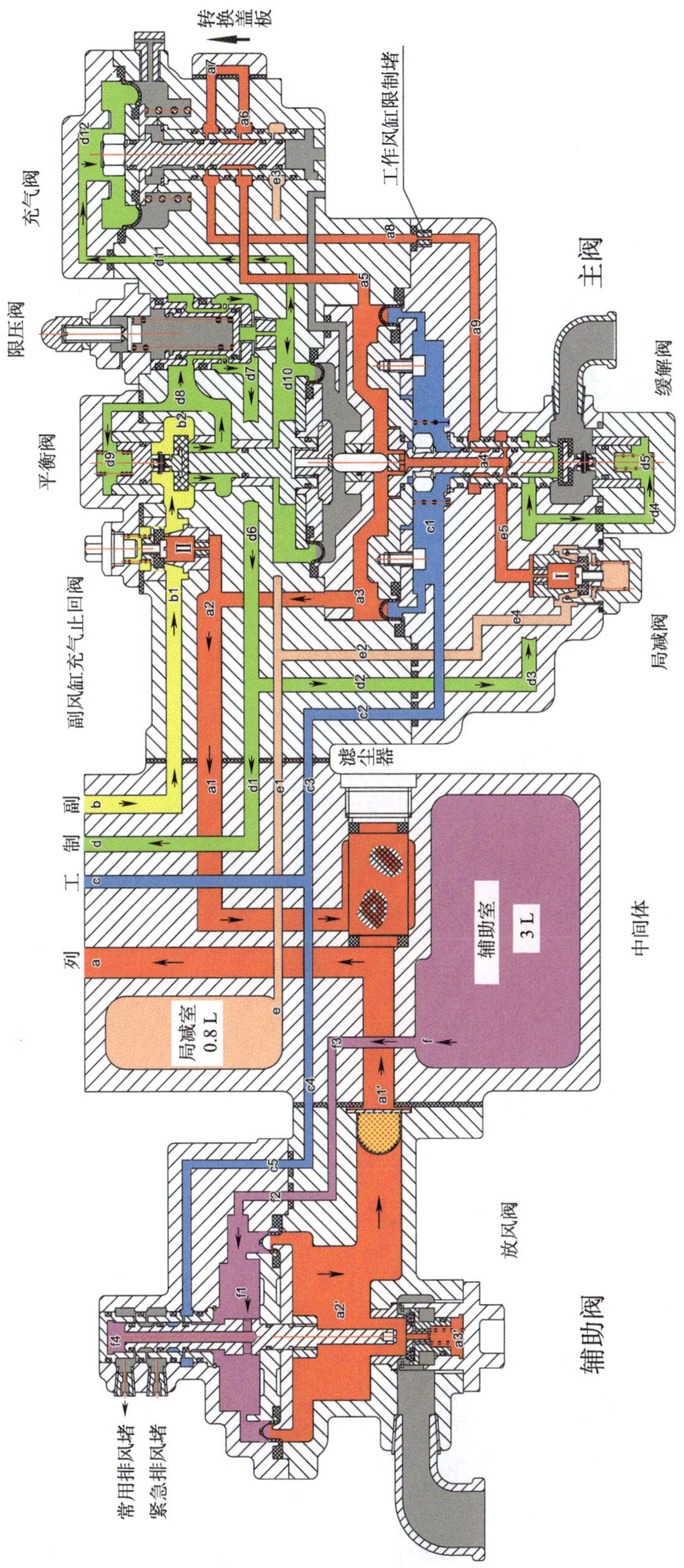

附图 4 F8空气分配阀作用原理图
（制动保压位）

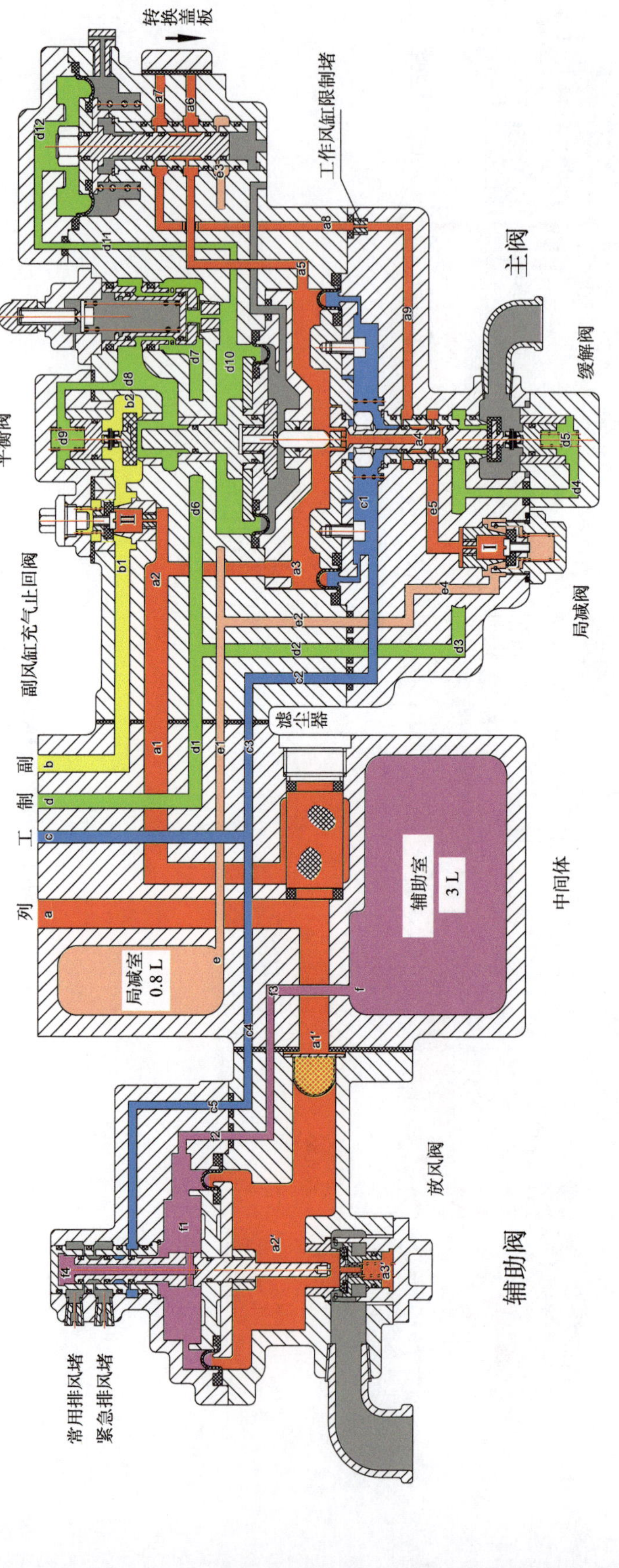

附图5 F8空气分配阀作用原理图
（阶段缓解保压位）

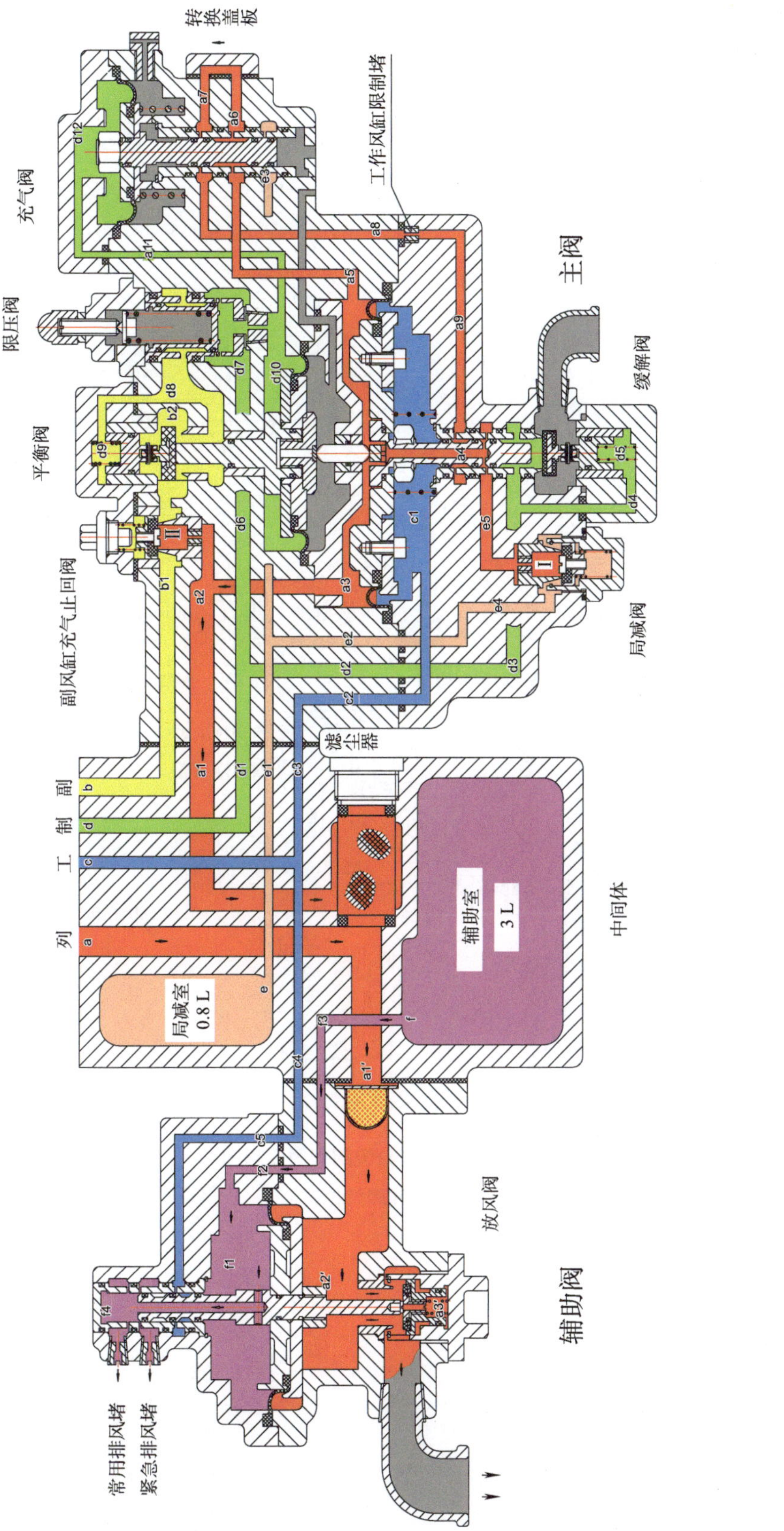

附图 6 F8空气分配阀作用原理图
（紧急制动位）

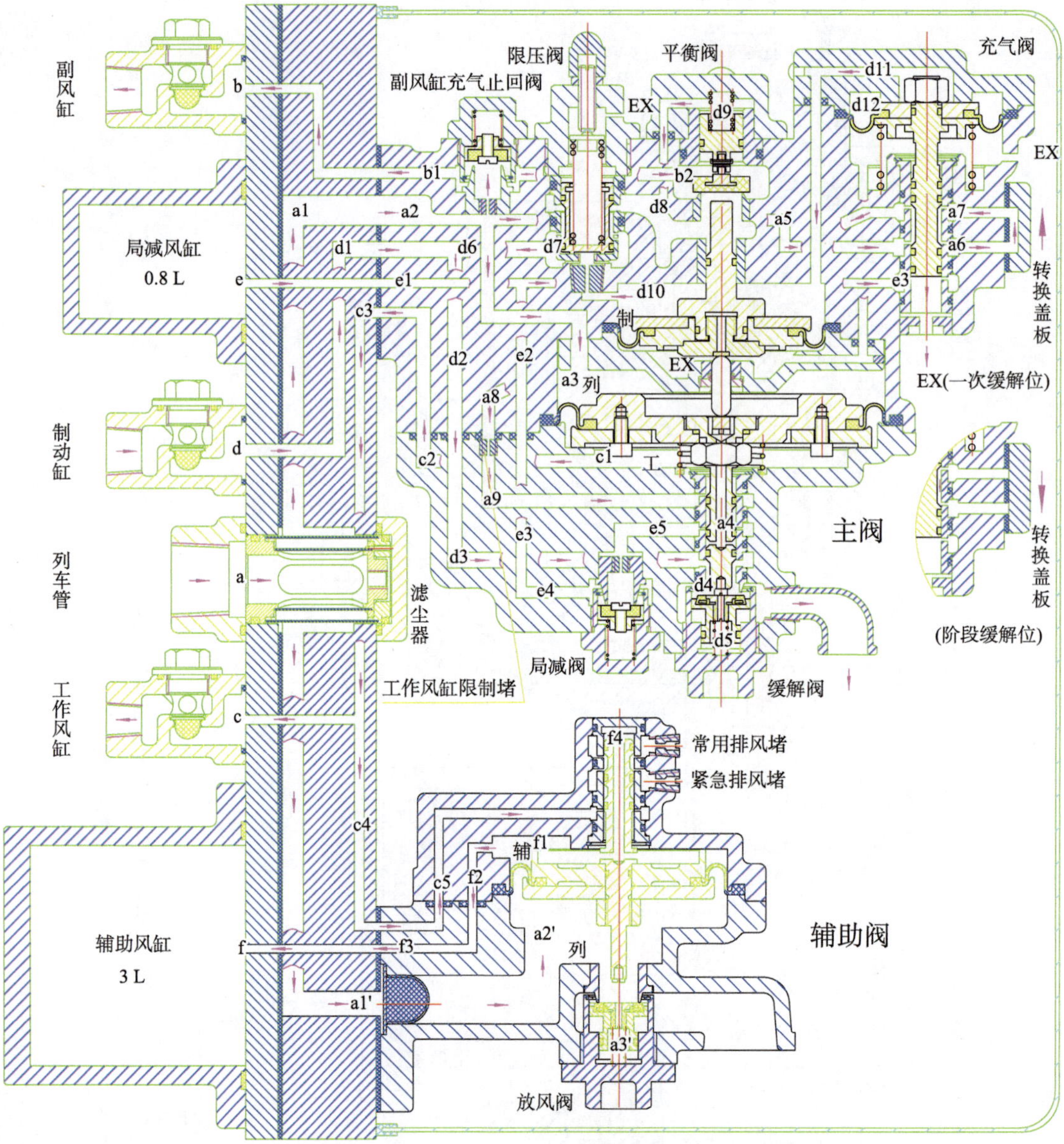

附图 7 F8G、F8Y 空气分配阀作用原理图

(初充气或充气缓解位)

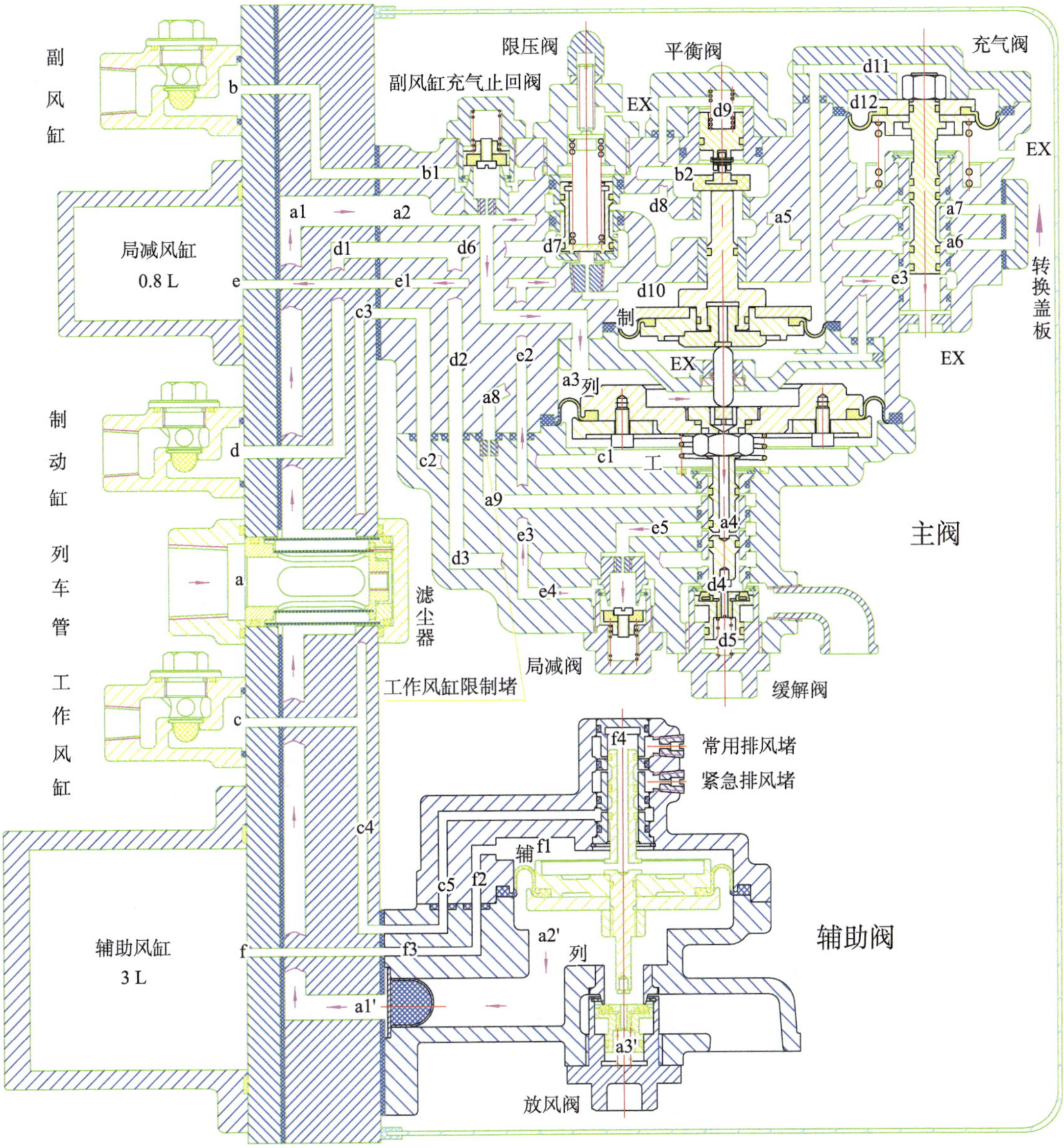

附图 8　F8G、F8Y 空气分配阀作用原理图

(局部减压位)

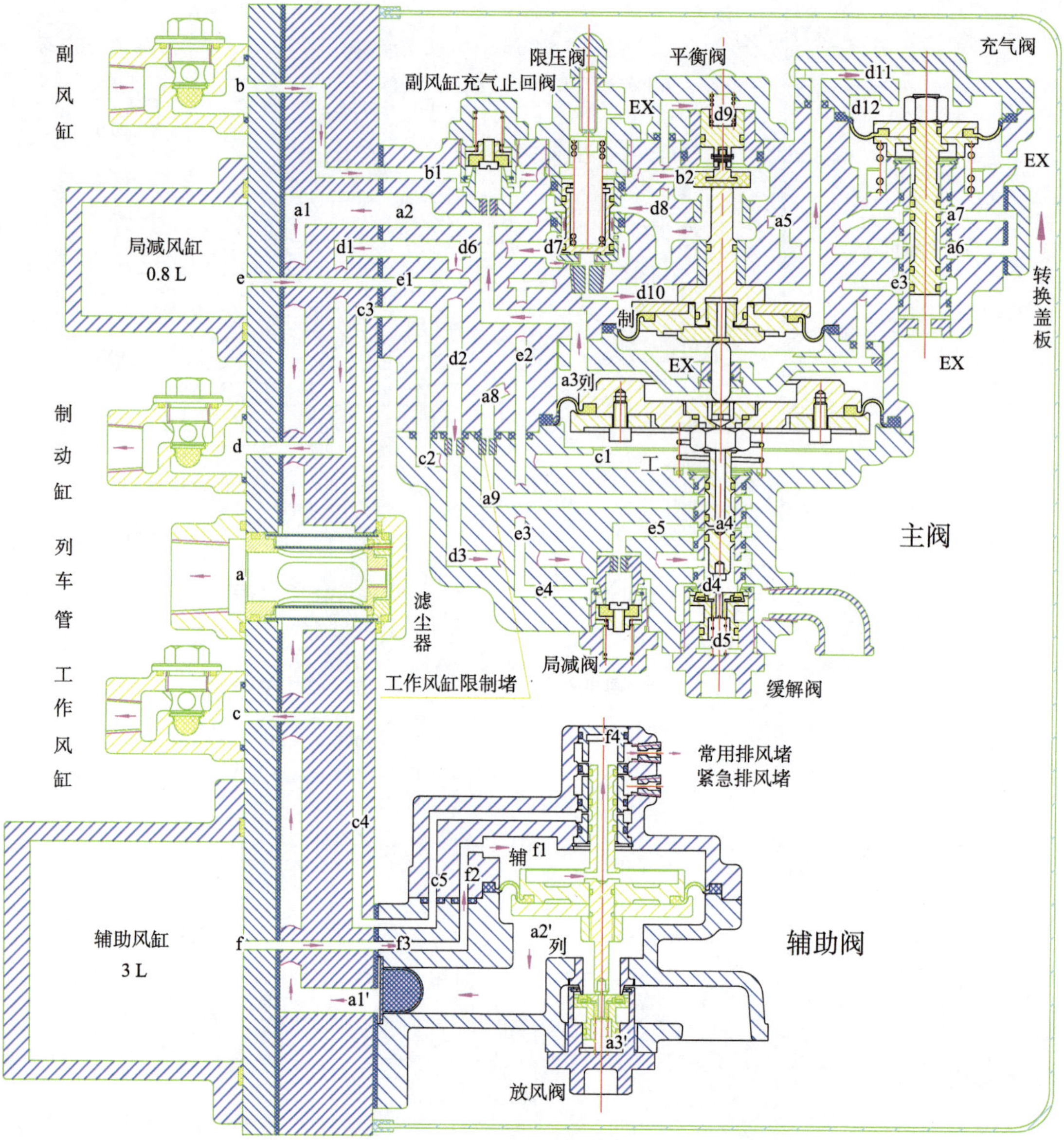

附图 9　F8G、F8Y 空气分配阀作用原理图

（常用制动位）

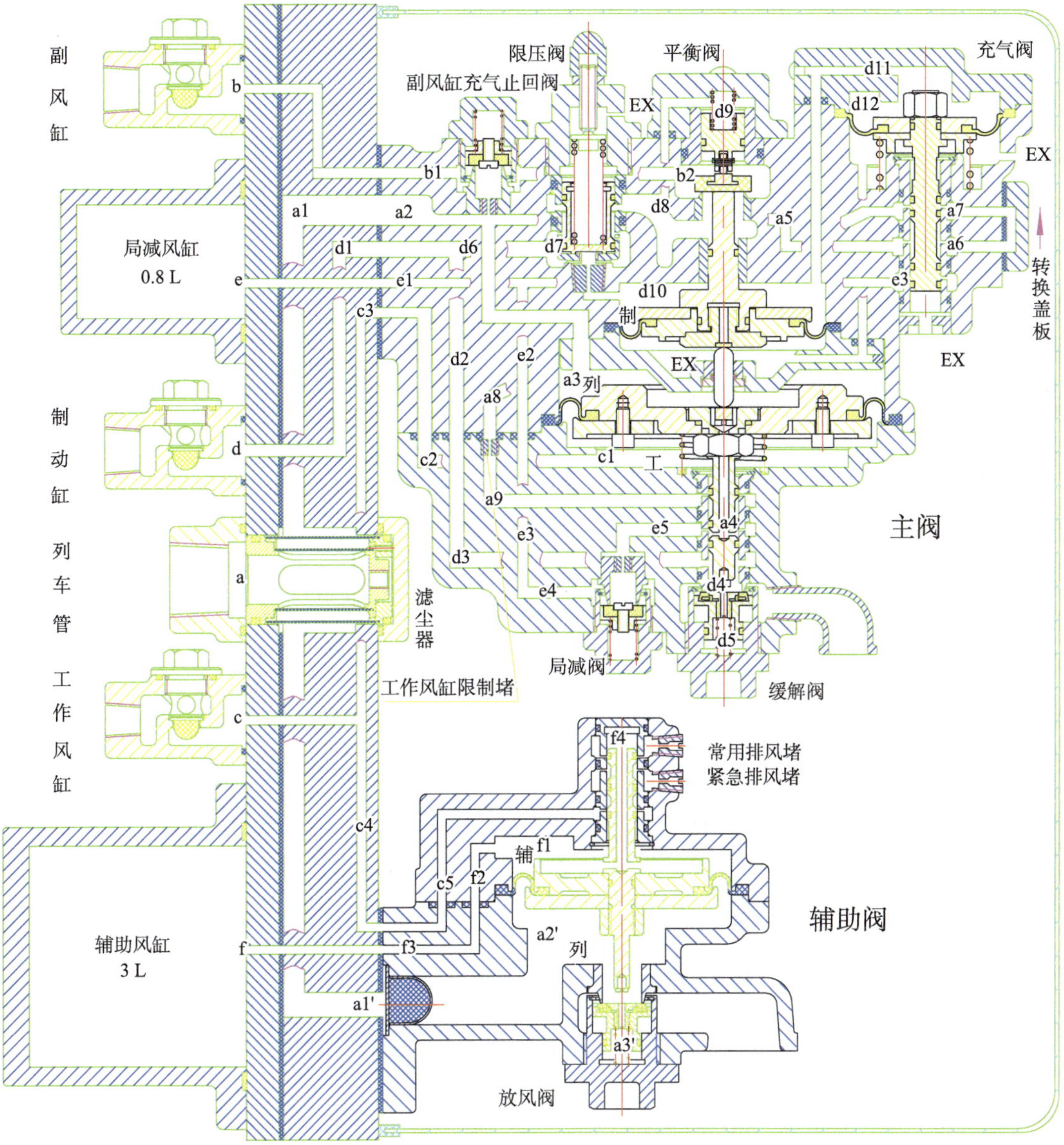

附图 10　F8G、F8Y 空气分配阀作用原理图

（制动保压位）

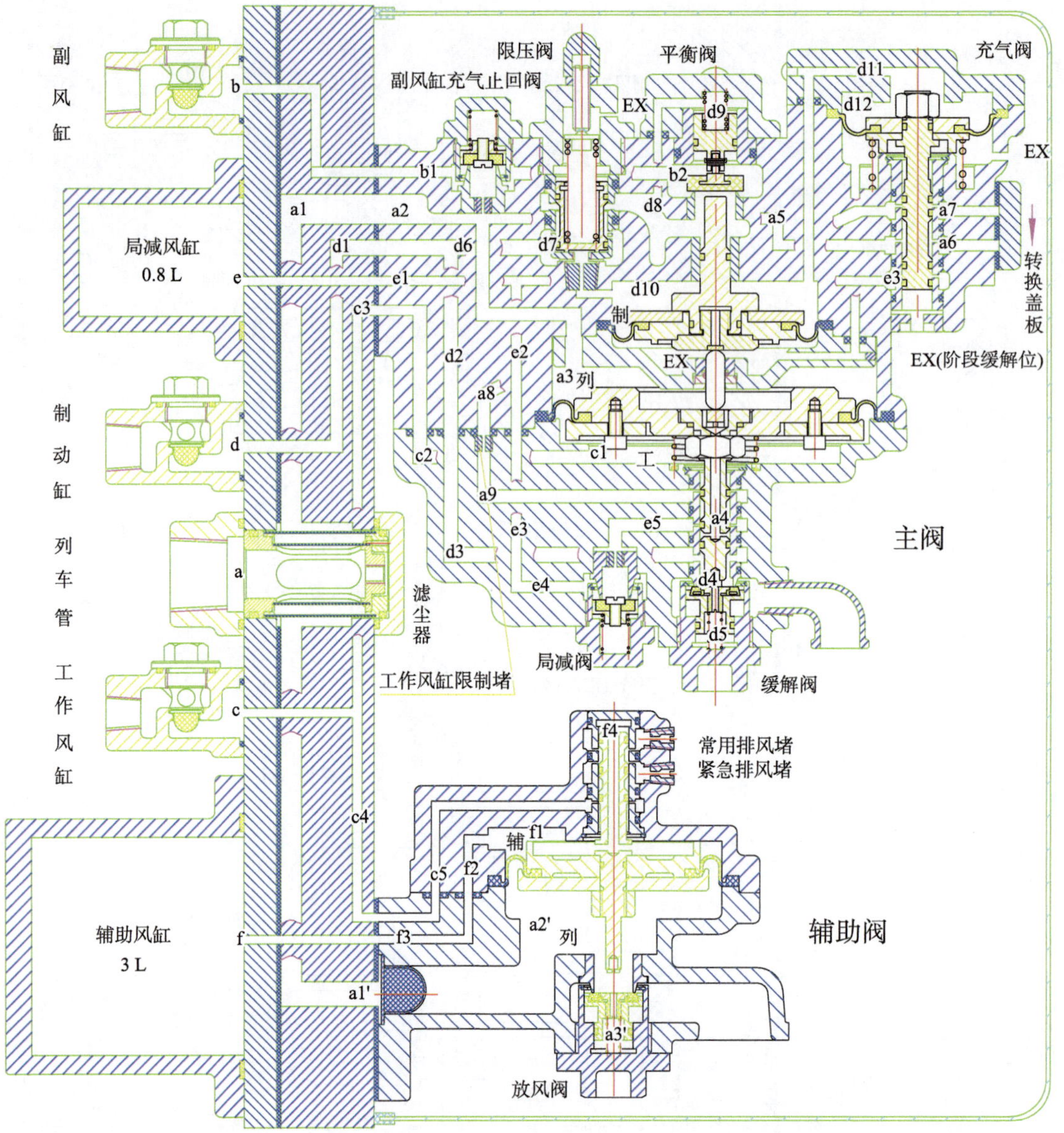

附图 11　F8G、F8Y 空气分配阀作用原理图

（阶段缓解保压位）

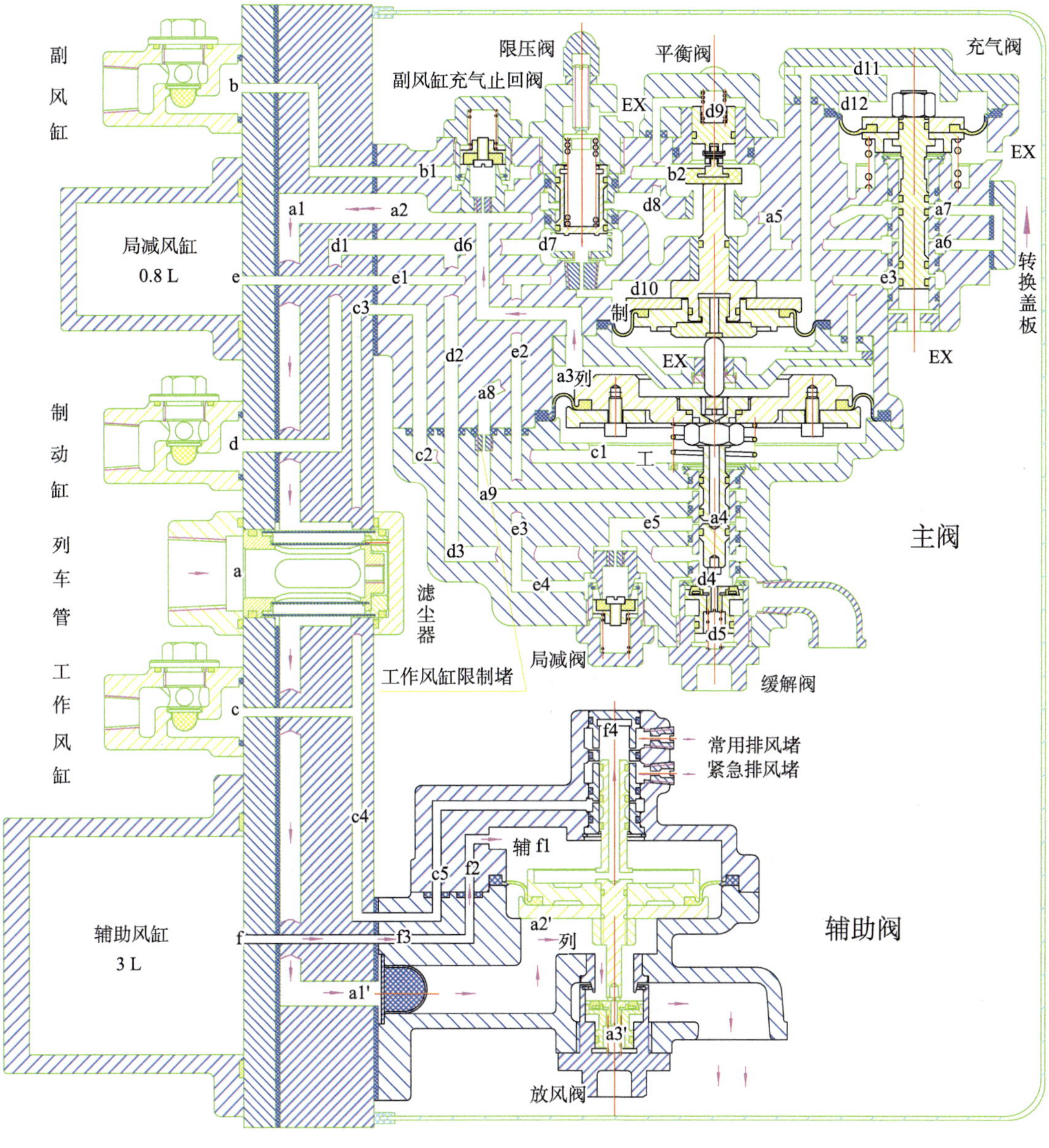

附图 12　F8G、F8Y 空气分配阀作用原理图

（紧急制动位）

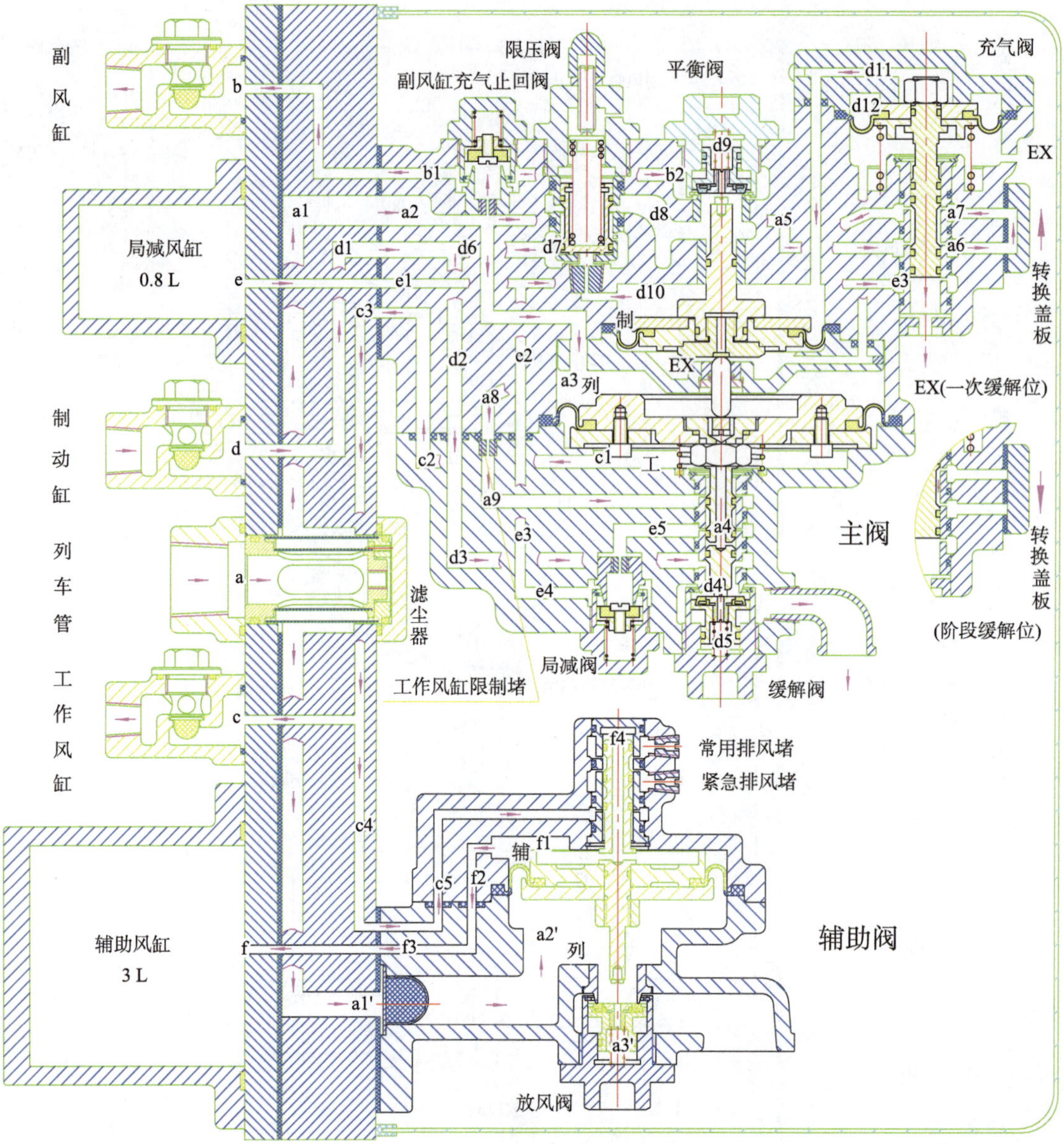

附图 13 F8L 空气分配阀作用原理图

（初充气或充气缓解位）

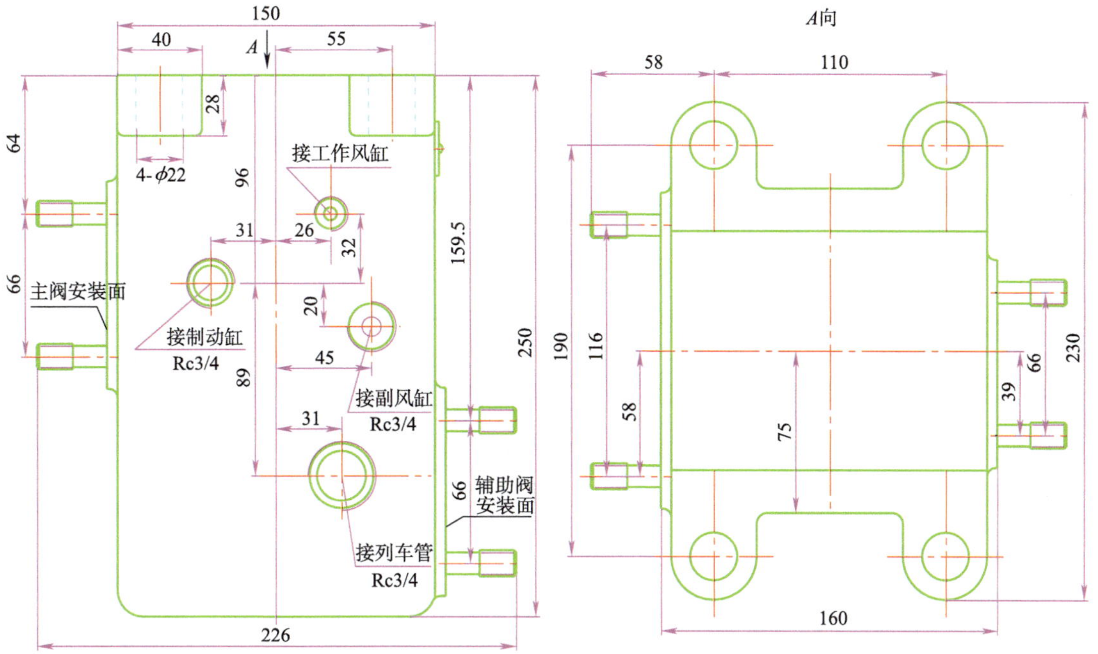

附图 14　F8 中间体外形、安装接口尺寸图

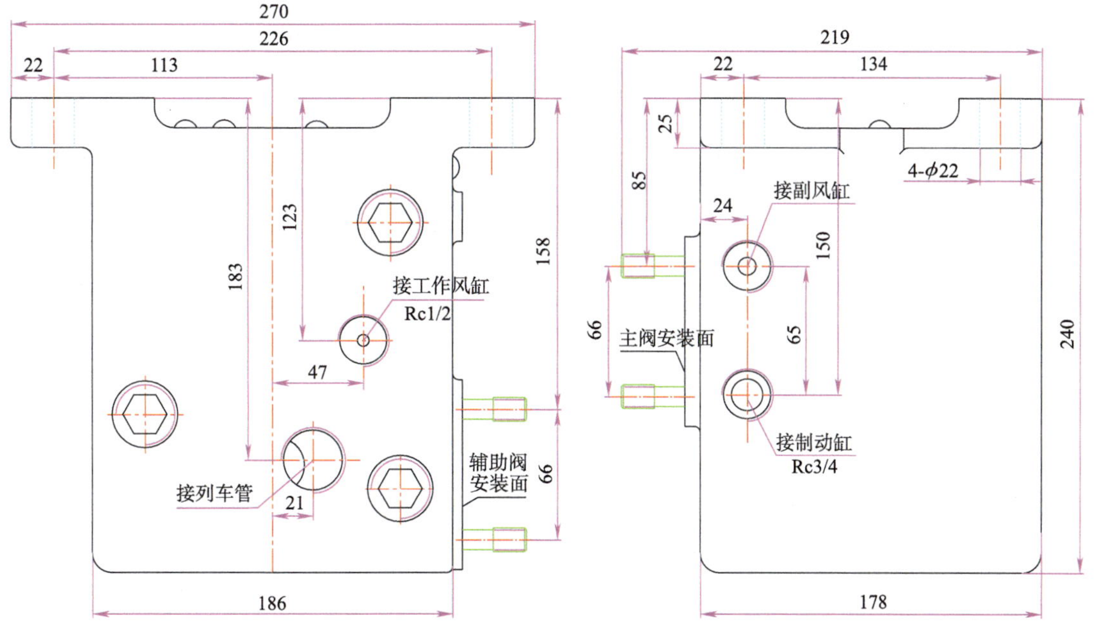

附图 15　F8 新型中间体外形、安装接口尺寸图

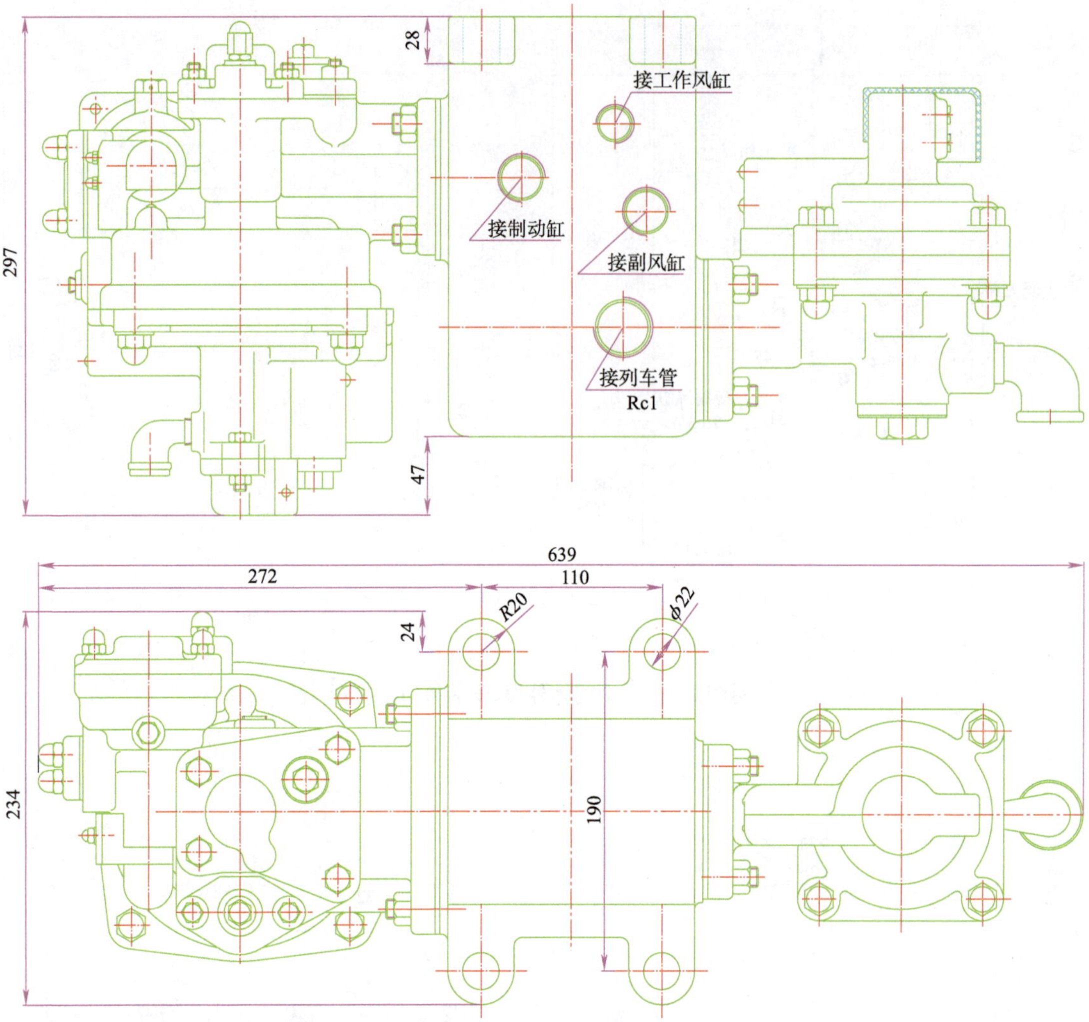

附图 16　F8 与中间体外形安装尺寸图

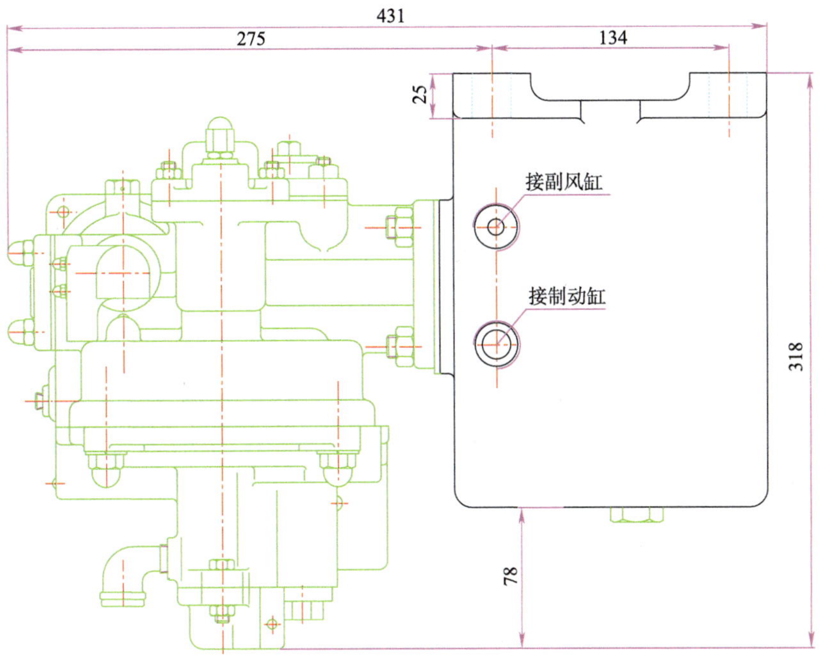

(a)

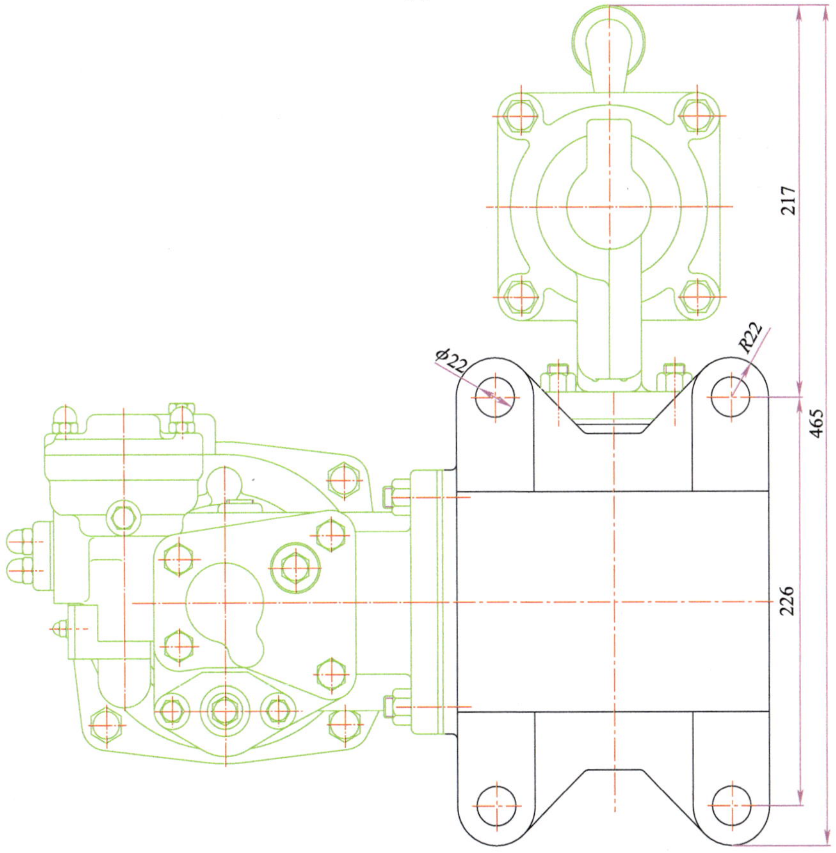

(b)

附图 17　F8 与新型中间体外形安装尺寸图

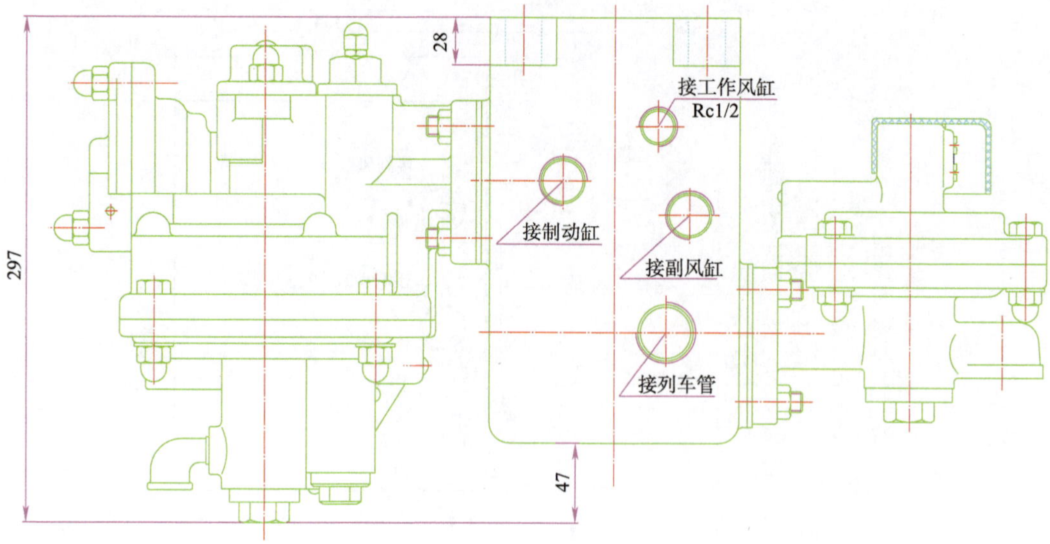

(a)

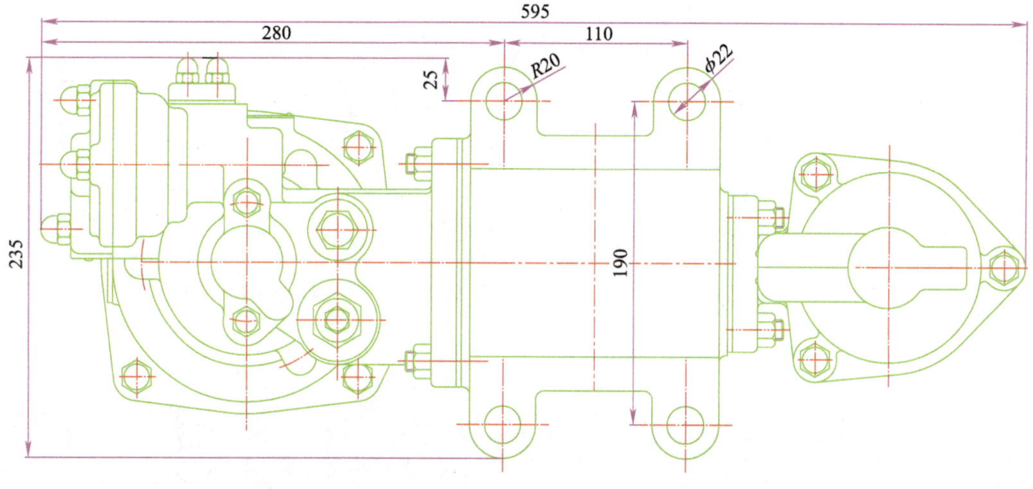

(b)

附图 18　F8G、F8Y、F8L 与中间体外形安装尺寸图

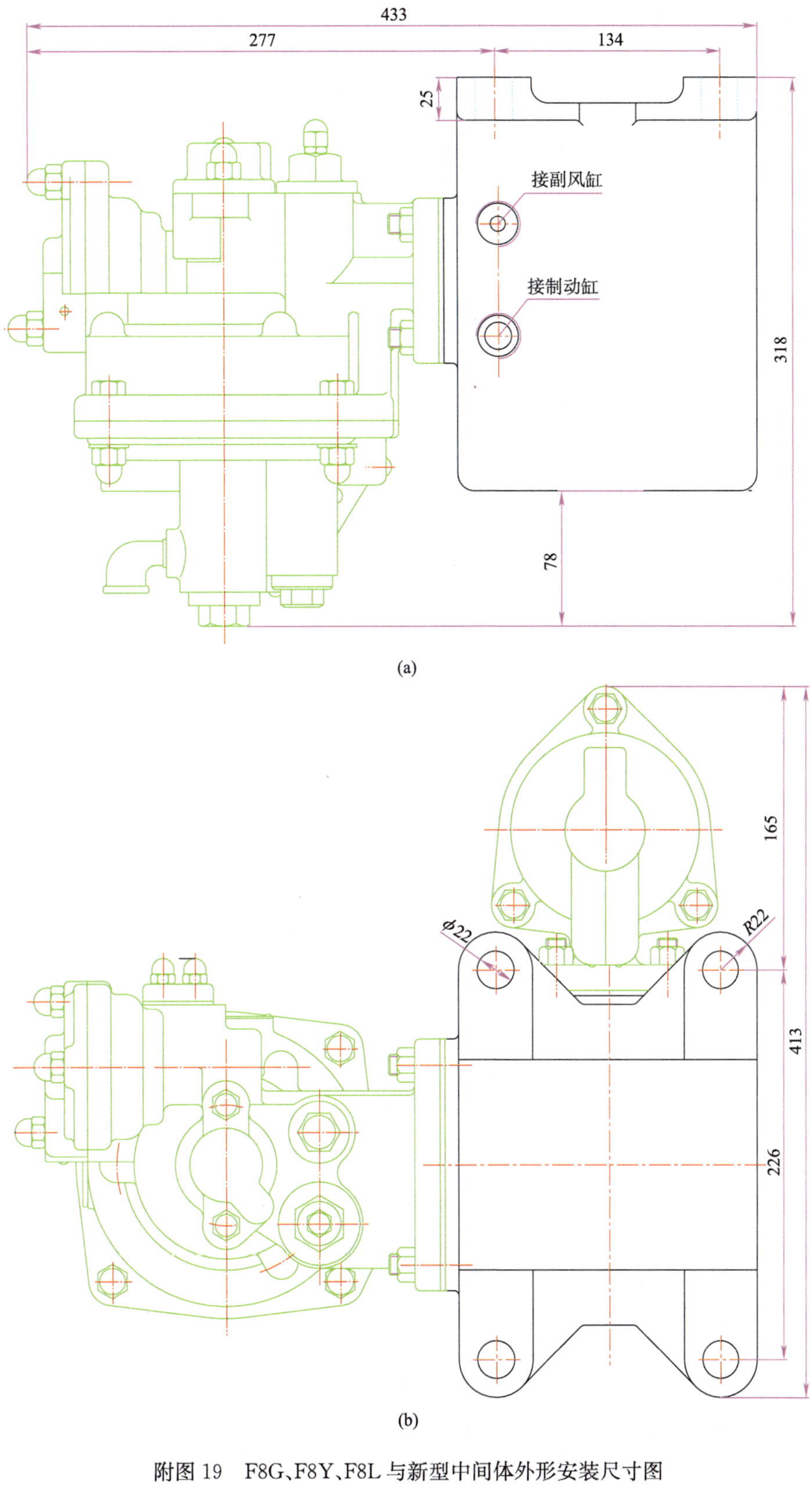

附图 19　F8G、F8Y、F8L 与新型中间体外形安装尺寸图

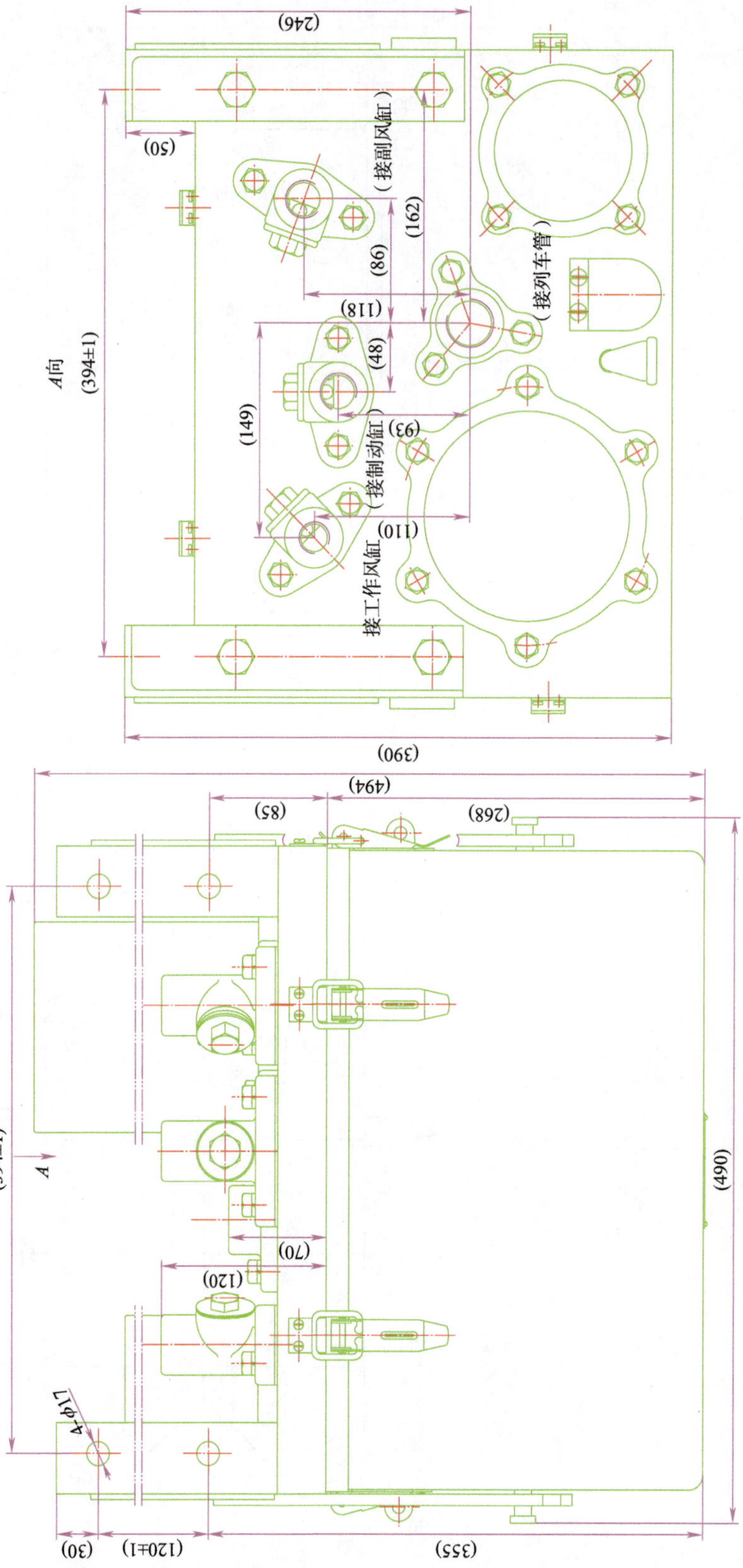

附图 20 F8、F8G、F8Y、F8L空气制动单元外形安装尺寸图

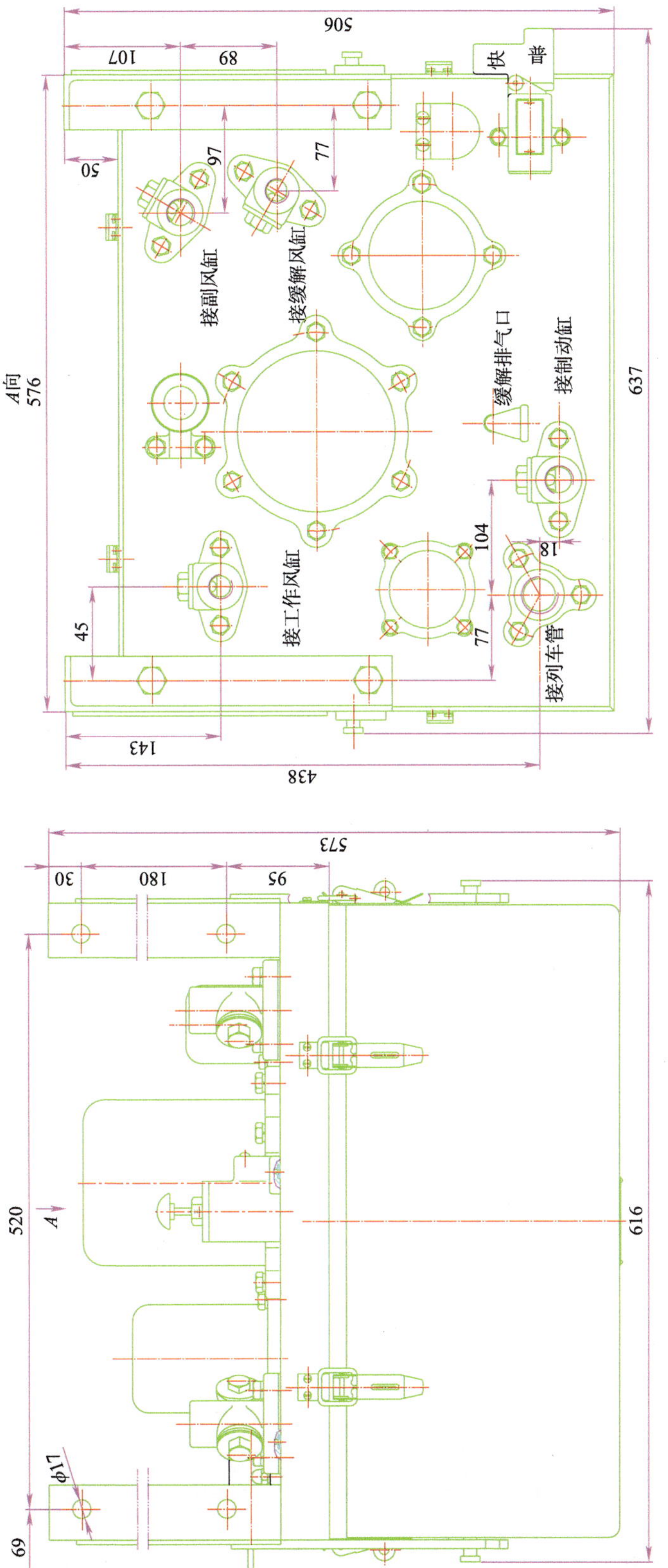

附图 21　F8H空气制动单元外形安装尺寸图